김헌식 지음

중화
문화
심리
읽기

울력

ⓒ 2007 김헌식

대중문화 심리 읽기

지은이 | 김헌식

펴낸이 | 강동호

펴낸곳 | 도서출판 울력

1판 1쇄 | 2007년 3월 10일

1판 2쇄 | 2010년 1월 15일

등록번호 | 제10-1949호(2000. 4. 10)

주소 | 152-889 서울시 구로구 오류1동 11-30

전화 | (02) 2614-4054

FAX | (02) 2614-4055

E-mail | ulyuck@hanmail.net

값 | 12,000원

ISBN | 978-89-89485-50-6 03330

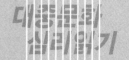

II. 방송 · 미디어 심리

III. 인터넷과 디지털 문화 심리

문화 그리고 심리

월러스틴Immanuel Wallerstein은 집단 간 구별을 가능하게 하는 특성이 문화에는 있다고 했다. 그러나 문화에는 단순히 구별 짓는 특성만 있는 것은 아니다. 끊임없는 상호 관계성 속에서 문화의 생명이 탄생 유지되기 때문이다. 이 때문에 정통과 원조는 문화에서 그렇게 중요한 것이 아니다.

한국만큼 정통을 따져 묻기 좋아하는 곳도 없다. 정통 중국 요리, 정통 프랑스 요리 혹은 정통 일본 요리 등 모두 자신들이 진짜임을 강조한다. 진짜를 강조하는 말 가운데 하나가 '원조'다. 원조 해장국집, 원조 할매집, 원조 쌈밥집 등은 쉽게 볼 수 있다. 원조에만 머물지 않고 진짜 원조, 왕 원조, 진짜 왕 원조 등과 같이 자신들의 고유성, 순수성을 강조한다.

단일 민족을 강조하는 사회일수록 거꾸로 단일 민족이 아닐 수 있다. 차별이 없다고 주장할수록 오히려 차별이 많은 사회일 수 있다. 마찬가지로 이렇게 원조, 정통을 강조하는 이유는 거꾸로 원조가 아니거나 정통이 아닌 것이 많기 때문일 것이다. 사회 문화 전체에서 폭넓게 이러한 모습이 보인다면, 이것은 사회 문화 자체가 원조가 아니거나 정통이 아니라고 여길 수 있다. 이는 한국 문화 자체가 원조나 정통과는 거리가 멀다는 것을 의미하는 것일까?

한국의 된장은 고구려의 콩과 중국의 육장 문화가 만나서 콩 된장으로 탄생한 것이고, 일본에 영향을 주어 미소ﾐｿ 된장으로 만들어졌고, 다시 이것이 한국에 수입되어 된장 문화에 변화를 주고 있다. 미국 건강 전문지 『헬스』 인터넷 판을 통해 김치와 함께 세계 5대 식품으로 뽑힌 바 있는 낫토納豆 또한 한국의 청국장 비슷한 발효 식품이다. 짜지 않으며 간편하게 들고 다니면서 먹을 수도 있다. 이 낫토를 모델로 한국의 청국장이 변화를 꾀하고 있다. 한국의 청국장은 그 영양적 가치에도 불구하고 염화나트륨의 양이 너무 많다는 한계를 지니고 있기 때문이다.

김치도 처음부터 오늘날의 모습은 아니었다. 대표적으로 고추는 원산지가 남아메리카로 임진왜란 이후에 일본을 통해 들어왔다. 따라서 지금 우리가 먹는 빨간 고춧가루의 김치는 16세기 이후에 나타난 것이다. 마찬가지로 고려청자도 이런 문화 결합의 산물이다.

이는 한국 문화만의 특징은 아니다. 문화는 그 자체가 고유성과는 거리가 멀고, 고유하게 머물러 있지도 않다. 『조선과 그 예술朝鮮と その藝術』을 쓴 야나기 무네요시柳宗悅는 『공예문화工藝文化』에서 사람의 생활은 물심양면의 교류이며, "문화는 항상

움직인다"라고 했다. 여기에서는 음식만을 예로 들었지만, 바꾸어 말하면 문화는 원조나 정통성의 의미가 적다. 심지어 문화에 독창성이 어디에 있는가라고 주장하는 이들도 있다. 들뢰즈가 말하듯, 노마디즘에 바탕을 둔 끊임없는 접합이 존재할 뿐이라는 것이다.

이러한 점은 사회의 생명력과도 연결된다. 로마가 다양한 이민족 국가들과 교류하고 그들을 포용하면서 제국을 형성한 반면, 그리스는 각자의 폴리스에 갇혀 폐쇄적인 문화만을 추구했다. 로마는 정통이나 고유성을 추구한 것이 아니라 다양한 포용과 접합을 추구한 것이고, 그리스는 정통과 원조를 강조했다. 그러나 여기에도 원칙은 있었다. "피정복민의 장점만 취한다." 이는 시오노 나나미가 『로마인 이야기』에서 한 말이다. 로마인의 지성과 지능은 그리스인보다 못하고, 체력은 켈트족과 게르만족에 뒤지며, 기술력은 에트루리아인에게 못 미치는 가운데 경제력도 카르타고에게 미치지 못했다. 그럼에도 로마인이 역사적 번영을 누렸던 것은 끊임없이 다른 나라의 장점들을 자신의 것으로 받아들인 데 있었다.

게오르그 짐멜Georg Simmel은 모든 사물의 문화가 인간의 문화에 영향을 미치고, 이러한 사물의 문화를 발전시켜 인간을 발전시킬 수 있다고 했다. 인간이 만든 문화는 다시 인간에게 영향을 미치기 마련이다. 짐멜이 지적하고 있듯이, 문화는 끊임없는 깨짐의 대상이다. 아도르노Theodor W. Adorno도 문화에는 지속적으로 전복의 대상이 되는 역설적인 본질이 있다고 했다. 이는 변증법적 특징이 문화의 본질임을 말해 준다. 이 문화의 전복과 깨짐의 주체는 인간이다. 또한 이 인간에게 영향을 주는 것이 문화다.

문화는 인간을 통해 끊임없이 발생 생성되는 과정을 겪지만, 그것은 단지 흘러가는 것이 아니라 일정하게 축적되는 형태를 보이게 된다. 짐멜은 문화를 공동체에 구현된 정신노동의 축적이라고 했다. 언어와 관습, 정치와 제도, 종교 교리, 문학과 기술 속에는 수많은 세대의 노동이 객관화된 정신으로 형성되어 있다.[1]

레이먼드 윌리엄스는 인간은 끊임없는 학습과 재학습을 통해 상호 작용함으로써 얻은 경험을 토대로 자신의 존재와 삶의 양식을 창조적으로 변화시켜 나간다고 했다.[2] 그것은 한 사회와 공동체에서 계통적으로 유지되고 형성, 축적되어 온 문화적 맥락을 의미한다. 『문화: 개념과 정의의 한 비판적인 검토 *Culture, a critical review of the concepts and definitions*』에서 클럭혼C. Kluckhohn이 "문화는 일시적으로 나타나는 현상이 아니라 언제나 사회적 계승으로 나타난다"라고 한 말을 상기할 필요가 있다. 그런데 산업 시대 이후에 우리는 가장 일반적인 문화적 형태를 대중문화라고 일컬었다. 문화적 성격으로서 대중문화는 그 역동성과 상호 소통성, 그리고 그에 따른 접합과 잡종화가 가장 활발하다. 디지털-정보화 시대를 맞아 다중多衆 문화를 이야기하지만, 아직도 대중문화는 무시하지 못할 범주

----

1. 게오르그 짐멜, 『돈의 철학』, 안준섭 · 장영배 · 조희연 옮김, 한길사, 1985, 561쪽.

2. R. Williams, *The Long Revolution*, Chatto and Wounds, 1961, 22쪽.

로 남아 있다.

니체F. Nietzsche, 가세트O. y. Gasset, 엘리엇T. S. Eliot, 아놀드M. Arnold는 모두 대중문화에 대해서 부정적인 견해를 가지고 있었다. 오르테가 가세트는 『대중의 반역』에서 대중문화를 만들어 내는 대중들의 행태는 고귀한 엘리트에 대한 타락한 반역이라고 했으며, 아놀드 하우저는 『예술사의 철학』에서 고급 예술을 옹호하면서 "오락 아니면 시간 때우는 수단에 지나지 않는 대중예술과는 거의 공통성이 없다"라고까지 했다. 이러한 관점에서 보면, 대중문화는 대중에게 영합하고, 예술가를 임금 노동자로 타락시키며, 대중문화를 향유하는 이들을 매우 수동적인 존재로 만든다. 고급문화가 대중문화로 이전되면 끊임없이 질적인 저하가 일어나고, 창조적이고 독창적인 예술 인력들은 대중문화 생산 체제 속으로 타락한 채 흡수된다. 결과적으로 문화 예술 전반에 악영향만을 끼친다. 건전한 도덕과 정서를 붕괴시키기도 한다. 말초적 감각을 자극하고 현실 도피적 행태를 유도하니 이는 당연하게도 보인다. 이때 대중의 비판적 판단은 상실되기 마련이다. 결국 민주주의에도 악영향을 주고 만다. 프랑크푸르트학파의 호르크하이머와 아도르노는 대중문화보다는 문화 산업이라는 단어를 쓰며 비판적인 태도를 취했다. 그들이 보기에, 대중문화 산업 혹은 문화 산업은 경제적 권력을 가진 이들이 기술에 대한 통제력을 이용하여 문화적 산물을 표준화하고 대량 생산하는 상품 자본주의이며, 소비자에게 일상생활의 책임에서 회피, 도피하도록 부추기는 역기능을 가지고 있었다.[3] 여기에 일반적 상식에 호소하는 상업적 이윤 동기가 개입된다. 따라서 대중문화는 많은 사람들이 공감하는 내용을 바탕으로 작위적으로 충동하는 상품 측면이 강하다. 여기에 의미 중복성redundancy이 과잉 정보성entropy보다 강하다. 누구나 쉽게 이해하고 몰입할 수 있도록 만들어야 하기 때문에 반복적으로 필요 없는 정보들을 더 많이 집어넣는다. 이런 점 때문에 대중문화는 유치하다는 평가를 듣기도 한다.

그런데 이러한 대중성-상업성 때문에 대중문화는 타락했다고 볼 수 있을까? 그것이 문화 예술의 수준을 낮게 만드는 것일까? 이러한 평가가 한동안 풍미했지만, 대중문화가 부정적 측면만 있다고 주장하는 시대는 이미 지났다. 이런 차원의 대중문화 비판은 이성, 합리주의, 관념 철학, 엄격한 도덕적 원칙주의에 집착할 때 이루어지는 평가일 수 있다. 허버트 갠스Herbert Gans는 이러한 대중문화 비판론을 정면으로 반박했다. 대중문화는 많은 사람들의 미학적 욕구와 그 밖의 다양한 욕구들을 반영하고 표현하며, 모든 사람들은 고급문화이든 대중문화이든 그들 스스로 선택할 권리가 있다고 했다. 그에 따르면, 대중 예술은 대체로 사용자 지향적 문화이며, 수용자의 가치와 원망願望을 만족시키며 존재한다.[4]

여기에서 욕구와 원망은 사람들이 가지고 있는 마음을 뜻한다. 즉, 문화에는 기본적으로 사람의 마음이 담겨 있다. 사물

3. Horkheimer, Max & Theodor W. Adorno, *Dialectic of Enlightenment*, trans. by John Cumming, New York: The Seabury Press, 1972 참조.
4. Gans, Herbert J., *Popular Culture and High Culture: An Analysis and Evaluation of Taste*, Boston: Basic Books, 1974 참조.

이 단지 사물이 아니라 문화가 되는 것은 사람이 그것에 의미 부여를 했기 때문이다. 사람들의 꿈과 소망, 그리고 마음을 담아냈기 때문이다. 성황당의 아름드리나무가 그냥 나무가 아닌 것은 그것에 마음을 담아 굿을 했기 때문이다. 까마귀가 불길한 징조의 상징인 것은 인간이 그것에 자신의 마음 ― 죽음에 대한 공포, 불안 심리 ― 을 담아냈기 때문이다. 문화 현상은 심리 현상이다. 인간이 만들어 낸 마음의 소산이다. 식물이나 동물이 이루어 낸 것은 문화라고 부르지 않는다. 그냥 무심히 찍은 인간의 발자국을 문화라고 하지 않는다. 〈캐스트 어웨이Cast Away〉(2000)에서 배구공 '윌슨'은 그에게 이름을 붙여 주고 대화하는 알렉스(톰 행크스) 때문에 문화적 존재가 된다. 친구를 바라는 알렉스의 간절한 마음이 담겼기 때문이다.

대중문화나 고급문화, 일상 문화에는 사람들의 심리가 담겨 있다. 한 사람, 두 사람의 마음이 담기고, 축적되고, 일정한 유형으로, 맥락으로 후세대에게 전해진다. 문화는 현상으로 보자면 끊임없이 변한다. 그러나 맥락으로 보면 변하지 않는 것이 있다. 그것은 바로 문화 심리다.

마르크스와 엥겔스는 『신성가족』에서 헤겔과 청년 헤겔파의 추상적이고 관념적인 견해는 물론 아담 스미스를 중심으로 한 국민 경제학자들을 혹독하게 비판했다. 그들은 인간주의, 인간의 감성을 도외시한 철학, 경제학은 현실을 무시하는 것이라고 보았기 때문이다. 무엇보다 인간의 감성을 경제학에서도 중요하게 보았다. 인간의 감성은 문화에서는 더욱 빼놓을 수 없다. 물론 마르크스가 말한 인간주의나 감성은 실천적인 측면을

강조한 것이다.[5]

슈미트Alexis Schmidt는 포이어바흐의 추종자들이 진리를 감성 가운데 있는 것으로 여겼다고 주장했는데,[6] 적어도 문화의 진리는 인간의 감성, 인간의 심리 안에 있다.

마르크스와 엥겔스에 따르면, 인간 사회의 본질은 수많은 개인들이 그냥 결합해서 만들어지는 것이 아니다. 1845년 『포이어바흐에 관한 테제』에서 밝혔듯이, 문화의 본질도 개개인이 단순히 결합해서 만들어 내는 것이 아니다. 제7테제가 가리키고 있듯이, 개인은 특정한 사회적 형태에 속해 있기에 문화도 그것에서 파생한다.

의식은 스스로 발생하는 것이 아니다. 마르크스가 『독일 이데올로기』에서 밝혔듯이, 의식은 물질과 상관관계를 맺는 가운데 발생한다. 인간의 정신은 끊임없이 물질, 환경과 상호 관계를 맺으면서 변증법적으로 발전한다.[7] 이것은 문화가 처음부터 하나의 모습으로 존재하는 것이 아니라 사회적 단계와 변화에 따라 끊임없이 움직인다는 것을 의미한다.

스피노자는 인간을 감정적인 동물이라고 하였고, 감정은 감응이고, 다른 사람들에 감응해 가면서 변해 간다고 했다. 단지 수동적인 감응이 아니라 능동적인 감응이다. 이는 문화의 감

---

5. 칼 맑스 · 프리드리히 엥겔스, 『저작 선집 I』, 최인호 옮김, 박종철출판사, 1997, 96-106쪽.
6. 정문길, 『마르크스의 사상과 초기 저작: 독일 이데올로기와 마르크스 엥겔스 전집 연구』, 1994, 161-3쪽.
7. 칼 맑스 · 프리드리히 엥겔스, 『저작 선집 I』, 최인호 옮김, 박종철출판사, 1997, 211쪽.

응으로 이어지는 것이다. 끊임없이 영향을 주고받으면서 하나의 특성을 만들어 가는 것이다.

대중문화는 일상 문화와 민중 문화, 고급문화가 모두 융합되는 문화 범주이다. 각 문화는 대중문화를 통해, 상업적 이익이 목적이든 대중적 지지가 목적이든, 누구나 쉽게 이해할 수 있는 내용과 형식으로 존재한다. 여기에서 중요한 것은 대중문화가 이성이나 합리성보다는 감성에 더 호소한다는 점이다. 한류가 주목을 받았던 것은 동아시아인들의 감수성을 건드렸기 때문이다. 이 감수성을 다른 말로 하면 마음, 심리다. 그러한 마음은 다른 문화적 현상을 일으키는 원인이 된다. 신드롬과 유행, 증후군은 모두 사람들의 마음과 심리에서 비롯된다. 따라서 대중문화만이 아니라 수많은 문화적 현상에서 문화 심리가 무엇인지 지적하는 것이 필요하다. 이런 문화 심리를 배제하면, 단순 사실이나 정보의 열거나 현상의 묘사와 유형의 정리는 왠지 무엇인가 빠진 것 같은 생각이 들게 한다.

물론 그간 문화 현상에 대한 심리학적 분석이 이루어졌다. 그러나 정신분석학은 이러한 분석을 하기에는 너무나 무의식적이고 성적性的이다. 행태주의적 심리학은 문화 현상과 구조를 너무 단순화시키고, 수치 중심으로 설명한다. 대중문화 분석들은 그 현상 자체의 분석에만 머무는 경향이 있다. 이데올로기에 얽매여 분석하는 습성(아비투스)은 아직도 학자와 비평가들 사이에서 유효하다. 하지만 계급 이데올로기 문화론에 대한 맹목적 집착은 문화 연구의 다양성을 가로막는다. 다른 한편에서는 통계학적 방법론을 이용해 이미 정해진 가설 검증과 변수로 문화적 현상의 아우라를 해체하는 데 몰두해 왔다. 그러나 그것은 인체를 해부하여 뼈와 살을 헤집어 인간의 본질을 찾겠다는 것과 같다. 이런 방식은, 대중들은 환상을 스스로 구성해 가면서 아우라를 만들고 대중문화를 형성시킨다는 사실을 간과한다.

그렇다고 그것이 전혀 의미 없는 것은 아니다. 그러한 작업들은 질적 연구에서 하지 못하는 수치적 법칙화에서 탁월한 업적을 성취한다. 그러나 그러한 해체를 반복하면 거꾸로 인간의 심리가 만들어 내는 문화적 상상력이 제한된다. 예를 들어, 신화와 판타지가 왜 대중적으로 그렇게 인기를 끌고 있는지 알수가 없다. 단지 신화는 비현실적이고 도피 심리를 조장하는 것이 되어 버린다. 또한 여러 가지 문화 행위에 대한 분석과 그에 따른 비판도 중요하다. 여기에서 꼭 살펴볼 것은 그러한 현상이 일어나는 심리적 이유에 대한 물음이다.

대중문화
심리읽기

I. 트렌드와 대중문화 심리

혈액형 신드롬과 바넘 효과

가수 김현정의 〈B형 남자〉가 B형 남자들을 화나게 했고, B형 남자 증후군을 반영하듯 영화 〈B형 남자친구〉가 제작 상영되었다. B형 CEO들이 많다는 통계 조사가 화제가 되고, B형 남자로 새삼 불거진 혈액형 신드롬은 서점가에서도 『B형 남자와 연애하기』, 『혈액형 비즈니스』, 『혈액형 사랑학』 같은 책들을 쏟아내도록 했다. 방송 오락 프로그램에서도 혈액형 성격론이 넘쳐났다. 사실 이런 혈액형에 따른 성격의 판단은 일본에서 본격화되었다.

혈액형 성격학의 대가는 1970년대 독일에서 혈액형 성격론을 배운 일본의 노미 마사히코와 노미 도시타카 부자로 알려져 있다. 혈액형 성격학은 혈액형 인간학이라고도 하는데, 혈액형에 따라 성격이 다르다는 주장이다. 노미 부자는 서양에는 A형, 동양에는 B형이 많다고 했다. 그러나 과학자들은 이러한 견해를 일찍부터 일언지하에 부정했고, 그들의 이론은 정식으로 인정받지 못했다. 과학자들이 이러한 성격론에 대해 과학적인 논거가 없다고 주장하는 데는 몇 가지 이유가 있다.

첫째, 혈액형 유전 인자와 성격 유전 인자 사이의 상호 인과관계를 밝히지 못했기 때문이다. 혈액 유전자 자체는 성격 형성과 거리가 멀다는 주장이다.

둘째, 혈액형 별로 염기 서열이 많이 다르지 않기 때문에 혈액형에 따라 성격 자체가 많이 다르다는 지적은 가능성이 낮다고 한다. 예를 들어, A형과 B형의 경우 염기 서열이 7개밖에 틀리지 않는다.

셋째, 성격을 단순한 몇 개의 유형으로 나눌 수 없다고 한다. 예를 들어, A형이라고 해도 AA형과 AO형이 있고, 한국인은 AO형이 대부분이라고 한다. 무엇보다 성격을 네 가지 유형으로 나누는 것은 어불성설이다. 성격은 매우 다양하고 복합적이다. 한 사람에게서 여러 성격이 번갈아 나타난다. 이렇기 때문에 하나의 유형이나 맥락으로 규정할 수 없는 변칙성이 있다.

이외에도 다른 주장이 있다. 동양 의학에서는 체질에 따라 사람 성격이 다르다고 주장한다. 이제마의 사상 의학에서는 태양인, 태음인, 소양인, 소음인이 다르다고 했으며, 다시 두 가지씩 나누어 여덟 가지 성격을 이야기했다. 또한 사람의 성격은 유전적인 특징뿐만 아니라 뇌 구조에 따라 달라진다는 주장도 있다. 여기에 후천적인 성격의 형성을 중요하게 여기기도 한다. 정신분석학자들은 소아기의 외상이 성격 형성에 큰 영향을 미친다고 했다. 또한 환경론자들은 사회 경제적인 구조가 사람의 성격에 영향을 미친다고 주장해 왔다. 일부에서는 혈액형에 대한 판단은 사주 명리학과 같이 하나의 경험적 가능성일 뿐이라고 주장하기도 한다.

그렇다면 사람들은 왜 혈액형으로 판단하기를 좋아하는 것일까? 그것은 대인 관계의 불안에서 비롯된다. 사람 사이의 관계는 형식적이고 복잡해진 반면, 대인 관계에 대한 확실한 정보는 없기 때문이다. 지속적이고 깊은 관계 맺기가 힘든 상황이 벌어지면서 단번에 사람을 판단하는 습성이 상업적으로 이용되는 셈이다.

문제는 혈액형에 따라 성격이 결정되어 있는 것이 아니라 '혈액형 별로 성격이 이렇다'는 견해에 따라 사람의 성격이 그렇게 보인다는 사실이다. 예를 들면, A형은 이러한 성격이라고 하면, A형의 성격은 그렇게 보인다.

좀 더 말하자면, 혈액형 성격학이 선호되는 이유는 사람에 대한 판단 기준이나 준거점이 없기 때문이다. 혈액형 성격론은 합리적으로 고정된 인식 체계인 스키마schema에 가까워 보이지만, 심해지면 편견이나 고정 관념이 된다. 즉, 사람의 성격을 겪어 보고 판단하는 것이 아니라 혈액형 성격론에 맞춰 미리 재단하고, 그것에 끼워 맞추는 꼴이 된다. 이때는 사람에 대한 편견이나 협소한 인식만을 드러낸다. 더구나 성격은 바뀔 뿐만 아니라 많은 변수를 가지고 있으며, 시간과 환경, 상황에 따라 변화하는 특징을 가지고 있다.

만약, 혈액형에 따른 성격론이 심화되면, 자기 충족적 예언이나 자기 실패적 예언으로 이어진다. 때에 따라서는 스스로 믿는 대로 그렇게 보이는 피그말리온 효과가 나타나기도 한다. 혈액형 성격론으로 사람의 성격을 미리 재단하다가는 선입견 때문에 연애에서 실패하고, 서로 마음에 상처를 줄 수도 있다.

결국 혈액형 성격이 있다기보다는 혈액형 성격에 대한 견해가 그런 성격을 만들어 낸다. 그럼 왜 이러한 현상이 나타나는지 심리학적으로 생각해 볼 필요가 있다. 그것은 바넘 효과 Barnum effect로 설명할 수 있을 것이다. 19세기 말, 곡예단에서 사람들의 성격과 특징 등을 알아내는 일을 했던 바넘P. T. Barnum이 그 개념을 창안했다. 1940년대 말, 심리학자인 포러 Bertram Forer가 성격 진단 실험을 통해 이 개념을 증명했기에 "포러 효과"라고도 한다.

포러는 학생들을 대상으로 성격을 테스트했다. 신문 속 점성술 난의 내용 일부만을 바꾸어 테스트 결과와는 관계없이 학생들에게 나누어 주었다. 예를 들어, 별자리에 따른 운세 등은 대개 일반적인 내용이었다. 학생들에게는 점성술 난의 내용이라고 하지 않고, 그들의 성격 테스트 결과라고 말했다. 포러는 학생들에게 테스트 결과가 자신의 성격과 맞는지 평가하도록 하였다. 그렇게 하자, 대부분의 학생들은 테스트 결과가 그렇게 나온 줄로 알고 자신의 성격과 맞다고 말했다. 그런데 포러가 나누어 준 내용은 일반 사람들이 가지고 있는 보편적인 특성들을 기록한 것이었다. 사람들은 보편적 특성을 자신만의 특성으로 간주하는 경향이 강하다. 즉, 공통적인 특성들은 대부분의 사람들에게 해당된다. 예를 들면, 선택 상황에서 여러 모로 많은 고민을 하는 것은 A형만이 아니라 대부분의 사람들이 그렇다. 거꾸로 얌전하다는 A형 사람도 과감한 행동을 할 때가 있다.

한편, 사람은 일반적으로 사회 현상이나 특성들을 몇 가지 범주나 유형으로 묶으려는 경향이 강하다. 점괘의 특성은 유형화와 범주화이다. 그래서 매우 일반적인 이야기들을 담고 있다. 이 때문에 사람들은 점술가들의 얘기를 모두 자신의 이야기인 것으로 여기게 된다. 즉, 일반적인 특징을 많이 이야기하기 때문에 맞을 확률이 그만큼 증가할 수밖에 없다. 12개의 별자리, 십이간지, 그리고 토정비결, 역학의 해석들은 일반적인 특성을 내용으로 한다. 그렇기 때문에 많은 사람들은 점괘 등이 마치 자신을 잘 반영하는 것처럼 받아들이고, 정확하다는 착각을 한다. 혈액형도 일반적인 네 가지 범주를 적당히 구분해 놓은 것이다.

이렇듯 어떤 일반적인 분석이 마치 자신을 묘사하는 것이라고 받아들이는 현상을 "바넘 효과"라고 한다. 선입감을 가지고 보기 시작하면, 고착되어 계속 그렇게 보인다. 혈액형에 따른 성격도 그렇게 보기 시작하면 계속 그것의 지배를 받게 된다. 진정한 사랑을 혈액형 성격론이 만든 편견 때문에 떠나 보낼 수도 있는 것이다.

공포, 호러 문화와 그 속의 심리

아무래도 무더운 여름에는 공포 체험이나 무서운 영화를 보면서 무더위를 잊곤 합니다. 텔레비전 방송 프로그램에서도 납량 특집 등 공포물을 많이 방영합니다. 공포 문화와 그 속에 담겨진 사람의 심리는 무엇일까요?

공포 문화의 출발점은 아무래도 이야기라고 할 수 있겠습니다. 어린 시절, 할아버지, 할머니에게서 듣던 무서운 이야기를 통해서 우리는 공포 문화를 체험하게 되죠. 무서워서 밤에 화장실도 가지 못하는 일이 벌어지고, 가더라도 화장실 문을 열어 놓고 일을 보게 되지요.

구전의 공포 문화에서 문학 속의 공포 문화로 넘어 갑니다. 브람 스토커의 『드라큐라』나 메리 셸리의 『프랑켄슈타인』 등 중세를 배경으로 한 뱀파이어 문학이 대표적입니다. 『저주받은 자들의 여왕』, 『육체의 도둑』같이 뱀파이어는 시리즈물로 인기를 끈 지 오래구요, 『워칭 아워』, 『래셔』 등과 같이 마녀를 주인공으로 다룬 소설도 흥미를 끌어 왔습니다. 이러한 소설을 쓰는 작가는 인기를 끌게 되는데요, 영화로도 만들어진 『뱀파이어와의 인터뷰』의 작가 앤 라이스는 두터운 팬을 확보하고 있기도 합니다.

그 다음은 영화 장르가 아닌가 싶은데요, 영화에서 공포는 떼어놓을 수 없는 소재가 되었고, 공포하면 공포 영화나 호러 영화를 떠올리게 됩니다. 본격적인 공포 영화는 독일 표현주의 영화를 거쳐 오컬트Occult 영화에서 시작되었습니다. 악령이나 악마, 초자연적인 현상을 다루는 영화를 말합니다. 대표적인 것이 〈엑소시스트〉나 〈오멘〉을 들 수 있습니다.

공포 음악도 생각해 볼 수 있을 것입니다. 1970년대 말 이른바 고딕 록이라는 것이 등장합니다. 조이 디비전, 바우하우스 같은 포스트펑크 그룹들이 암울하고 괴기스러운 고딕 록을 만들어 냈던 것이죠. 그 뒤 펑크, 메탈, 인더스트리얼 등 다양한 장르에서 응용했고, 〈나인인치네일스〉, 〈큐어〉, 〈나이트위시〉 등의 음악을 만들어 냈습니다.

요즘에는 공포가 하나의 즐거움 내지 놀이 문화가 되는 문화 흐름을 보이는데요, 아마 대표적인 것이 화제가 되었던 고스Goth 족이 아닐까 싶습니다. MBC TV 시트콤 〈안녕, 프란체스카〉의 뱀파이어 가족이 바로 전형적인 고스 족이라고 할 수 있습니다.

고스 족은 중세의 암울하고 어두운 공포를 선호하는 사람들을 말합니다. 대개 중세 시기라고 하면 죽음과 어둠, 공포라는 단어가 떠오르죠. 고딕 문화 자체가 폐쇄적이며 개인적이고 고립적입니다. 이를 나타내는 상징과 컨셉이 있기 마련인데요, 어둠 · 해골 · 검은 옷과 실버 액세서리 · 핏빛 이미지가 그것이 죠.

고스 족은 1970년대 말 영국에서 본격적으로 나타난 것인데요, 히피, 펑크와 같은 저항 문화의 일종입니다. 반전과 자유를 주장하며 기성세대에 저항하던 젊은이들의 히피 · 펑크 문화와는 달리 도피적이고 폐쇄적인 것이 특징입니다. 고스 족은 전체화되고 획일적인 산업사회를 거부하고 자신들만의 세계로 향하는 소극적 저항의 문화로 해석되기도 합니다.

그런데 이 고스 족 자체도 이미 즐거움, 쾌락의 대상으로 변해 가고 있습니다. 검은 드레스에 창백한 얼굴, 흡혈귀, 그리고 무겁고 음산한 분위기가 있다면 어쩐지 무섭기만 할 것 같은데요, 〈안녕! 프란체스카〉의 경우에는 이렇게 무서운 흡혈귀들이 웃음을 주는 존재가 되어 버립니다.

또한 고스 족의 경우에는 도피적이고 폐쇄적이라는 게 일반적이지만, 한편으로 적극적인 공유의 문화를 의미하기도 합니다. 공포보다는 즐거움의 추구가 우선입니다. 특히 인터넷 카페 같은 커뮤니티를 통해서 노는 일종의 놀이 문화가 된 것입니다.

그렇다면 공포가 쾌락이 되는 시대를 어떻게 해석할 수 있을까요?

놀이 동산이나 코스프레 행사, 공포 영화에서 공포는 두려움이 아니라 즐기는 대상입니다. 이를 사회적인 현상과 결부시켜서 설명하자면, 쿨 코드와 멘털테인먼트mentaltainment 코드가 만난 것입니다. 진지함과 엄숙함에 대한 쿨한 태도가 무서운 것도 쿨하게 즐거움의 대상으로 만들어 버린 것이지요. 요약하면, 쿨한 문화와 정신적인 놀이성-오락성을 추구하는 사회 문화 경향이 결합해 확산된 결과입니다.

왜 그럼 공포 문화가 등장하는 것일까요? 심리적인 관점에서 말할 수 있을 겁니다.

첫째는 공포 문화를 통한 심리적 불안의 해소 심리 때문입니다. 사람은 자기 안의 불안이나 무서움을 외부의 대상에게 돌림으로써 그것을 극복하려는 본능이 있다고 하죠. 초자연적인 어떤 대상, 악마, 악령이라는 것들이 자신을 괴롭히고 있다고 상정하면서 그들을 극복하면 자신의 문제들이 없어진다고 생각하곤 합니다. 사실은 자신의 마음에서 비롯된 것인데 말입니다. 이렇게 외부 원인에 해당하는 것에는 인간이 원초적으로 공포감을 느끼는 어둠, 미지의 세계에 대한 두려움, 자연 재해 등이 있습니다.

두 번째, 공포에 대한 극복과 통제감을 얻기 위해서 입니다. 마이클 라이언은 정치적, 사회 경제적으로 두려운 일이 많으면 공포 영화가 많이 등장한다고 했습니다. 이는 경제적으로 어려우면 극기 훈련 프로그램에 참여하는 사람이 많아지는 것과 같습니다. 미하이 칙센트미하이가 지적하듯이, 작은 공포를 통제하면 자신감이 생겨서 더 어려운 난관도 헤쳐 나갈 수 있다는 것입니다. 즉, 공포 문화, 특히 영화나 드라마, 음악을 접하고 나면 그것을 통해 공포와 불안에 대한 통제감이 생긴다는 것이지요. 요약하면, 공포감을 주는 대상을 설정하고 그것을 극복하면서 자신감을 얻고자 하는 것입니다. 공포 체험을 하고 나면 상쾌하고 자신감이 생기는 이유가 그것입니다. 이 때문에 공포물을 접하는 것입니다.

세 번째는 공포 문화 자체가 하나의 문화적 기호의 반영이자, 대리 경험이라는 지적이 있습니다. 단지 독특하고 흥미로운 문화적 현상을 만들어 내고 같이 향유하려는 것입니다. 호러 캐릭터를 수집하는 것이 이러한 맥락이라고도 합니다.

네 번째는 평소에는 미처 소중하게 생각하지 못했던 일상생활을 뒤돌아보게 만든다는 것입니다. 공포 체험을 하고 나면 새삼 집이 그리워지고 소중한 사람들이 생각나죠. 일상이 무료하고 권태롭다고 여기다가 공포 체험을 통해 상대적으로 일상사를 소중하게 여기게 됩니다.

다섯 번째, 저항 문화 심리의 관점입니다. 변화가 없는 정태적인 사회에서 공포는 일종의 질서 붕괴를 뜻합니다. 일순간에 사회를 바라보는 관점이 달라집니다. 이때 공포는 사회의 모순에서 비롯된다는 것입니다. 일상적으로 드러나지 않는 억압된, 소외된 존재들을 등장시켜서 그들의 말을 듣고 현재 사회의 모순을 드러내고자 합니다. 요정이나 귀신, 괴물들이 대표적입니다.

그런데 이러한 공포 문화는 단지 문화에 그치는 것이 아니라 하나의 상품이기도 합니다. 그럼 한국 문화에서 상품화된 공포가 갖는 의미는 무엇일까요?

일단 이러한 상품화는 기성세대와 신세대의 공포 문화를 구별지어 줍니다. 기성세대의 경우, 귀신 이야기를 중심으로 공포 문화가 형성되어 왔죠. 기껏해야 드라마나 영화 몇 편 정도였습니다. 신세대의 공포 문화는 공포를 자극하는 다양한 상품, 즉 캐릭터, 만화, 영화, 게임의 공포를 중심으로 형성됩니다. 상품화된 공포는 끊임없이 공포를 만들어 내지만, 기성세대의 공포는 대개 고정되어 있습니다. 이러한 상품화된 공포 문화는 공포의 잡종화 또는 퓨전 현상을 끊임없이 발생시키고 있습니다. 상품화된 공포는 공포 캐릭터와 요소를 끊임없이 결합 융합시킵니다. 세계의 다양한 공포 요소가 결합해서 끊임없이 변종을 만들어 내는 것입니다.

여기에서 퓨전이 된다는 것은 그 이전에 서로 다른 공포 문화가 존재한다는 의미인데요, 공포에 대한 나라별 차이가 있다면 어떤 것이 있고, 그 이유와 특징은 무엇인지 살펴보겠습니다.

우선 서양에서는 선을 위협하는 악마 혹은 악마적 존재가 주는 공포가 특징입니다. 이는 기독교 문화의 특징 때문이라고 할 수 있습니다. 그들은 인간적인 면, 혼을 통한 공포, 귀신을 부정하지요. 인간이 죽으면 영혼은 육체에서 이탈해 천사와 사신을 통해 하늘나라로 돌아가죠. 서양 문화나 영화에서 영혼이 이승에서 활동하는 것은 매우 드문 일입니다. 영혼이 나오는 〈크로우〉(94), 〈사랑과 영혼〉(90), 〈킹덤〉(94), 〈식스센스〉(99), 〈디아더스〉(99)는 동양적인 컨셉을 차용한 것입니다. 서양 문화나 영화에서는 원혼과 원귀가 주는 공포보다는 오히려 사탄이나 마왕 같은 존재들, 그들에게 현혹된 사람들이 주는 공포가 많습니다. 뱀파이어, 드라큘라가 대표적입니다. 여기에 인간과 악마적 존재가 결합한 변종 호러 캐릭터가 등장하기도 합니다. 예를 들면, 〈늑대인간〉, 〈프랑켄슈타인〉, 〈미라〉를 들 수 있습니다.

두 번째 특징은 서양 호러 문화에서는 동식물이나 곤충들까지 공포의 대상으로 등장하는 경향이 많다는 것입니다. 상어에서 새나 개미까지 사람을 위협하고 죽음으로 몰아넣는 존재가 되죠. 이는 서양의 사상적 특징과도 관련이 있습니다. 서양 사상에서 자연은 위험한 공포의 존재였고, 극복의 대상이었습니다. 따라서 항상 자연의 무서운 면을 강조하면서 인간의 극복의지를 나타내려고 합니다. 더구나 제국주의 시대에는 제3세계를 침략하면서 미지의 세계에 대한 공포가 더 증폭되었습니다. 반면 동양에서는 자연과 인간은 하나의 순환 고리를 이루기 때문에 그것을 공포의 대상으로 보지는 않습니다. 오히려 인간의 잘못이 공포스럽고 가공할 만하다는 인식을 주고자 합니다.

일본은 자신들 스스로가 "800만의 신을 모시고 산다"라고 말하듯이, 다양한 귀신과 요괴, 괴담들을 갖고 있는 나라입니다. 그것은 힘을 추종하는 풍토에서 각 사물에 초인적인 정령의 힘과 의미를 부여하고 그것에 의존하려는 문화에서 시작했습니다. 일본은 이러한 초자연적인 존재들을 일찍부터 다양한 애니메이션 캐릭터로 탈바꿈시켜 왔습니다. 그것들을 바탕으로 캐릭터 상품들을 만들었고, 거대한 문화 상품 시장을 만들어 내기도 했습니다.

근래의 영화 〈링〉에서 알 수 있듯이, 원혼의 문화가 대중문화 코드로 등장하기도 했습니다. 그러나 한의 공포 문화는 한국적 특징이라고 할 수 있습니다. 이제 우리나라의 공포 문화에 대해서 알아보도록 하겠습니다.

한국의 경우에는 주로 약자의 한이 공포 문화에 투영되어 있는 경우가 많습니다. 억울하게 죽은 사람이나 억울한 사연이 있는 대상이 사람들에게 공포를 주고, 그것을 해결하는 것이 맺힌 한이나 응어리를 푸는 것이죠. 절대적인 악마나 공포의 대상을 설정하는 것이 아니라 공포를 일으키는 문제를 해결하는 게 목적인 것이죠. 대개 한국의 민담에서는 원혼 내지 원귀, 즉 억울한 이들이 등장하는데요, 이는 유교와 불교, 민간 무속 신앙이 결합된 것이라는 지적이 많습니다. 그런데 여자들이 대부분인 것이 특징이죠.

2005년에 한꺼번에 개봉한 네 편의 영화, 〈분홍신〉, 〈여고괴담 4: 목소리〉, 〈가발〉, 〈첼로〉는 모두 여성이 주인공입니다. 이어 개봉한 영화 〈분신사바〉나 〈월희의 백설기〉, 〈낭만자객〉에도 귀신은 여자였고, 2006년에 개봉한 〈아파트〉, 〈스승의 은혜〉, 〈코마〉, 〈네 번째 층〉도 마찬가지입니다. 한국 공포 영화의 고전인 〈목 없는 미녀〉(1966, 이용민), 〈월하의 공동묘지〉(1967, 권철휘), 〈천년호〉(1969, 신상옥) 이래로 귀신은 여자였습니다. 대중문화에서도 귀신이나 공포를 주는 사람은 주로 하얀 소복을 입은 처녀 귀신인데요, 왜 이런 현상이 일어나는 것일까요?

이것은 고대 이래로 가장 약자가 여성이었다는 것을 말해 줍니다. 특히, 시집도 못간 처녀들이었죠. 그만큼 여성들의 한이 많았다는 것을 뜻하지요. 이것이 여성을 중심으로 한 한의 공포 문화가 형성된 이유입니다. 반드시 여성만의 문제가 아니라 하더라도 우리나라의 공포는 한의 해소에 중점을 두어 왔던 것입니다. 단지 무서움에 중점을 둔 것이 아니라 공포라는 수단을 통해 약자의 한을 드러내고 풀어 주고자 하는 것이 우리 공포 문화의 정수라고 할 것입니다. 이는 드라마 〈전설의 고향〉에서 집약된 바 있습니다.

이제 공포 문화는 프로그램 컨셉을 지극히 계산적인 공포의 시대로 잡고 있습니다. 기획된 공포의 시대인 것이지요. 일종의 공포의 퓨전이 기획의 핵심입니다. 우선 괴물이나 악마적 존재가 주는 공포가 아니라 일상의 공포가 강조되고 있습니다. 이는 나를 중심으로, 나는 언제나 공포에 노출되어 있다는 잠재적 불안 심리에 기댄 것입니다. 우리에게 언제든지 발생할 수 있는 도시의 공포와 불안 상황을 설정하고 있습니다. 만화 『아파트』와 이를 바탕으로 한 영화 〈아파트〉도 도시인들의 불안을 통해 공포를 드러냈습니다.

이미 공포는 하나의 산업 안에 있습니다. 공포는 하나의 상품입니다. 상품을 소비시키기 위해서는 끊임없이 자극이 필요합니다. 이 자극과 소비를 위해서 자아를 위협하는 공포 요소가 치밀하게 계산되어 영화에 반영됩니다. 공포 문화의 상품성이 크건 그렇지 않건 간에, 공포가 갖는 긍정적인 역할도 있습니다.

공포는 일단 언제 닥칠지 모르는 미래의 상황에 대해 대비하게 하고, 공포 문화는 이러한 대비에 통제감을 제공합니다. 우리는 불행을 통해 행복의 중요성을 깨닫게 되고, 고통을 통해 즐거움의 소중함을 알게 되죠. 공포물에는 죽음이 많이 등장하는데, 이는 거꾸로 무료한 것 같은 일상을 오히려 소중하게 느끼게 만듭니다. 공포의 상황을 이겨 내면 성취감과 자신감을 줍니다. 또한 그 자체가 억눌린 감정이나 스트레스를 해소할 수 있도록 합니다.

한편, 현재의 공포 문화를 어떻게 보아야 할까요? 때로는 비판적으로 바라볼 필요도 있어 보입니다.

첫 번째는 시각적인 이미지를 위해서 잔혹성의 미학만을 부추기고 있다는 점입니다. 이는 점점 더 강한 자극을 원하는 중독성 심리에 의존하기 때문입니다. 더구나 할리우드 영화를 중심으로 10대의 섹슈얼리티와 이런 잔혹성 공포를 연결시키는 것은 공포 문화의 맥락을 무시하는 것입니다. 호러가 퓨전화되고 특색이 없어지면서 섹슈얼리티와 잔혹성이라는 감각성에 의존하는 경향이 심화되고 있습니다.

두 번째는 지나치게 상품화되었다는 점입니다. 놀이성만을 생각하는, 상품성만을 추구하는 경향이 있습니다. 철저하게 흥행이나 상업성의 코드에 따라 기획되는 경향도 많습니다. 이럴 때 다양한 문화적 의미들을 놓칠 수 있습니다.

세 번째, 공포의 본질이나 사회적 의미에 대해서 제대로 고려하지 않고 있습니다. 단기적인 수익을 위한 단순한 공포 자극은 오히려 대중들의 외면을 받을 가능성이 많습니다. 공포에는 중독성이 있어서 잔인하거나 엽기적인 면만 강하게 되면 그것에 무감각해질 수 있으며, 공포의 사회적 맥락이라는 본질과 더 멀어지게 합니다. 즉, 공포 문화의 이면에는 그 사회의 불안이나 모순이 배어 있다는 점을 놓칩니다. 하이데거는 공포의 대상, 두려워하는 심리, 그리고 원인이라는 세 가지 분석 틀에 따라 공포를 분석한 바 있습니다. 공포의 대상과 그 이유의 이면을 항상 생각해야 할 것입니다.

네 번째, 자극을 위한 자극, 공포 폐인만의 문화가 아니라 인간적 교감과 문화적 소통의 수단으로 삼는 것도 매우 중요할 것입니다. 공포 문화는 다른 이들과 구별 짓기 위한 문화가 아닌 공유의 문화입니다.

다섯 번째, 한국 공포 문화는 여성 귀신을 등장시키지만 섹시한 이미지를 강조하는 경향이 짙어졌습니다. 공포 문화는 약자의 한을 풀어 주는 면도 있다는 점을 기억할 필요가 있습니다.

그렇다고 해서 반드시 여자만 귀신인 영화를 만들어야 한다는 이야기는 아닙니다. 우리 민족과 근·현대 예술이 처녀 귀신의 한을 주요 주제로 다루어 왔던 것은 약자의 고통에 대한 예술적 한풀이였고, 이에 많은 이들이 공감을 하고 지지를 보내 왔기 때문입니다.

중요한 것은 억압받고 고통 받아 한이 맺힌 사람들이 비단 처녀들이나 여성들만이 아니라는 사실입니다. 아직도 수많은 존재들이 한을 지니고 있습니다. 그러한 이들의 한을 풀어 주는 공포 영화들이야말로 관객의 호응을 얻을 것이고, 우리 영화의 좋은 예술 정신에 맞을 것입니다.

사람들은 왜 첫사랑을 잊지 못할까

첫사랑의 기억. 사람들은 이 기억을 떠올릴 때마다 만감이 교차한다. 마음이 애틋해지거나 애절해지고 아리기도 하며, 그 감정에 따라 혼자 조용히 눈물을 흘리기도 한다. 나이가 들수록 그 기억은 더 또렷하다. 소설, 영화, 드라마에서 항상 다루는 데도 그 느낌은 다르기도 하다. 만감을 풀어 내자니 많은 이야기들이 나올 수밖에 없다. 드라마, 연극, 영화마다 언제나 첫사랑 이야기가 중심이다.

〈가문의 영광 2〉에서 장인재(신현준)는 조폭임에도 서울지검 검사인 김진경(김원희)과 사랑을 이루어 간다. 그가 김진경에게 끌린 것은 첫사랑과 너무나 닮았기 때문이다. 죽은 사람의 부활일까. 첫사랑과 닮은 제자를 사랑하는 이야기 〈사랑니〉도 마찬가지다. 첫사랑의 여운은 그 사람과 닮은 사람을 사랑하게 하는 마법을 펼치곤 한다.

이렇게 닮은 사람이 등장하는 것보다는 오히려 오랫동안

가슴에 두고 말 한 번 못하는 게 현실적인 것으로 보이기도 한다. 〈광식이 동생 광태〉에서 광식(김주혁)은 33년 동안 한 번도 연애를 하지 못한 순수 청년이다. 학창 시절 첫사랑인 윤경(이요원)에게 7년 동안 고백 한 번 제대로 하지 못했다. 광식이 동생 광태는 그런 것에 연연해하지 않고 수시로 여자를 갈아 치운다. 광태는 첫사랑에 대한 상처를 그런 방식으로 보호하려 했다.

〈해리 포터와 불의 잔〉에서 첫사랑은 새로운 마법의 한 축임을 보여 준다. 해리 포터는 초챙이라는 소녀에게 첫사랑의 감정을 느낀다. 론은 헤르미온느에게서 단순히 친구 그 이상의 감정을 느끼게 된다. 또한 많은 인물들이 새로 등장하면서 해리 포터와 친구들은 우정에서 사랑 관계를 고민하게 된다. 첫사랑은 우정의 대상을 이성의 대상으로 전이시키는 문지방인 셈이다.

〈세상의 중심에서 사랑을 외치다〉에서 사쿠타로(모리야마 미라이)와 아키(나가사와 마사미)는 고등학교 2학년생인데, 우정을 넘어 투명한 사랑을 쌓아 간다. 불행하게도 아키는 죽고 만다. 첫사랑의 모습은 변하지 않은 한 장의 사진과 함께 남았다. 10여 년의 세월이 흘러 사쿠타로의 약혼녀 리츠코(시바사키 코우)를 통해 첫사랑 아키의 마지막 음성 편지가 전달되는 장면은 감동적이다.

〈파랑주의보〉는 카타야마 쿄이치의 소설 『세상의 중심에서 사랑을 외치다』를 기본으로 첫사랑의 열병을 그려 낸다. 이 영화에는 두 개의 첫사랑이 축을 이룬다. 수은(송혜교)은 어리바리한 수호(차태현)를 좋아하게 된다. 학교의 모든 남학생들이 우러르는 수은이 좋아 하니 얼마나 좋을까. 하지만 수호만 그 사실을 전혀 모르고, 그래서 먼저 사랑을 고백하는 수은. 그렇게 시작된 첫사랑은 일생의 가장 아름다운 사랑으로 발전해 간다. 여기에 다른 첫사랑의 축은 수호의 할아버지와 어머니의 첫사랑이다. 수십 년 동안 첫사랑의 비밀을 간직해 온 수호의 할아버지 만금(이순재)과 수호의 어머니(김해숙)의 이야기가 첫사랑의 여운을 더한다.

최인호의 장편 소설 『겨울 나그네』는 이미 80년대에 영화와 드라마로 만들어져 인기를 끌었고, 2005년에는 뮤지컬로도 만들어졌다. 이젠 식상해 보일 수도 있지만, 민우가 자전거를 타고 가다가 다혜와 부딪치는 장면에서 첫사랑은 시작되었다. 사랑은 언제나 알 수 없는 작은 계기로 다가와 마음에 큰 자국을 남기고는 한다.

첫사랑의 상처는 고통으로 남아 삶을 괴롭히기도 한다. 〈연애의 목적〉에서 최홍(강혜정)은 첫사랑의 철저한 배신으로 얻은 상처 때문에 더 이상 사랑을 하지 않으려 한다. 그만큼 첫사랑의 기억은 잔인한 외상 증후군이 되어 삶을 정상으로부터 벗어나게 한다.

미국 로맨틱 코미디 〈저스트 프렌즈Just Friends〉에는 바람둥이가 등장한다. 그러나 그는 고등학교 때 첫사랑에게 외면당해 생긴 마음의 상처 때문에 바람둥이가 된 남자(라이언 레이놀즈)다. 이런 차원에서 본다면, 〈광식이 동생 광태〉의 광태(봉태규), 〈연애의 목적〉의 이유림(박해일)도 결국 첫사랑의 상처를 가진 이들이다. 첫사랑을 잘못하면 사랑을 믿지 않게 되고, 소모적인 사랑으로 자신을 자학하게 된다.

드라마 〈파리의 연인〉의 작가 김은숙이 극본을 쓴 〈프라하의 연인〉에서도 강혜주(윤세아)와 최상현(김주혁)의 첫사랑 이야기가 가슴을 아리게 했다. 둘은 첫사랑으로 인해 끊임없이 번민하고 추억한다. 둘은 이루지 못한 자신들의 첫사랑을 되새기고 또 반추한다.

사람은 왜 첫사랑을 잊어버리지 못하고 마음에 담아 두는 것일까? 심리학자들은 "자이가르닉 효과"로 설명한다. 1927년 러시아의 심리학자인 자이가르닉Zeigarnik은 사람은 하다가 그만 둔 일에 대해 반복해서 생각하기 때문에 그것이 오래 기억에 남는다고 했다. 반대로 완수한 일은 금방 잊어버린다는 것이다.

부연 설명하면, 사람은 익숙하지 않은 일을 맞게 되면 인지적 비평형 상태disequilibrium state에 빠진다. 즉, 긴장을 하게 된다. 긴장이 심할수록 기억은 더 또렷해진다. 긴장을 설렘으로 바꾸어 볼 수 있다. 사람은 너무 사랑하는 사람 앞에서는 긴장과 설렘으로 가만히 있지를 못한다. 이루지 못한 첫사랑의 긴장과 설렘은 더 기억하게 된다. 그래서 첫사랑의 기억은 강렬하다.

단지 이루지 못한 일이기 때문에 첫사랑의 기억이 아리다고 생각한다면 왠지 허전하기만 하다. 세상에 이루지 못한 일이 한둘인가. 그렇다고 그것 모두를 애달프게 하나하나 기억하거나 가슴 아리게 떠올리지는 않는다. 첫사랑은 하얀 백지 위의 잉크다. 깨끗한 기억 속에 처음으로 들어가는 정보다. 이런 초두 효과에 따라 백지에 묻은 검은 한 방울의 잉크는 비록 양은 얼마 되지 않아도 강렬하다. 하얀 백지에 한 번 아리게 담긴 사랑의 색감이 쉬 지워질 리 없다.

〈연애의 목적〉에서 이유림은 사랑의 감정이 3개월 간다고 했다. 사랑을 느끼게 하는 호르몬의 분비가 3개월 안에 끝나기 때문에. 하지만 〈너는 내 운명〉에서 석중(황정민)은 첫사랑인 은하(전도연)가 에이즈에 걸린 매춘부였음에도 끝까지 사랑하고 포기하지 않는다. 물론 이는 실화를 바탕으로 했다.

사람들은 첫사랑을 단지 인지적 요소나 호르몬 작용만으로는 설명이 되지 않는, 그 알 수 없는 '무엇'이라 여기고 싶어 한다. 그래서 우리는 그 무엇을, 만감의 그 시원을 부단히 영화를 통해 찾으려 하는지도 모른다.

패러디, 유쾌한 전복의 심리

영화 〈라이언 일병 구하기〉를 패러디한 포스터에 등장하는 많은 정치인들의 모습은 웃음을 터트리게 한다. 영화 〈반지의 제왕〉을 줄기의 제왕으로 바꾸어 황우석 사태를 표현한 패러디도 웃음이 절로 나오게 만든다. 이러한 패러디 포스터들을 작품이라고 할 수 있을까? 패러디parody가 대중적인 지지를 받음에도 작품으로 인정받지 못하는 이유는 무엇일까?

패러디 자체가 문제일까? 세르반테스의 『돈키호테』는 중세 기사도 전설을 패러디한 것인데, 우리는 그것을 독자적인 작품으로 인정한다. 패러디의 본질과 그것에 담긴 사람들의 심리를 생각한다면 그럴 수밖에 없다.

사전적으로 보자면, "유명한 작가의 문체나 소재를 흉내 내어 익살스럽게 표현하는 것"을 패러디라고 정의해 왔다. 대개 패러디의 기원을 고대 그리스의 풍자시인 히포낙스에서 찾는다. 이 패러디가 본격적으로 유행한 것은 18세기 이후, 영국·

프랑스·독일에서라고 일컬어진다. 잘 알려진 H. 필딩의 『조지프 앤드루스의 모험』은 S. 리처드슨의 『패밀러』의 패러디다. A. 포프, J. 스위프트, G. 바이런 등도 자주 활용했으며, 근대의 시인 중 패러디의 대명사는 W. 새커리, L. 캐럴, A. 스윈번, M. 비어봄이라고 알려져 있다. 그러나 이러한 사실은 현재와는 상관없어 보인다. 우리는 이미지의 패러디를 생각할 뿐이기 때문이다.

패러디가 문학에서 태어났다는 것을 생각한다면, 문자에서 그림으로 패러디 기법이 진전되어 왔다는 것을 알 수 있다. 이는 역으로 문자와 이미지 사이의 긴 시간적 간극에도 불구하고 패러디는 생명성이 있음을 알 수 있다. 사실 패러디에 대하여 많은 언급을 하지만, 이론적인 연구는 별로 없다. 린다 허치언의 『패러디 이론』 정도의 책이 많이 언급되지만, 이 책에서 얻을 것은 유럽의 패러디가 어떠했는가를 대강 아는 수준이다. 그리고 패스티쉬, 인유, 표절과 패러디의 구분 정도이다. 패스티쉬pastiche와 패러디는 비슷하다. 다만, 패러디가 풍자와 회화화를 내세운다면, 패스티쉬는 원작과 유사점을 내세우지만 풍자를 목적으로 하지 않는다. 표절은 원작을 밝히지 않고 베끼는 것이고, 패러디는 원작을 드러내면서 차이를 보인다. 이러한 점은 단순히 비유하는 인유引喩와도 다른 점이다. 사실 이러한 정의는 현실에서 패러디를 만들고 향유하는 데 별 도움이 안 된다. 이러한 점을 생각한다면, 월터 리프만Walter Lippmann이 『여론The Public』에서 지적한 대로 이론적 의미보다 그것이 사람들 사이에서 어떻게 움직이고 있느냐가 더 중요할 듯싶다.

패러디는 시에서 시작해 음악과 미술로 옮겨 갔으며, 다양한 매체의 등장에 따라 어김없이 새로운 모습으로 등장했다. 특히 영화, 광고, 만화, 애니메이션, 그리고 각종 동영상에서 그것을 볼 수 있다. 매체는 뜨고 져도 패러디는 항상 그 생명을 유지했다. 최근 몇 년 사이에 이러한 패러디가 부각된 것은 인터넷 매체라는 패러디의 생산-소통-향유 수단이 등장했기 때문이다. 그리고 지금은 UCC 패러디로 진화하고 있다

그럼에도 가벼운 오락거리 내지 원본의 부속물에 불과하다는 인식이 더 강했다. 관심을 가져야 하는 것은 패러디의 끈질긴 생명력이 어디에서 기원하는가 하는 점에 있다. 패러디의 가장 큰 매력은 웃김에 있다. 이는 단지 웃고 마는 데 있는 것은 아니다.

그 웃음의 상대는 무소불위의 권위, 강자를 지탱하는 힘에 대한 전복을 의미한다. 고상, 진지, 엄숙을 가볍게 제치기도 한다. 정치인이나 부유층에 대한 패러디, 그리고 도덕이나 교리에 대한 해학이나 풍자를 생각할 수 있다. 여기에 예술 작품을 비트는 것도 이러한 저항과 전복의 범주에 들어간다.

요컨대, 우리를 의식적으로 지배하고 있는 존재, 개념, 그리고 이미지들에서 탈피하려는 모습이 패러디에 들어 있다. 이렇듯 우리를 지배하는 어떠한 의식, 문화적 존재의 일방향성의 고정화를 거부하고 뒤집고 젖혀 버리는 것이 패러디. 이러한 저항성을 풍자와 해학을 통한 민중성이라고 분석하기도 한다. 이러한 점을 생각한다면, 패러디라는 것이 단지 서양식 개념만은 아니라는 사실을 알 수 있다. 권력자나 지배 의식 그리고 억압

질서를 대변하는 존재들에 대한 전복 의식과 행동은 언제나 있어 왔기 때문이다.

패러디는 권력, 즉 문화 권력과 제도 권력에 대한 강력한 저항과 반항의 정신을 가지고 있다. 심지어 패러디의 웃음은 진지와 엄숙의 숨 막힘에 대한 따끔한 일격이다. 패러디는 끊임없이 자유를 추구하는 수단이다. 이 때문에 매번 기존 질서, 지배 질서와 충돌한다. 가까운 예가 선거와 관련한 정치 패러디이다. 패러디가 비판하지 못할 대상은 없다.

중요한 것은 끊임없는 자유의 추구는 그 자체가 이미 하나의 고유한 독자적 영역이라는 점이다. 문제는 그 패러디가 웃음 뒤에 당시의 시대정신을 담아낸 치열함이나 깊이를 지니고 있는가 하는 것이다. 세르반테스의 『돈키호테』가 독자적인 문학 작품으로 계속 남을 수 있었던 것은 그 때문이다. 따라서 패러디는 시간의 흐름 속에 지속적으로 남을 수 있는 웃음 속의 진지함, 가볍지만 깊은 여운을 가지고 있어야 할 것이다.

왜 판타지를 보는가

2000-04년 5년간 서울대, 연세대, 고려대, 부산대, 경북대 등 전국 14개 대학 도서관에서 학생들이 가장 많이 빌려간 도서는 판타지나 무협 소설이 11종으로 가장 많았다. 1위를 차지한 것은 1999년에 출간된 전동조의 『묵향墨香』이었다. 무협과 판타지를 넘나드는 가운데, 주인공 묵향이 고수가 돼 무림과 판타지 세계를 평정한다는 내용이다. 2005년 9월 말 현재 120만 부가 팔렸다.[1]

한 대학의 도서관 대출 실태 조사에서 1위에서 20위까지 모두 판타지 소설이 차지한 것이 화제가 된 적도 있다.[2] 2002년에 『교수신문』이 전국 14개 대학 도서관의 대출 자료를 집계한 "2002년 상반기 대학 도서관 도서 대출 현황"에서도 10위까지

---

1. 『주간조선』, 2005년 9월 27일자 참조.
2. 『연합뉴스』, 2006년 3월 12일자 참조.

중 절반이 판타지였다. 매번 그렇듯이, 이런 사실은 비판적인 차원에서 회자되었다. 대학생들이 판타지나 읽어서야 되겠느냐는 논지였다.

통계 조사 결과를 근거로, 대학생들이 가뜩이나 책을 읽지 않는데 판타지나 읽으니 개탄스럽다는 말도 나온다. 인문학의 위기는 이러한 대학의 판타지 열풍에서 더욱 잘 알 수 있다는 투다. 사회가 판타지 따위에 휩쓸리더라도 지성의 전당에 있는 대학생들은 그러지 않아야 한다는 목소리도 들린다.

사실 대학가의 판타지 열풍 현상은 어제 오늘의 이야기가 아니다. 대학만의 특수한 상황도 아니다. 대학은 사회의 반영체이기 때문에, 대학생의 이러한 판타지 열풍은 사회의 반영이라고도 볼 수 있다. 물론 이렇게 운을 떼면 판타지에 대한 무조건적인 옹호라는 뉘앙스를 풍길 수도 있다.

판타지 자체를 무조건 옹호할 이유는 없다. 하지만 많은 이들이 판타지에 주목하는 이유 정도는 짚어 본 다음에 대학생들의 판타지 애독 현상을 바라볼 필요가 있다. 단순히 시간 때우기 위해 집어 드는 책이라거나 무료한 일상에서 탈출하기 위해 열독한다는 지적이 있을 수 있다. 좀 더 진지하게 말하면, 사회적인 불안이나 욕구 불만을 판타지로 충족시키는 것일 수도 있다. 다만, 고급 예술과 대중 예술의 경계가 허물어지고, 사실과 허구, 현실과 환상이 서로 퓨전화 되는 것이 21세기라는 점을 상기해야 한다. 이 때문에 판타지는 문학적으로나 문화적으로 의미가 있다. 판타지는 그동안 순수 예술이나 리얼리즘 문학에서 보여 주지 못한 초현실적이고 초자연적인 영역을 문학이나 문화 작품의 영역으로 끌어들이고 있기 때문이다.

판타지는 이를 통해 기존 문화 질서의 모순과 결핍을 딛고 새로운 문화 질서를 만들어 낸다. 판타지는 일종의 저항 문화이기도 한데, 현실에서 억압하고 금지하는 것들을 보여 주기 때문이다. 시공간을 뛰어넘는 설정, 인간과 동물, 식물을 가로지르는 등장인물을 통해 상식과 고정 관념을 뛰어넘어 새로운 인식 체계를 놀랍게 드러낸다.

생각해 보면, 판타지의 역사는 오래 되었다. 서울대 김성곤 교수가 지적했듯이, 판타지는 오래 전부터 문학의 중심에 있었고, 뛰어난 고전도 많다. 『아라비안나이트』, 『변신』, 『어린왕자』, 『걸리버 여행기』, 『돈키호테』, 『지킬박사와 하이드』, 『드라큘라』, 『파우스트』, 『이상한 나라의 앨리스』, 『백 년 동안의 고독』 등은 모두 고전 판타지 반열에 오른 작품들이다. 『영웅문』, 『해리포터』, 『반지의 제왕』은 처음에는 대접을 받지 못했지만, 이제는 현대 판타지의 고전으로 언급된다.

지금은 그 계보를 알 수 없을 정도로 복잡해졌고, 수많은 작가들이 작품 활동을 하고 있다. 〈반지의 제왕〉, 〈해리포터 시리즈〉, 〈나니아 연대기〉 등 영화로 많이 제작된 것에서 알 수 있듯이, 판타지의 문화적 저력은 주류 문화계에서 생각하는 것 이상이다. 이미 일상 문화 속에 깊이 자리를 틀고 있는데, 이를 읽지 말라는 것은 가능하지도 않다. 하지만 무조건 판타지가 대세라고 할 수도 없다.

중요한 것은 판타지 장르 자체보다 판타지 안의 메시지이기 때문이다. 판타지 자체보다는 어떤 작품이냐가 중요하다.

즉, 대학생들이 판타지를 읽는 것 자체가 아니라 어떤 작품을 읽는가에 대한 논의가 있어야 한다. 과연 판타지다운 판타지가 있는가. 시간이 지나도 생명력을 지닐 수 있는 우리의 판타지 작품을 생각하면 갈 길이 멀어 보인다. 이런 차원에서, 대학 도서관의 판타지 대여 순위에나 주목하는 것은 더욱 실익이 없어 보인다.

악녀를 영원 불사케 하는 문화 심리

악녀는 말할 것도 없이 없어져야 할 대상으로 여겨진다. 하지만 인간의 심리가 농축되어 있기에 그냥 없애 버릴 수만은 없다. 그 인간 심리의 중심에는 욕망과 꿈 그리고 그것을 둘러싼 억압과 불안이 있다.

아테네 여신의 신전에서 포세이돈과 정사를 벌인 메두사. 그 메두사는 인간이 하고 싶지만 하지 못하는 일을 했다. 신전에서 누가 정사情事를 할까? 공공장소에서도 엄격히 금지되는 것인데, 신전은 더욱 말할 것도 없다. 메두사는 악녀 중에 악녀이다. 이처럼 악녀의 특징은 금기를 위반하는 것이다. 하지만 금기를 어긴 메두사의 행동은 인간이 가진 성적 욕망을 그대로 드러낸 것이다. 하지만 악녀는 징벌의 대상이 된다. 메두사도 그 행동 때문에 괴물로 변하는 벌을 받는다. 그것도 모자라 결국 페르세우스에게 죽임을 당하는 메두사. 이것이 바로 악녀의 운명이다.

일단, 예쁘지 않은 악녀는 보기 힘들다. 물론 마음이 아니라 얼굴이 예쁘다는 것이다. 또한 적어도 텍스트 속 악녀가 아니라 이미지 악녀를 말한다. 여기에서 텍스트는 문자라는 좁은 범위를 말한다. 영상 시대 이전에 삽화로나 존재했을 법한 악녀도 정말 예쁘다. 적어도 뚱뚱하고 주름이 가득하며 음울한 마녀가 아니라면 말이다. 〈센과 치히로의 행방불명〉이나 〈하울의 움직이는 성〉에 나오는 마녀도 젊은 시절에는 무수한 남성들의 마음을 좌지우지했을 법하다. 그 나이에 그 정도 미모라면.

또한 그들의 재주도 보통을 뛰어넘는다. 하지만 완벽한 인물로 나오지는 않는다. 〈백설 공주〉에 나오는 악녀는 백설 공주의 마음씨 고약한 새어머니였다. 허영과 질투의 화신으로, 자신의 욕망을 위해 의붓딸을 죽음으로 몰아넣으려 하니 말이다. 더구나 그녀는 물질적 조건을 만족시키고 있다. 대개 악녀는 가난하지 않고 부유하다.

그 대신 악녀는 꼭 하나가 결핍되어 있는 모습을 보여 준다. 그것은 정신-마음씨다. 외적·물적 조건을 다 갖춘 사람은 마음이라도 나빠야 한다고 여기고 싶은 대중 심리가 작용한 결과이다. 그래서인지 드라마와 영화 속에는 수많은 부자들이 등장하는데, 대개의 경우 이들은 성격이 정말 못됐다. 이는 거꾸로 항상 착하게 살아야 한다는 지배 질서의 이데올로기를 합리화하는 데 역이용된다. 픽션이 가지고 있는 현실과 반대되는 특성을 고려한다면, 거꾸로 현실은 마음의 문제가 아니라는 점을 드러내 주기도 한다. 피죽도 못 먹는 이들에게 착하고 순하게 인내하면서 살라니. 이런 계층화된 사회 현실에서 착한 이들은 당하기만 한다. 역으로 악녀는 이러한 질서를 깨부수고 당당하게 자신이 원하는 바를 성취하고자 한다.

이 때문에 사람들은 악녀가 구사하는 욕망 충족 방식을 통해 자신의 욕망을 간접적으로라도 충족하고자 한다. 악녀가 왜 만들어지는지 살펴볼 때, 중요한 것은 자연스러운 인간의 욕구를 악한 것으로 몰고 가는 사회 문화 심리다.

악녀는 질투, 권력욕, 허영, 시기, 지배욕, 소유욕, 탐욕을 뿜어낸다. 악녀는 인간의 숨겨진 마음, 욕망 그 자체를 상징한다. 흔히 우리가 하지 말아야 할 모든 것을 마음대로 하는 존재이다. 사회가 금지하는 온갖 터부들을 악녀는 마음대로 행한다. 중세의 마녀는 신神 중심 질서의 도덕적·윤리적 원칙을 깨는 악마적 존재였다. 하지만 현실적으로 그러한 악녀는 존재하지 않았다. 심지어 여성의 감성은 악마적이어서 이성 중심의 질서를 해친다고 규정했다. 실체 없는 중세의 마녀는 그 자체가 순교자적 특징을 가지고 있었다. 신 중심 질서를 지키기 위한 희생양이었다. 엄격한 사회 통제 속에서 그들이 인간임을 강조하는 기미만 보여도 공공의 적-악녀로 규정되고 희생되었다.

악녀를 둘러싼 문화적 심리들

성적 욕망뿐만 아니라 인간으로서 가지는 기본적인 욕망을 당당히 드러낸 여성들은 좌절하였다. 그리고 '악녀'라는 이름으로 처벌 또는 제재를 받았다. 모성을 포기하는 여성은 여성에게 부과된 의무를 포기한 이기주의자라는 딱지가 붙여지고, 악녀의 반열에 오르게 된다. 남성과 동등한 권리를 주장하는 것도 마찬가지였다.

유대 신화에 나오는 이브 이전의 여자 릴리스가 대표적이다. 신이 인간을 창조할 때, 아담과 릴리스를 만들었다. 둘을 똑같이 흙으로 빚고, 입김을 불어넣어 생명을 주었다. 똑같이 탄생한 둘. 이러한 평등성 때문에 릴리스는 아담에게 복종하기를 거부했다. 그 대신 동등한 권리를 요구했다. 예를 들면, 성생활에 있어서도 여성 상위를 주장했다. 왜 늘 여성이 남성의 밑에 있냐는 것이었다. 아담은 이런 릴리스를 매우 부담스러워했다. 결국 릴리스는 낙원인 에덴동산에서 쫓겨나게 된다. 그 뒤부터 릴리스는 '음탕한 여자'의 상징이 되었다. 심지어 악녀의 신이 된다. 여성상은 이브 상과 릴리스 상으로 구분되었는데, 특히 가부장제 사회에서 릴리스 상은 악녀의 상징이 되었다.

이브는 복종하는 여성, 현모양처, 성생활에서 수동적인 여성, 육아, 집안일 등을 충실하게 수행하는 여성을 상징했다. 남녀동등권을 주장하는 릴리스는 적극적인 성적 욕망을 추구하고, 쾌락을 즐기며, 모성애를 거부하는 여성을 상징하게 되었다. 물론 여성의 내면에는 이브와 릴리스가 함께 있다. 지배적인 남성 문화는 일방적으로 이브적인 미덕만 찬미해 왔다. 여성의 본성 중 일부인 릴리스를 인정하지 않는 개인이나 사회는 이런 증후를 보인다. 한스 요하임 마츠는『릴리스 콤플렉스: 원초적인 모성애로 최고의 엄마 되기』에서 릴리스를 억압하는 복합적인 심리를 "릴리스 콤플렉스"라고 했다.

자신의 성적인 욕망을 드러내지 않는 여성들은 성녀의 반열에 오르게 된다. 성녀 이데올로기가 너무도 쉽게 악녀를 만든다. 즉, 성녀를 지나치게 강조하는 사회에서는 악녀가 더 많이 생긴다.

애써 성녀라는 거창한 이미지를 생각하지 않더라도, 애초의 선한 동기가 무참하게 좌절당하면 악녀가 된다. 선한 여성은 오히려 쉽게 악녀가 된다. 영화 〈배트맨 4〉에서 죽음의 키스로 무장한 아름다운 악녀 포이즌 아이비(우마 서먼). 그녀는 식물들의 세계 정복을 통해 자신의 야망을 성취하려고 한다. 그러나 그녀가 처음부터 그러한 악녀의 모습을 가졌던 것은 아니었다. 포이즌 아이비의 원래 정체는 선한 식물학자 파멜라 이슬리 박사. 그녀는 식물을 옹호할수록 차별과 냉대를 받는다. 그녀는 이 때문에 요염하면서도 위험한 악녀 포이즌 아이비로 변신한다. 그녀는 사람들이 식물을 짓밟고 무시하는 것 때문에 급변하게 되었던 것이다. 착하고 순하고 정의를 위해서 행동하던 사람도 억제당하고 저지당하면, 악당으로 변하게 된다.

SBS 드라마 〈수호천사〉의 김민과 〈유리구두〉의 김민선, 그리고 〈여인천하〉의 도지원 등은 가난한 집 딸로 태어나 자신의 야망을 위해서 권력이든 남자든 원하는 것을 모두 손안에 넣는 데 물불을 가리지 않는 대표적인 악녀이다. 하지만 이들은 가난과 핍박을 받으면서 악녀의 길을 선택해 부와 권력을 쟁취하고, 자신이 받은 핍박과 설움을 복수한다. MBC 〈인어아가씨〉의 은아리영 역의 장서희는 사랑스러움과 섬뜩할 정도의 복수 심리를 같이 보여 준다. 가족을 버린 아버지의 가정을 서서히 파괴해 가며 집요한 복수를 펼친다.

정사 뒤에 남자를 죽인 복수의 화신 유디트. 구약성서 외경外經인 『유디트서』를 보면 적장이 잠든 사이에 그의 목을 벤 여걸 유디트의 이야기가 있는데, 유디트가 적장을 죽인 것은 자신의 동포 시민들을 사랑해서였다. 다만, 독일의 극작가 헤벨의 5막 희곡 『유디트』에서는 좀 다른데, 관능의 욕망에 약한 자신의 죄를 통감한 나머지, 유디트는 그러한 자기에게 스스로 복수하기 위해서 적장을 죽인다.

여기에서 우리가 알 수 있는 것은 악녀와 성녀는 종이 한 장 차이, 아니 글자 한 자 차이만큼 급격히 전환되는 성질을 가지고 있다는 점이다. 항상 희생만 당한 이가 갑자기 그 억울한 희생을 딛고 범죄자가 되는 것과 같이 선한 사람일수록 급작스럽게 악당으로 돌변한다. 하지만 대개의 경우, 그가 당한 이전의 고통은 묻히고 그가 한 나쁜 악행만이 부각된다. 악녀들도 마찬가지인 경우가 많다.

악녀의 또 다른 특징은 외모인데, 악녀의 이미지는 단순히 예쁜 차원에만 머무는 것이 아니다. 악녀의 경우에는 대부분 가공할 정도의 섹시한 이미지를 지니고 있다. 이는 남성의 욕망을 자극하는 장치로 사용된다. 이는 거꾸로 여성들의 심리도 반영하고 있어 양성兩性의 대중 심리가 농축되어 있다. 일단 중요한 것은 관능으로 남자들을 조종하는 요부의 이미지다.

세례 요한을 죽인 살로메도 마찬가지다. 헤로데가 동생 필립보의 아내 헤로디아를 취하자 요한은 부당한 일이라 반대하였다. 이러한 간언에 노한 것은 헤로데가 아니라 헤로디아였다. 헤로데의 생일이 돌아와 잔치가 열렸다. 마침 헤로디아의 딸 살로메가 잔치에 참석한 손님들 앞에서 관능적인 춤을 추었다. 헤로데는 매우 흡족했다. 그래서 헤로데는 살로메에게 무엇이든지 원하는 것을 들어주겠다고 약속했다. 그러자 살로메는 제 어머니 헤로디아가 시킨 대로 "세례자 요한의 머리를 쟁반에 담아서 이리 가져다주십시오"라고 말했다. 왕은 마음이 몹시 괴로웠다. 요한을 비록 감옥에 가두기는 했지만, 아끼고 있었기 때문이다. 하지만 이미 약속을 했고, 수많은 잔치 손님들이 지켜보고 있었다. 그 약속을 지키지 못하면 그는 신뢰를 잃게 된다. 헤로데는 살로메가 원하는 대로 감옥에 있는 요한의 목을 베어 오게 했다. 그 머리를 쟁반에 담아다 건네자 살로메는 그것을 제 어머니에게 갖다 주었는데, 그녀는 어머니를 위해서 악녀가 된 것이다.

섹시한 여성은 남성들을 즐겁게 해준다. 그리고 일탈과 해방의 자유로움을 주기도 한다. 그러나 악녀들은 성적인 어필로 쾌락적이지만, 그 뒤에는 파멸이 도사리고 있다. 남성을 정상성에서 이탈하도록 만들기 때문이다. 결국 공공의 적이 되는 것은 악녀이다.

'악녀'를 뜻하는 팜므 파탈femme fatale은 "치명적인 요부"라는 의미로 사용되었다. 남성의 성적 욕구 혹은 환상 속의 여성 이미지다. 팜므femme는 '여성,' 파탈fatale은 '목숨을 빼앗는'이라는 뜻이다. 오늘날 의미가 확대되어, 주로 남성의 관점에서 남성을 유혹하여 파멸에 이르게 하는 여성을 말한다. 또한 남성들을 치명적인 고통이나 죽음으로 몰고 가는 숙명을 타고 태어난, 스스로도 피할 수 없는 운명을 지닌 여성을 일컫는다. 1912년 극작가 버나드 쇼G. B. Shaw가 처음 사용한 뒤 하나의 문화적 현상이나 예술적 경향 또는 그 대상이 되는 이미지의 총칭처럼 사용되고 있다. 결국 삼손을 죽인 팔레스타나의 여인 들릴라, 다윗 왕을 자신의 성 노리개로 만들고 그것을 감추기 위해 충신들을 죽게 만든 밧세바, 여기에 장희빈이나 양귀비, 살로메, 카르멘, 판도라, 클레오파트라 등도 생각해 볼 수 있다.

이런 차원에서 보면, '악녀'는 성스런 어머니나 양가집 규수의 이미지와는 정반대이다. 성적 매력을 한껏 내뿜으며 남자를 유혹하고, 고통과 죽음, 파멸을 일으키는 공격적인 여성인 것이다. 악녀에게는 이렇듯 남성의 이중적인 심리가 담겨 있다. 악녀의 섹시함은 결코 남자가 소유할 수 있는 것이 아니다. 그렇기 때문에 악녀는 악녀로서 생명력을 가진다. 악녀는 남성에게 책임지라고 하지도 않는다. 그야말로 쿨하다. 이것이야말로 남성들이 바라는 바가 아닌가. 반면 일부일처제의 가부장적 질서는 남성에게 구속적이다. 그렇지 않았으면 하는 남성의 심리가 악녀와의 스캔들에 배어 있다. 가족과 배우자에 대한 책임에서 벗어나 자신의 성적 정체성을 불러일으키는, 자유분방한 악녀에게 빠져든다. 항상 순종적이고 절제하는 부인에게 염증을 느끼는 남성들은 더욱 그러하다.

남성이 이러한 악녀의 성적 유혹과 매력에 빠질수록, 여기에 여성의 심리가 투영된다. 대중문화에서 악녀는 여성들에게 심리적 대리 충족을 이룰 수 있게 해주기 때문이다. 남성들을 마음대로 요리하고 주무를 수 있는 힘이 악녀에게는 있다. 육체적으로는 강하지 않을지 모르지만 뛰어난 미모나 몸매를 통해 남성들을 가지고 놀 수도 있다. 이 얼마나 신나는 일인가. 때로는 마녀와 같이 초인적인 주술의 힘으로 세상을 좌지우지한다. 또한 인간이 가지고 있는 욕망을 절제하지 않고 표현할 뿐만 아니라 일정 정도 성취해 내는 성공한 악녀에게 대리 만족을 느끼게 된다. 그래서인지 장 보드리야르는 "사랑과 성교는 남자를 유혹하기 위해 여자가 생각해 낸 것 중 가장 세련되고 유혹적인 장식"이라고 했다.

옴팔레는 어떠한가. 리디아의 여왕 옴팔레(사람의 배꼽, 나아가 대지의 중심-세계의 근원을 의미)가 살았던 부와 쾌락의 도시인 리디아에서는 혼전 관계를 통해 섹스를 배우는 풍조가 있었다. 이는 결혼 이후의 만족스런 성생활을 위한 것이었다. 옴팔레는 이러한 사회 분위기 때문인지 그리스 신화 중에서 남성을 유혹하는 기술이 뛰어난 여자였다. 그녀의 남성 편력은 리디아에서도 최고였다. 미인에다 기교까지 뛰어난 옴팔레의 능력을 아무도 쫓아오지 못했다. 헤라클레스는 신들의 노여움을 받아 옴팔레의 궁전에서 노예로 살게 되었는데, 그가 남자를 다루는 데 탁월한 옴팔레에게 빠져든 것은 당연한 일이었다. 헤라클레스는 더 이상 강한 남자가 아니었고, 옴팔레는 천하의 영웅을 마음대로 가지고 놀았다. 헤라클레스는 3년 동안 그녀가 시키는 일은 무엇이든 할 수밖에 없었다. 그리고 옴팔레는 그의 운명을 해방시켜 준다. 영웅을 마음대로 조종하고 마침내 그의 비극적 운명을 해방시켜 주는 일은 누구나 한 번쯤 꿈꿔 볼 만한 일이 아닐까.

여성에게 부과되는 의무와 절제의 관습이 엄격할수록, 여성 위에 군림하는 가부장적 질서가 강할수록 악녀의 이미지는 더욱 도드라질 수밖에 없다. 가부장적 질서는 인간의 문명을 이끌어 온 한 축인지 모른다. 조르주 바타유Georges Bataille는 『에로티즘』에서 인간은 금지된 성의 울타리를 무너뜨릴 때 아주 강한 쾌감을 느낀다고 했다. 프로이트가 『문명과 불만』에서 말했듯이, 인간의 문명은 이러한 성적 욕망과 본능의 리비도와 에로티시즘을 억압하면서 발전해 왔다. 즉, 문명의 적대자는 '에로티시즘'이다. 에로티시즘은 문명사회의 파괴자다. 철저하게 억압하고 추방해야 할 금기와 터부의 대상이다. 남성 중심의 문명사회에서 에로티시즘을 불러일으키는 존재는 아름다운 여성이다. 따라서 여성의 매혹은 추방해야 할 대상이 된다. 그것은 문명 건설이라는 생산적 활동보다 유희적·쾌락적 행동을 더 불러일으키기 때문이다. 하지만 남성 중심의 질서에서 그것은 필요악의 성격을 지니고 있다.

바타유가 지적했듯이, 성욕과 파괴욕, 쾌락과 고통, 사랑과 죽음 등 두 감정은 떼어 내고 싶어도 뗄 수 없다. 고통 뒤에는 쾌락이 도사리고 있고, 사랑 뒤에는 죽음이 있다. 치명적인 성적 매력 뒤에는 파멸이 있다. 이것은 남성들이 가지고 있는 두려움인데, 팜므 파탈을 대하는 심리이기도 하다. 결코 시선을 떼지 못하게 하는 잔인한 아름다움을 가진 미녀에 대해 두려움과 경계심을 가지면서도 그녀를 욕망하지 않을 수 없는 치명적 유혹은 남성들에게 평생의 열망이지만, 곧 구속과 파멸의 새장이 된다.

처음부터 그녀를 악으로만 규정할 때, 그녀는 그냥 잔인한 파괴자로만 등장한다. 폭력은 악녀의 또 다른 특징이다. 숙녀는 일반적으로 이상적인 여성, 사회에서 요구하는 얌전하고 순한 여성이다. 이러한 여성은 의사 표현이나 원하는 바를 잘 이야기하지 않아야 한다. 화가 나도 꾹 참고 욕이나 비속어를 사용하면 안 된다. 언제나 절제하고 인내하는 모습을 보이면 좋다. 옷은 단정하게 입고 장신구나 화장은 수수하게 하는 것이 바람직하다. 그렇지 않으면 숙녀가 아니라 악녀가 된다. 폭력을 생각해 보면 더욱 뚜렷하다. 숙녀는 폭력을 사용하지 않으며, 거꾸로 폭력의 대상이 되는 것을 묵묵히 견뎌내야 한다. 그때 그녀를 구출해 주는 사람이 등장한다. 그는 물론 대개 영웅이고 남성이다.

협녀俠女도 있다. 외향적인 숙녀라고 할 수 있다. 폭력을 사용하지만, 정의를 위해 악을 응징할 때만 사용한다. 아니 악녀에게 맞설 때 협녀는 비로소 자신의 의미를 제대로 찾는다. 얼굴을 복면으로 가리고 외향성을 보일 때 그녀는 협녀가 된다. 그러나 복면을 벗으면 그녀는 다시 숙녀가 된다. 아무리 남성을 능가하는 모습을 보인다고 해도 그녀는 결국 정숙한 소녀의 이미지로 되돌아오고 만다. 이는 드라마 〈다모〉에서 채옥을 통해서 충분히 알 수 있는 것이다. 그녀는 남장을 하였을 때만 폭력적이고 남성과 대등해진다. 다시 치마저고리를 입으면 얌전한 숙녀가 된다. 그러나 악녀는 가면이나 복면 없이 여성의 얼굴로 폭력을 행사한다. 자신이 폭력을 사용하지 않는다고 해도 남성을 움직여서 폭력을 행사하게 한다. 남성들 사이를 폭력으로 갈

라놓고, 죽음과 불행을 자초하게 한다. 폭력은 남자의 전유물이라는 생각을 악녀는 여지없이 깨트린다. 자신의 수고를 들이지 않고도 폭력을 자유자재로 구사하는 것이다.

드라마에서 악녀는 강한 여장부 역할로 나온다. 이들은 정상적인 가정이 없는 것으로 그려진다. 어머니이기를 포기한다. 모성과 악녀는 어울릴 수 없다. 이는 사실 매우 중요한 점을 시사한다. 드라마 〈해신〉에서 자미부인 역할을 했던 채시라, 드라마 〈봄날〉의 이휘향, 드라마 〈유리화〉의 이응경은 모두 이혼녀 혹은 독신녀로 등장한다. 지배욕과 권력욕, 성공에 대한 야망도 크다. 질투와 혐오, 시기가 누구보다도 강하다. 그들은 자기감정에 솔직하다. 결코 대중문화 속 주인공인 숙녀가 보이는 감성적인 모습을 내세우지 않는다. 그녀들에게서 모성은 희미하다.

이런 여성은 결국 정상적인 생활을 하지 못하며, 대개의 경우 개인적으로나 사회적으로 파멸하는 모습으로 그려진다. 〈해신〉에서 자미부인의 경우, 남정네들이 판을 치는 상업계에서 엄청난 장악력을 보인다. 이를 위한 권모술수에 월등하다. 뿐만 아니라 수많은 무사들을 자신의 수하에 거느리는데, 겉으로 보면 그녀는 전혀 폭력적이지 않다. 하지만 죽음과 폭력 뒤에는 항상 그녀의 손길이 뻗쳐져 있다.

왜 악녀는 인기가 있는 것일까?

드라마에서는 수많은 악녀들이 활개 쳐 왔다. 악녀 역을 해 낸 여배우들은 인기 스타의 반열에 오르기도 했다. 〈미스터Q〉

(SBS)의 송윤아, 〈토마토〉(SBS)의 김희선, 〈진실〉(MBC)의 박선영, 〈이브의 모든 것〉(MBC)의 김소연, 〈귀여운 여인〉(KBS)의 김채연, 〈토마토〉(SBS)의 김지영, 〈명랑소녀성공기〉(SBS)의 한은정, 〈천국의 계단〉(SBS)의 김태희, 〈라이벌〉(SBS)의 김민정, 〈불새〉(MBC)의 정혜영, 그리고 〈요조숙녀〉(SBS)의 박한별까지 그 계보를 이어온 드라마 속 악녀들은 모두 대중적인 인기를 얻었다. 그녀들의 공통점이라면 누구나 인정하는 재력, 미모와 재능을 지니고 있다는 점이다. 하지만 성격은 못 되었다. 이런 악녀의 유형을 '팥쥐형 악녀'라고 부를 수 있다. 이들은 늘 '콩쥐'가 가진 것마저 빼앗지 못해 안달한다. 그런데 영화와 드라마에서 악녀는 왜 이렇게 못된 짓을 하는 데도 인기를 얻고 스타가 되는 것일까? 일단 그녀들의 역할이 매우 크기 때문이다. 우선, 착한 주인공에게 고난과 고통을 줌으로써 오히려 주인공의 행복을 불러 오고, 착한 여주인공이 얻는 행복에 대해 정당성과 타당성을 더 확고하게 해 준다.

악녀에 대비되는, 얌전하고 착하고 참기만하는 주인공 캐릭터가 오히려 비현실적이다. 비현실적이어도 끌리는 무엇이 있어야 한다. 그러나 대개 말도 없고 짓는 표정도 단순하다. 예쁘게 선한 얼굴만 드러내 주면 된다. 자기의 생각이나 주장도 잘 말하지 않고 화나도 참는다. 그러니 인간다운 매력도 떨어진다. 개성이 없는 캐릭터이기 때문이다. 배우로서 연기의 깊은 맛을 보여 주기도 힘들다. 오히려 악녀 역할이 현실적인 인간의 모습을 드러낸다. 질투와 탐욕, 야망 등을 내뿜는 것이 훨씬 인간적으로 느껴지기도 한다. 또한 그러한 모습을 드러내기 위해서는 그에 못지않은 상당한 연기력이 필요하다. 즉, 악녀 연기는 아무나 하는 것이 아니다. 아무나 하다가는 작품 자체가 외면을 받는다. 악녀는 현실적인 이야기를 하지만, 주인공인 성녀나 숙녀는 해야 한다고 여기는 당위적인 도덕과 윤리, 가치 질서에 대해서만 이야기한다. 그것을 제대로 지키고 살기 어려운 현실 속의 여성들이 겪게 되는 이야기들을 하지 않는다. 더구나 사람들이 백번 옳은 말을 듣기 위해서 작품을 보는 것은 아니다. 요컨대, 주인공의 청순하고 가련한 이미지만을 보여 주는 것은 누구나 할 수 있지만, 악녀 연기는 상당한 내공과 노력이 필요하다. 사람들은 쉽지 않은 일을 해내는 사람에게 마음을 주기 마련이다.

다만, 막무가내 형 악녀는 매력이 없다. 사람들은 캐릭터가 생생하게 살아 있는 인간적인 악녀를 원하기 때문이다. 21세기형 악녀 역시 이러한 차원에서 변하고 있다. 그녀는 표독한 성격이나 능동적인 행동, 성적 매력을 바탕으로 각종 게임에서 승자가 되려 하는데, 육체미와 지성미를 함께 겸비하고 있다. 그러면서 다양한 직업군에서 독립적이고 성공적인 삶을 꿈꾼다. 그리고 적극적으로 자신을 표현하고 원하는 것을 이루어 가며 난국에 능동적으로 대처해 나간다. 그런데 그런 인물은 여전히 비난과 질시의 대상이 되기 쉽다. 모든 죄악은 그녀에게 뒤집어 씌워진다. 영화 〈팜므 파탈〉(2005)은 이러한 면들을 충분히 보여 주지 못했다. 오로지 성적 도발만을 모티프로 삼았기 때문이다. 옷만 잘 벗는다고 악녀가 되는 것은 아니다.

칸트는 문화 발전의 원동력은 선이 아니라 악과 반사회성이라고 말했다. 문화의 진전은 인간의 욕구를 충족하려는 심리에서 비롯된다. 고통을 줄이고 좀 더 여유롭고 편안한 만족감을 얻기 위해 인간은 끊임없이 노력하고, 그 가운데에서 문화를 발전시킨다. 다만, 현실을 뛰어넘어 자신의 이러한 욕망을 충족하려고 끊임없이 노력하는 가운데 악은 탄생한다. 인간과 자연을 파괴하는 진짜 악이 되기도 한다. 문화와 악은 종이 한 장 차이다. 그것이 프로이트가 발견한 문명과 리비도 사이의 역학 관계였고, 그 사실을 인식하고도 덮어 두려고 한 것이 선의 세력이라 자임한 질서 유지자들이었다.

촌티 코드의 최첨단

그간 일상생활에서 촌티는 없애야 할 대상 같았다. 왠지 벗겨내야 할 것 같은 촌티. 언제나 주변부에서만 맴돌던 촌티가 대중문화의 흥행 코드로 각광 받기 시작했다. 흥행 작품의 "후광 효과halo effect"에 기대어 유사 개별화된 콘텐츠들을 선보이는 것일 수도 있다. 하지만 촌티가 각광 받는 현상에는 분명 사람들의 마음이 담겨 있다.

여검사는 흔히 이지적이고 도도한 도시 여성의 이미지다. 이를 깨고 영화 〈구세주〉는 촌티 나는 여검사의 바람둥이 남편 인간 만들기 과정을 코믹하게 그려냈다. 〈가문의 위기: 가문의 영광 2〉에서 김원희는 촌티 나는 이미지도 함께 버무려 여검사 역을 소화했다. 〈사랑해, 말순씨〉에선 뽀글뽀글 파마머리에 촌티 나는, 억척스럽고 조금은 주책없는 모습의 엄마 말순(문소리) 씨가 등장한다. 그때 그 시절을 빈틈없이 복원한 대목이 눈에 띈다. 연탄과 흑백 TV, 금성 세탁기에 버스 여차장의 촌티 패션도 압권이다.

〈나의 결혼 원정기〉는 결혼을 하기 위해 우즈베키스탄으로 결혼 원정을 떠난다는 설정이었다. 촌티 물씬 나는 농촌 노총각 둘이 가방을 질끈 동여매는 모습을 보여 주었다. 농촌 노총각을 연기한 남자 배우들이 입은 옷은 촌티 나는 몇 벌의 점퍼와 작업복, 러닝셔츠 등이 전부였다. 〈너는 내 운명〉도 결국에는 촌티 나는 감동의 사랑 이야기다. 농촌 총각 황정민의 촌티 연기는 여실했다. 이 영화의 여주인공 전도연은 이미 〈인어공주〉에서 꽃무늬 빨강 원피스의 '촌티 패션'을 보여 주어 '촌티 패션의 베스트드레서'로 회자된 바 있다. 영화 〈청춘만화〉에서는 꽃미남 권상우가 바가지 머리를 했고, 스크린에 첫 도전하는 가수 비도 바가지 머리로 '촌티' 변신했다. 비는 박찬욱 감독의 영화 〈싸이보그지만 괜찮아〉에 임수정과 함께 주연으로 캐스팅돼 패션 리더로서 바가지 머리를 선보였다. 〈맨발의 기봉이〉는 기봉 씨와 그의 어머니를 통해 촌티 나는 휴먼 드라마를 지향했는데, 늘어진 티셔츠에 추리닝, 시골스런 털신 등으로 각종 촌티를 보여 주었다. 여기에 일자로 자른 머리는 압권이었다. 〈마이 캡틴 김대출〉에서도 아이들의 촌티를 전면에 내세웠다.

드라마에서는 이미 촌티가 전성기를 누려 왔다. 드라마에서는 특히 여배우들이 연이어 촌티 경쟁을 하고 있어 화제가 되고 있다. 2002년 〈명랑소녀 성공기〉에서 가수 장나라는 충청도 사투리에 촌티 나는 시골 출신이지만 삶을 적극적으로 개척해 나가는 명랑하고 당찬 차양순 역으로 연기자 변신에 성공했다. 여기에 '순 트리오'의 히트는 촌티 나는 여배우들을 넘쳐나게 했다. 2005-6년 드라마 시청률을 달구었던 금순이, 맹순이, 삼순이의 이른바 순 트리오는 모두 촌티를 전면에 내세워 대중적으로 성공했다. 삼순이는 도시적 미혼 여성의 촌티, 맹순이는 아줌마 촌티, 금순이는 신세대 주부의 촌티를 보여 주었다. 금순이 한예진은 일명 '배추머리,' 삼순이 김선아는 노메이컵과 굵은 몸매, 맹순이 최진실은 부수수한 파마머리에 늘어진 티셔츠, 여기에 헌 옷으로 패션의 첨단(?)을 달렸다. 특히, 〈내 이름은 김삼순〉의 경우, 촌티 나는 여자도 삼순이와 같이 당차면 얼짱, 몸짱, 돈짱의 퀸카 남자가 관심을 갖는다는 나르시시즘적 판타지를 보여 주기도 했다. 2006년에 방영된 〈황금사과〉는 말 그대로 당찬 촌티가 버무려진 작품이고, 이 중심에 여주인공인 시골 처녀 경숙(박솔미)이 있었다.

영화 〈웰컴투 동막골〉의 성공과 강혜정의 인상적인 연기는 강원도 처녀를 전면에 등장시켰다. "니가 입는 옷은 어느 별에서 입는 패션이니?" 드라마 〈넌 어느 별에서 왔니〉의 정려원의 이름은 복실! 몸뻬 바지에 〈전원일기〉에서나 봄직한 스웨터를 입고 등장했다. 2006년 4월부터 방영된 주말 드라마 〈진짜 진짜 좋아해〉에서 탤런트 유진은 시골 처녀 여봉순으로 출연해 미녀 스타 촌티 연기에 나섰다. 서울깍쟁이의 대명사로 소문난 김나운은 SBS 〈사랑과 야망〉에서 촌티 나는 복장과 행동의 정신 지체 여성 역을 열연해 호평을 받았다. MBC 〈환상의 커플〉에서 럭셔리 걸 한예슬이 몸뻬 바지와 고무 슬리퍼의 촌티 나는 패션으로 자장을 묻히며 군만두를 걸신들린 듯이 먹는 장면이 화제가 되기도 했다. 〈궁〉에서 황태자비로 열연했던 윤은혜는 〈포도밭 그 사내〉에서 꽃무늬 몸뻬와 밀짚모자 패션을 선보였다. 다만, 한예슬과 윤은혜의 촌티는 일시적인 것이라는 한계가 있었다.

촌티 나는 주인공의 이름도 한몫하고 있다. 드라마 〈소문난 칠공주〉에서 나덕칠, 설칠, 미칠, 종칠(별명은 땡칠)이라는 주인공의 이름을 통해서도 이미 그 촌티를 확인할 수 있다. 영화에서는 금자, 말순, 그리고 광식이와 광태, 흡혈형사 나도열, 마이 캡틴 김대출, 맨발의 기봉이, 공필두까지 모두 촌티 나는 이름이다.

촌티 이름에 담긴 심리

이름은 그 인물의 성격과 성장 배경, 사회적 지위는 물론 사고방식과 행동 양식도 가늠하게 한다. 여기에 사회의식과 사회적 심리를 반영한다. 이른바 이 '촌티 나는 이름'이 가진 의미는 특별하다. 어려운 상황을 꿋꿋이 이겨 나가는 토속적인 생명력을 상징한다. 남성의 촌티 이름은 능력이 없지만 그럼에도 끈질기게 삶을 꾸려 가는 이미지를 연상시킨다. 여성의 경우에는 신분 상승만을 바라는 신데렐라와 반대되는 이미지를 심어 준다.

가수 춘자도 이러한 면을 보여 준다. '춘자'는 지지리도 가난했던 60-70년대 우리 주위에서 흔하게 불리던 누이들의 대표적 이름이다. 누이들은 생활력이 강하면서도 따뜻한 이미지를 가지고 있었다. 이는 금자도 마찬가지다.

개념적으로 말해, 촌티는 '시골티 또는 촌스러운 태도나 기색'을 말하며, 시골스러운 것을 모두 포함하는 말이다. 대중문화에서는 공동체, 산간벽지와 농촌의 정서를 나타내는 것뿐만 아니라 지나간 문화적 취향에 대한 선호를 담고 있다.

　문화 변동론에서는 문화 지체라는 표현을 쓴다. 앞서 나가는 문화에 미처 따라가지 못하는 현상을 이른다. 그간 촌티는 바로 이러한 문화 지체에 해당한다고 보았다. 하지만 문화의 진보를 반드시 발전의 관점으로만 볼 수는 없다. 사람의 흔적과 기억이 깃든 모든 것이 소중한 문화이기 때문이다. 더구나 촌티는 상대적인 개념이다. 그리고 어떤 사람들은 사회적으로 다른 사람들을 폄하하고 자신들을 우월한 존재로 돋보이게 하기 위해서 이 말을 사용한다.

　그래서 사람들은 "촌티 난다"는 말을 매우 싫어하는지 모른다. 2006년 결혼 정보 업체 비에나래가 전국의 결혼 적령기 미혼 남녀 572명(남녀 각 286명)을 대상으로 전자 메일과 인터넷을 통해 "자신의 결혼식 때 가장 걱정되는 사항"에 대하여 설문 조사를 실시한 결과, 남성은 "하객 앞에서 촌스런 모습 보일까봐"(37.8%)에 가장 많은 대답을 했다.

　사회적 의미를 따져 보자면, 촌티라는 딱지는 상품 자본주의와 광고의 사회학과 맞물려 있는 문제이다. 자본주의 사회에서 촌티는 공공의 적이 된다. 촌티를 벗기 위해 끊임없이 세련된 상품을 사도록 부추기기 때문이다. 새 옷, 신발, 액세서리, 화장품, 헤어스타일…. 이는 끊임없는 소비를 부추기는데, 여기에 개성이나 선택이라는 환상을 덧붙인다. 이는 문화적으로 획일화와 주체의 상실을 의미한다.

대중 심리의 반란? 저항?

왜 촌티가 각광받는 것인지를 생각해 볼 필요가 있다. 대중
문화의 여주인공들은 왜 이러한 촌티 경쟁에 나서는 것일까?
전에는 촌티 나는 역할이 오히려 연기 생명을 단축시킨다고 생
각했다. 더구나 대중문화에서는 항상 아름답고 우아한 젊은 미
모의 여성만을 추구하는 것이 일반적이었으니 말이다. 정답은
없지만, 일단 촌티는 누구나 공감할 만한 요소를 가지고 있다.
추억의 문화 요소이기 때문에 세대 공감이 클 수 있다. 또한 사
람은 자신보다 못한 사람이나 대상에게서 편안함을 느끼는 경
향이 있다.

복고주의는 모호한 미래에 대한 두려움에서 해방되고자 하
는 심리의 반영이라고 한다. 이런 차원에서 촌티를 볼 수 있는
한편, 당당한 자신의 사고와 행동을 의미하는 것으로 볼 수도
있다. 여성과 관련하여 볼 때, "당당녀 신드롬"과 맞물려 있다.
남이 무엇이라고 해도 "나는 나"라는 것이다. 또한 유행과 첨단
이라는 강박 심리에서 탈출하려는 욕구나 저항 심리가 반영된
점도 있다.

하지만, 우려할 만한 점도 있다. 드라마에서 촌티는 한때의
것으로서, 결말에서는 촌티를 벗어 버리는 여자 주인공들이 많
다. 이때 촌티는 그야말로 눈요깃거리에 지나지 않게 된다. 웃
음을 자아내기 위한 촌티의 남발은 오히려 희화화만을 낳을 수

있다. 현실을 도외시하고 편견을 고정시킨다.

요컨대, 촌티를 향한 주목은 각박하고 전망이 불투명한 도시 생활에서 비롯된 면이 크다. 가식적인 사회에 대한 염증이나 저항 심리의 작용일 수도 있다. 이는 거꾸로 개인보다는 공동체, 남의 평가보다는 자신의 기호와 생각, 개인의 소비보다는 문화적 공감을 중요하게 보고자 하는 심리의 반영일 것이다.

여기에 앞만 보고 달리며 성공만을 꿈꾸는 것이 아니라 옆과 뒤도 바라보고자 하는 마음도 담겨 있다. 이러한 점들을 주목해 작품으로 만드는 것이 중요할 듯싶다. 분명한 것은 '당당한 촌티'는 더 이상 문화 지체가 아니라 문화의 진보라는 사실이다.

색채, 마력인가 과학인가?

고대 이집트 주술사들은 붉은 색으로 주문을 썼는데, 그 이유는 붉은 색이 악귀를 쫓아내고 귀신을 물리치는 강력한 힘을 지녔다고 여겼기 때문이다. 그리고 스코틀랜드와 헝가리, 포르투갈, 덴마크, 독일 등지에서는 가축이 죽는 것을 막기 위해 가축에게 빨간 끈과 빨간 헝겊 조각을 매달았다. 북부 아프리카의 대상隊商들은 사막을 횡단할 때 푸른색 사기 구슬을 낙타의 이마에 얹어 두었다. 악의를 품은 악마의 눈이 그 푸른색 구슬에 고정되어 낙타를 해치지 못할 것이라고 여겼기 때문이다. 이 또한 색채에 신비하고 영험한 힘이 있다는 믿음을 보여 준다. 고대인들은 유채색 소재를 장식품이나 장신구에 사용했다. 고대 이집트와 바빌로니아의 비문을 해석한 결과, 그 색들이 신의 은총을 불러온다고 믿었기 때문이다. 한편 중국인들은 토성의 빛이 초록색이면 홍수가 일어나고, 붉은 빛을 띠면 전쟁이 일어나며, 노란색이면 나라가 번창한다고 여겼다. 또한 붉은 돼지는 제물과 복을 가져다주는 것으로 여겼다.

　고대인들이 색채에 주목한 것은 단지 아름답거나 곱기 때문만은 아니었다. 그들은 색채가 장사를 번창하게 해주고, 질병 등을 막아 준다고 믿었다. 그들에게 색채는 부와 명예 그리고 건강한 삶을 지속 가능하게 해주는 강력한 힘, 오묘한 능력을 발휘하는 것이었다. 어떻게 보면 이러한 믿음과 신념은 전前 과학 시대의 미신으로만 보인다. 하지만 현재에 이르러 보면, 미신적인 것이 오히려 매우 과학적인 것으로 보인다. 과학 발달에도 불구하고 색채는 오히려 알 수 없는 강력한 힘으로 사람들의 마음과 일상 문화를 지배하고 있다. 색채는 인간의 마음과 몸에 직간접적으로 영향을 미치고 있다는 것이 과학적으로 설득력을 더해 가고 있는 것이다.

　미국의 한 교도소에서는 끊임없이 일어나는 재소자 폭력으로 골치를 앓았다. 교도소장은 여러 가지 방법을 사용했지만, 별다른 효과를 보지 못했다. 그는 마지막으로 교도소 내의 색에 주목했다. 그래서 재소자들의 마음을 안정시키는 색은 무엇일까 하고 골몰하게 되었다. 여러 실험 끝에 핑크색을 가장 편한 색이라고 결론 내리고, 그간 회색이었던 교도소의 벽 색을 핑크색으로 바꾸었다. 그러자, 놀랍게도 교소도 내 폭력 사고가 눈에 띄게 줄어들었다.

　이제 색채는 주술이나 영험의 대상이 아니라 인체의 균형, 심장의 활동, 신경의 긴장과 이완, 심지어 소화 기관 등 사람의 모든 부분에 영향을 준다. 이 때문에 색채를 이용한 치료, 즉 컬러세러피color therapy(색채 요법)가 대중적인 호응을 받고 있다. 고대 이집트인들은 이미 빛으로 만든 색상을 활용해 질병 치료에 이용했다. 색채 요법 전문가들은 소화 장애 치유를 위해 노란색 먹을거리를 먹도록 하고, 노란색 옷을 입어 황색 에너지를 보충하라고 말한다. 변비가 있다면 황색 속옷을 입는 게 좋고, 감기에 자주 걸리는 사람은 노란색이 좋다고 한다. 빈혈과 불면증에 시달린다면 청색 계통의 속옷이 효과가 있다고 한다. 이는 한의학에서 말하는 음양오행설에 따르는 것과 비슷하다. 이는 아직 체계화되어 있지 않지만, 정신과 치료에서 정서적 안정과 스트레스 해소 측면에서 많은 효과를 보고 있다. 현대의 많은 병이 심리적인 차원에서 비롯한 것이기 때문에 컬러세러피도 효과를 발휘하는 것이다.

일상생활에서 색채는 사람의 심리적 차원에서 매우 중요한 역할을 한다. 작업장 혹은 놀이 공간 그리고 휴식, 이동 공간에서 색채는 막강한 영향력을 발휘한다. 각 공간과 색채는 밀접하게 연결되어 있고, 공간과 색채의 궁합도 있다.

예를 들어, 작업장에서는 공격적이지 않고 덜 산만한 약간 회색빛의 색채들이 좋다. 더구나 먼지와 얼룩을 숨겨 주는 역할까지 한다. 파란색이나 노란색의 경우에는 쉽게 싫증이 나므로 작업 공간에서 이러한 색을 사용하면 피로가 쌓일 수밖에 없다. 고온의 작업 환경에서는 초록색이나 파란색 같은 서늘한 색이, 우중충한 기계류들이 많은 곳에서는 담황색으로 칠하는 것이 일하는 데 도움이 된다.

색은 지시적인 기능도 갖고 있는데, 인간의 생명과 안전과도 관련이 깊다. 1940년 듀퐁 사는 색채의 지시적 기능에 주목했고, 표준 색채 분류법을 정해서 작업 공간에 활용하기에 이른다. 예를 들면, 노란색은 충돌 위험, 주황색은 절단·화상을 뜻하게 되었고, 파란색은 주의 신호를 의미했다. 이를 도입한 이후 미 육군의 사고율은 46.14%에서 5.58%로 감소했다. 또한 한 뉴욕 운송 회사에서 이러한 안전색채 분류법을 적용한 결과 사고율이 42.3% 감소했다. 이를 보험료로 계산하면, 50만 달러를 절약한 셈이었다. 사람의 생명뿐만 아니라 재정적인 측면에서도 색채가 큰 역할을 한다.

쉬는 공간은 어떨까? 예를 들어, 욕실이나 휴게실 혹은 식당의 경우에는 맑고 산뜻하며 개운한 색을 쓰는 것이 낫다. 계단이나 복도처럼 햇볕이 잘 들지 않는 곳은 밝은 색 계통의 색을 쓰는 것이 당연하다. 어두운 창고의 경우에는 하얀색 계통을 쓰는 것이 좋을 것이다. 공부를 하거나 집중력이 필요한 공간에는 차분함을 더해 주는 초록색 등을 사용하면 도움이 될 것이다. 비행기나 배를 타는 승객들을 위해서는 초조감이나 신경과민을 풀어 주는 중간색이나 복숭아 색을 쓰는 것이 좋다. 초등학교 교실에는 따뜻한 색을 통해 정서적 안정을 취하게 한다.

이러한 색의 심리적 기능을 생각하지 않고 쓸 경우에는 어떻게 될까? 아비규환이 될지도 모른다. 쉬는 공간에서 쉴 수 없으며, 일하는 공간에서 능률과 생산성은 올라가지 않을 것이다. 그리고 안전한 공간이 위험한 공간으로 될 것이다. 색채는 사람의 행복이나 즐거움과도 연관이 깊지만, 제대로 쓰는 것이 매우 중요하다. 빨간색은 사람들의 눈에 확 들어오는 색이지만, 병원이나 주방에서는 역효과만 낼 것이다.

같은 병원 건물이라고 해도 로비나 접견실은 따뜻한 색과 서늘한 색을 번갈아 사용해 병원이라는 생각이 들지 않도록 하는 것이 좋다. 또한 산부인과에는 복숭아 색이라든가 장미색이 좋은데, 이들 색이 원기를 빨리 회복할 수 있다는 마음을 심어줄 수 있기 때문이다. 파란색과 초록색, 회색은 정신병동에 안정감을 줄 수 있을 것이다.

외과에서는 금속성 기구들이 번쩍이는 것을 막고, 눈을 편안하게 해주기 위해서 초록색 계통을 사용하는 것이 적당하다. 이는 빨간 피와 관련이 많은 외과의 이미지를 희석시켜 주기도 한다. 가정집에서도 이러한 심리적 기능의 구분은 필요하다. 따뜻한 색으로 거실을 화기애애한 분위기로 만들 수 있다면, 부엌에는 식욕을 돋우는 색깔을 쓰는 것이 좋을 것이다. 서재에는 집중이 잘되는 짙은 색을 쓰는 것이 좋고, 자연광이 들어오지 않는 방에는 노란색 계통의 색이 어울린다. 물론 침실에는 자극적이지 않은 편한 색을 쓸 것이며, 늦잠을 자는 이들을 위해서는 수수한 색의 벽지가 도움을 준다.

음식과 색채도 밀접한 관계가 있다. 보기 좋아야 맛도 있고, 소화도 잘 되며, 몸에도 좋다. 음식을 제대로 먹지 못하는 사람에게 빨간색은 식욕을 돋우어 주는 색이다. 김장 김치의 빨간색은 백김치보다 훨씬 더 입맛을 돌게 만든다. 빨간색이 주황색에 이르면 그 정도는 절정을 이루고, 노란색에 이르면 감소하고, 연두색에서는 매우 낮아진다. 예를 들어, 연두색이나 파란색의 음식이라면 식욕을 앗아가고 체력을 더욱 소진시킬 것이다. 이는 질병 발생이나 죽음으로 이어질 수도 있다. 주황색 계통의 색을 많이 사용하면, 오히려 지나치게 식욕을 자극하여 비만에 이르게 할 수도 있다. 이 때문인지 방송의 많은 음식 프로그램에서는 먹음직스럽게 보이도록 하기 위해 주황색 계통의 색을 지닌 소스를 듬뿍 바른다. 그 결과 빨간색과 주황색 계통의 육식 위주의 음식을 너무 많이 방송한다는 비판도 듣고 있다.

또한 포장지의 색깔은 음식 상품의 매출과 직결되기도 한다. 예를 들어, 황금색 포장지의 쿠키는 버터를 연상시키므로 그 맛이나 내용물에 관계없이 다이어트를 하는 이들에게서 외면을 받는다. 여름철의 음료는 시원한 색깔을 써야 판매가 잘된다.

한편, 선호하는 색깔을 통해 사람들의 성격을 알 수 있다. 이 점은 패션이나 화장, 장신구를 통해 많이 알 수 있다. 예를 들어, 외향적인 사람은 빨간색을 좋아하고, 내향적인 사람은 파란색 계통을 선호한다. 빨간색은 사람의 기관과 감각을 자극하고 활성화시키고, 초록색이나 파란색은 자극받은 것을 진정시킨다. 창조적인 사람들은 자주색이나 보라색을 좋아한다. 노란색은 이상적인 기질이나 성격을 가진 사람들이 좋아한다. 차가운 색에 예민한 사람들은 주위 환경에 무관심하고 심지어 냉담한 태도를 보이기도 하지만, 따뜻한 색에 민감한 사람들은 주위 환경에 대한 감수성이 뛰어나다.

대부분의 사람들이 이렇게 주위의 색에 예민하기 때문에 사람들은 색채를 통해 그 자신을 드러내고 표현한다. 색은 각자의 개성에 따라 나뉘어 있는 것으로만 보이지만, 사회적으로 집단적 의미를 지니기도 한다. 각종 색은 의복, 장신구 등에서 중요한 트렌드를 형성한다. 이 때문에 컬러 마케팅은 패션, 잡화, 화장품뿐만 아니라 실내 장식, 식품, 가구, 자동차, 가전제품, 휴대폰, IT에 이르기까지 그 영역이 확장 일로에 있다. 사람들은 자신이 좋아하는 색채에 따라 물건이나 상품을 구매하고 소비하기 때문이다. 상품 자체보다 어떤 색을 썼는가가 매우 중요하다. 색채는 사람의 마음과 욕구, 희망, 꿈이 담겨 있는 감성 심리의 총아다. 예를 들어, 2002년 월드컵의 붉은 색은 꿈을 이루어 주는 색이었다.

그렇지만 자신이 좋아하는 색과 자신에게 어울리는 색은 다를 수 있다. 대인 관계에서는 좋아하는 색보다는 어울리는 색이 자신을 돋보이게 한다. 이 때문에 어울리는 색으로 자신의 개성을 돋보이게 하는 '퍼스널 컬러'가 주목 받고 있는 것이다. 이러한 컬러는 특히 면접에서 매우 중요하게 작용하기 때문에 많은 모의 면접에서 사전에 이를 점검하는 코스가 필수적으로 준비되고 있다. 취업에서 중요한 것은 실력이지만, 그것을 드러내는 데에는 색채가 크게 좌우한다.

한편으로, 색에 대한 관심이 증가하면서 아직 생소하지만 컬러리스트가 주목을 받고 있다. 아파트 건설에 컬러 바람이 불면서 대형 건설사를 중심으로 컬러리스트 스카우트 경쟁이 치열하다. 색의 중요성이 여실히 드러나는 사례다. 물론, 컬러리스트의 활발한 활동 영역이 아파트에만 해당되는 것은 아니다. 개인의 속옷에서부터 버스나 건물, 학교 그리고 도시 전체의 색을 무엇으로 할 것인지 끊임없이 '색깔 논쟁(?)'이 벌어지고 있기 때문에 색채 전문가들이 할 일은 너무나 많아 보인다.

색을 잘 아는 사람이 부와 명예 그리고 건강과 삶의 질을 보장해 주는 세상이다. 컬러를 지배하는 사람이 세상을 지배한다면 너무 지나친 말일까.

하지만 비단 전문가만이 이러한 컬러에 대해서 알고 있어야 하는 시대는 아니다. 자아실현과 함께 개성의 다양성, 개별성을 중요시하는 감성 사회는 다품종을 생산하는 수많은 창조자들이 살아 숨 쉬는 사회이기 때문이다. 이러한 사회에서는 일상의 평범한 사람들이 모두 컬러리스트가 되어야 한다. 그때 색채는 주술이나 영험, 벽사僻邪의 수단이 아니라 삶을 풍요롭게 하는 현실적인 방법이 된다. 아니, 진정한 일상의 영험한 수호신이 될 수도 있다.

다만, 색채 자체에 집착하는 것은 의미가 적다. 색채는 관계 속에서 의미를 가질 뿐이다. 색채는 단순한 개개의 미적 요소만 지니는 것이 아니라 사람의 마음을 담고 있고, 사람 사이의 마음을 움직이기 때문이다. 색채는 사회적 약속의 형태이기 때문에 특정 상징으로서 사회의 문화적 감수성에 깊이 닿아 있다. 색채 사용 이전에 그것의 공유가 우선되어야 할 것이다.

파란색 추리닝

"푸른색 추리닝에 확성기가 일품이던 이장님!"

한 플래시 만화의 광고 문구다. 이장님은 아무래도 도시적이기보다는 시골스럽다. 영화 〈친구〉에서도 주인공 유오성은 파란색 추리닝을 입고 나왔고, 왠지 촌스러움을 물씬 풍겼다. 영화 〈미스터 소크라테스〉의 구동혁(김래원)은 파란색 추리닝을 입고 불량기 가득한 자세로 앉아 "왜 내가 공부하냐"며 틱틱거렸다. MBC 드라마 〈궁〉 1회에서 채경(윤은혜)의 아버지(강남길)는 파란색 추리닝 차림으로 기자들에게 둘러싸인 집 밖으로 채경이 나올 수 있게 하고, 딸이 탈 수 있도록 자전거도 집 밖으로 꺼낸다. 〈개그콘서트〉 "현대생활백수"에서 "일구야, 어떻게 안 되겠니"를 연발하며 백수 생활 분투기를 보여 준 고혜성도 파란색 추리닝을 입고 나왔다. 만화 『추리닝』의 단골 추리닝도 파란색이다. 왠지 고집스럽고 자신만의 세계관을 가진 듯한 코치와 백수가 모두 파란색 추리닝을 입고 등장한다.

한편 『경향신문』 2005년 10월 24일자에는 다음과 같은 기사가 실렸다.

일산주부들 "추리닝 맨 좀 잡아줘요"
경기 고양시 일산 신도시 아파트단지에 '노출 맨'이 등장, 주부 등 여성들을 불안에 떨게 하고 있다. 모자를 눌러쓴 채 트레이닝 복장을 하고 있어 일산 주부들 사이에서 '추리닝 맨'으로도 불리는 이 남자는 40대 나이에 늘 자전거를 타고 나타난다. 이 남자는 인적이 뜸한 곳에 자리를 잡고 있다 혼자 지나는 여성을 만나면 자신의 주요 부위를 노출하는 등 음란행위를 보이다 자전거를 타고 쏜살같이 달아난다….

대개 이런 기사에는 삽화가 들어 있다. 삽화에서 추리닝 맨은 어떤 색의 추리닝을 입고 있었을까? 역시 파란색 추리닝이었다. 그럼 파란색 추리닝은 어디에서 기원한 것일까?

일부에서는 몇 년 전 〈좋은 친구들〉이라는 텔레비전 오락 프로그램에서 "클놈"의 지상렬, 염경환이 파란색 추리닝을 입고 나온 이후라고 말하기도 하지만, 정확하게 꼬집어 내기는 어렵다. 파란색 추리닝이 상징하는 의미를 풀어 보기 위해서는 파란색의 의미를 살펴보는 것에서 시작해야 한다.

몇 년 전부터 은행들이 간판을 모두 파란색으로 바꾸었다. 또한 새롭게 로고를 바꾼 한 정유사도 간판뿐만 아니라 주유소의 색깔 자체를 파란색으로 바꾸었다. 이미 최고의 정보 통신 기업이 된 한 회사도 몇 년 전 상호를 바꾸며 파란색을 전체 브

랜드 이미지로 택했다. 한 대기업 계열의 아이스크림 체인점도 모두 파란색으로 바꾸어 이미지 변화를 모색하기도 했다.

왜 이렇게 파란색으로 바꾸는 것일까? 파란색은 바다를 연상하기 쉽고 시원함을 풍기니 그 이미지를 마케팅하기 위해서 파란색으로 바꾸는 것일까? 이런 시각적 이미지 이면의 상징성, 심리적 요인도 있을 것이다.

스에나가 타미오未永蒼生가 말하듯이, 독일 낭만파 시인인 노발리스는 「푸른 꽃」에서 파란색의 의미를 죽음과 재생으로 형상화해 놓고 있다. 「푸른 꽃」은 꿈의 이미지에 이끌려 다양한 여행을 경험하고, 결국 꿈의 예고대로 동경하던 여성을 만난다는 내용이다. 주인공인 하인리히는 진실한 사랑을 추구하며, 공상적인 이야기 속에서 정신적인 성장을 이룬다. 즉, 파란색은 진실과 정신적 성장이라는 의미도 함께 가지고 있다.

노발리스는 「푸른 꽃」에서 푸른 물을 죽음과 재생의 의미로 사용하고 있다. 끊임없이 물결치는 푸른 파도는 삶과 죽음의 반복을 나타낸다. 푸른색은 피안과 차안을 초월하는 상징으로 그려진다.

뤽 베송의 영화 〈그랑블루〉에도 이와 같은 맥락에서 파란색이 등장한다. 〈그랑블루〉는 다이버의 실제 이야기를 배경으로 하고 있다. 삶과 죽음의 와중에서 영령에 이끌리는 내성적인 성격의 자크라는 청년 다이버의 이야기이다. "네가 인어들을 위해 죽고 영원히 살기로 결심을 하면, 인어들이 네게로 와서 네 사랑은 가능해지지. 네 사랑이 진실하고 순수하면, 네가 인어들 마음에 든다면, 그들은 영원히 너와 함께할 거야." 마침내 그는 생사를 초월하여 푸른 바다와 하나가 되는 잠수 기법을 터득하게 된다. 이 영화에서 파란색은 생사를 초월하고자 하는 의지를 의미한다.

파란색은 한편으로 절망, 고독, 이별을 의미한다. 그래서 파란색을 좋아한다고 하면, 보통 그 사람을 ① 긴장하고 불안스런 성격이다, ② 공상적인 꿈을 많이 꾼다, ③ 잘 놀란다, 라고 판단한다. 이별은 사람을 긴장하게 만들고, 놀라게도 한다. 절망은 사람을 불안하게 한다. 고독에서 공상적 꿈은 시작된다.

그러나 파란색은 자기 탐구, 정화, 치유, 내적 성장, 해방감, 현실에서 분리된 새로운 나, 희망, 자립을 의미하기도 한다. 불안과 공상은 새로운 희망이자 해방이요, 새로운 나의 자립을 위한 전제이다. 또한 파란색은 삶과 죽음을 초월하고자 하는 인간의 의지로 그 경계를 넘나드는 존재를 부각시키는 데 사용되기도 한다. 이는 영화에서 빈번하다.

파란색은 죽음 속의 또 다른 탄생을 의미한다. 그리고 새로운 출발을 위한 이미지에 사용된다. 이는 새로운 나, 희망, 내적 성장을 의미한다. 기존 기업 이미지나 사업의 종결과 새로운 이미지와 기업 혹은 사업의 탄생을 의미한다. 새로운 일을 시작하거나 이전의 아픈 기억을 불식시키기 위해서는 파란색을 사용하는 것이 좋다. 나 또는 주체를 강조하고 싶을 때도 그러하다.

에리히 프롬은 "자유로운 인간은 불안하고, 사고하는 인간은 필연적으로 불확실하다"라고 했다. 파란색은 자유로운 인간과 사고하는 인간을 나타내는 색에 가깝다. 그러나 색깔만 바꾼다고 모든 모순이 해결되지는 않는다. 개인적인 고민이나 실질적인 노력 없이 내적 성장을 이룰 수 없다. 죽음과 재생의 연속이 아니라 재생 없는 나락으로 떨어진다.

그러나 현재 영화와 드라마, 만화, 그리고 대중문화에 등장하는 파란색 추리닝은 그야말로 촌스러운 키치 문화의 한 가지 소재에 머무르고 있다. 다른 이들이 모두 세련과 '깔끔'으로 몰려갈 때 촌스러워도 나는 나라고 주장하는 이미지를 지니고 있기 때문이다. 파란색 추리닝이 백수를 상징하는 것 역시 현재는 내세울 것이 없다고 해도 새로운 가능성을 담고 있기 때문이다. 그래서 희망과 탄생을 꿈꾸는 이들에게 '파란색 추리닝'은 더욱 편안함을 주는지도 모른다.

대중문화 속 경찰의 이미지 변천사

추창민 감독의 영화 〈마파도〉에서 형사 충수(이문식)는 경찰의 노련미가 있어 보이지만, 왜 그런지 모르게 어설프다. 수사를 과학적으로 한다거나 합리적으로 범인을 잡을 것 같지도 않다. 작은 체구에 체력도 비실비실해서 건달뿐만 아니라 할머니들에게도 당한다. 또한 이름 하여 정의를 지킨다는 경찰인데, 물질에 대한 욕망도 크다. 그에게서 느낄 수 있는 것은 욕망과 인간적 한계 그리고 그것을 나타내는 표정과 행동거지의 맛깔스러움이다. 그에게서는 인간 냄새가 물씬 난다. 처음부터 경찰이 이런 모습은 아니었다.

대중문화에서 경찰은 금기와 두려움의 대상이었던 적이 있다. 독재 정권 시기에 경찰을 다룬 영화나 드라마들은 검열에 걸려 상영되지 못하거나 방영되지 못했다. 공공질서와 사회의 안녕을 위한다는 명목이었다. 그래서 오랫동안 경찰이나 형사의 좋지 않은 부정적인 면을 그대로 다룬 영상물을 보기가 힘들었다.

〈수사반장〉과 〈투캅스〉의 간극

예를 들어, 최고 인기 드라마였던 〈수사반장〉은 범인 체포에 열성적이고 헌신적인 열정 어린 형사들의 진지한 모습들을 묘사했다. 군사 독재 시기라 경찰에 대한 비판은 허용되지 않았다. 〈수사반장〉 속 형사들의 모습은 경찰의 전부가 아니었으므로 현실을 제대로 반영하지 못했다. 이 때문에 한때는 민주화의 흐름을 타고 금지되었던 경찰의 부정적인 모습만을 다룬 영화들이 쏟아져 나오기도 했다. 그때는 허구성의 폭로가 시대적 사명이었다. 이 단계도 지나 경찰은 다시 다른 모습으로 바뀌고 있다.

그럼 영화들은 그동안 경찰들을 어떻게 묘사해 왔을까? 60-70년대의 시대상을 다룬 임권택 감독의 〈하류인생〉에서 경찰은 선량한 시민들에게는 한없이 강한 존재로 군림하지만, 검찰이나 정보부에는 한없이 약한 이미지를 보여 준다. 이 영화에는 영화 검열 장면이 있다. 경찰을 부정적으로 묘사했다고 영화 내용을 삭제하는 장면이다.

80년대를 다룬 강우석 감독의 〈투캅스〉에서 안성기와 박중훈은 부패 경찰의 이미지를 보여 준다. 강우석 감독의 다른 영화 〈공공의 적〉에서는 형사인지 범죄자인지 구분이 안 되는 경찰의 이미지를 남겼다.

봉준호 감독의 〈살인의 추억〉에서 경찰(송강호)은 무식하고 폭력적이면서 좌충우돌하는 캐릭터로 나온다. 이명세 감독의 〈인 정사정 볼 것 없다〉에서는 단순 무식한 폭력 경찰(박중훈)에 지 능적이고 침착하면서 세련된 범죄자(안성기)가 대비되어 등장 한다. 오히려 범죄자에게 마음이 가게 한다.

　MBC 드라마 〈좋은 사람〉은 경찰의 이야기를 본격적으로 다루었다. 경찰대학 출신인 박준필(신하균), 순경인 신지우(소유 진)와 강태평(조한선)의 사랑 이야기를 출생의 비밀과 함께 풀어 나갔다. 경찰의 부정적인 면보다는 인간적인 고뇌와 보통 사람 으로서의 생활을 함께 다루었다. 이제 경찰은 무식, 과격, 이중 성, 허구성 그리고 부패와 폭력 이미지에서 보통 사람의 이미지 로 내려온 것이다. 양동근이 주연한, 김유진 감독의 〈와일드카 드〉에서는 아예 경찰들의 애환을 다루는데, 그들의 실제 심리 와 고충을 잘 드러냈다. 마침내 영화는 그들 편으로 돌아서 그 들을 적극 옹호하기도 한다.

　류승완 감독의 영화 〈아라한 장풍 대작전〉에서 류승범은 너무나 평범해서 아예 깡패에게 흠씬 맞아 터지는 순경의 모습 을 보여 준다. 더구나 파출소 전체가 그러한 사실을 감추고 쉬 쉬 한다. 조금은 황당하게도 깡패에게 맞아 터진 주인공 류승범 은 장풍을 배우게 된다. 변혁 감독의 영화 〈주홍 글씨〉에서는 강력계 형사 한석규가 동시다발적 불륜의 주인공으로 등장한 다. 영화 〈미스터 소크라테스〉에서 구동혁(김래원)은 깡패 출신 의 형사로서 깡패와 경찰의 경계를 허물어뜨리고, 법과 질서의 수호자로 변신해 간다. 이러한 영화들은 형사를 통해 인간의 욕 망과 삶을 나타내기 시작했다.

영화 속 여형사, 섹시한 코미디 코드?

최근에는 영화 관객의 중심이 여성 쪽으로 이동하고, 또 여성들의 사회적 관심이 증가한 때문인지, 여경찰과 여형사가 영화 주인공으로 빈번하게 등장한다. 영화 〈내 여자 친구를 소개합니다〉에서는 장혁의 여자 친구 역을 맡은 전지현이 여자 경찰로 등장한다. 〈엽기적인 그녀〉에 이은, 천방지축 경찰 전지현이었다. 좌충우돌하지만, 경찰로서 제대로 하는 일은 거의 없다. 그래도 그녀의 폭력적인 행동은 웃음 속에 별문제 없는 것이 된다. SBS 드라마 〈남자가 사랑할 때〉에서 고수의 여자 친구 박예진은 경찰대학을 나온 여경이다. 이 드라마에서는 여경이 최근에 어떻게 그려지고 있는가를 볼 수 있다. 여경 역에 대개 미녀에 몸짱을 등장시킨다. 이유는 제복이 지닌 섹슈얼리티와 경찰의 액션을 모두 보여 줄 수 있기 때문이다. 〈내 여자 친구를 소개합니다〉와 드라마 〈좋은 사람〉, 〈남자가 사랑할 때〉에서 여경은 강한 여성상을 보여 주는데, 이는 현실을 거꾸로 반영하는 것이다. 중국 학생들이 영화 〈엽기적인 그녀〉를 보고는 한국 여성들은 대가 세서 안 된다고 생각했는데, 한국 유학생들은 그 반대인 것 같다고 했다는 소식이 전해진 적도 있다. 영화가 현실의 약한 여성을 강하게 표현했을 뿐이다. 영화 속의 여경의 모습도 현실에서는 그렇지 않은 것을 강하게 표현하고 있다고 보아야 할 것이다. 하지만 경찰직은 여성들이 자아실현을 할 수 있는 새로운 영역으로 등장하고 있고, 이것이 영상에 일정 정도 반영된 셈이다.

하지만 여성의 또 다른 상품화가 도드라진다. 영화 〈투캅스 3〉는 별다른 내용이나 영화적 시도 없이 여성을 상품화했다는 비난을 듣기도 했다. 영화 〈잠복근무〉에서 여자 형사 김선아는 여고생과 여형사의 일상을 보여 주면서도 섹시 코드에 의존하는 모습이었다. 여경의 실제 생활이나 진솔한 목소리는 없었다.

대부분의 경찰 관련 영상이 감각적인 수준에 머물러 있는 게 현실이다. 위험성과 과격함이 따르는 경찰의 격무를 가볍게 묘사하거나, 지나치게 드라마틱하게 처리하는 경향이 있기 때문이다. 또한 경찰들을 지나치게 활극의 주인공으로 만들어 현실과 다른 모습의 이미지를 주입하고 있다. 실제 경찰의 업무가 액션 영화 같지 않다는 건 잘 알려진 사실이다. 폭력과 액션 속에 경찰의 모습이 왜곡된다. 또한 영화나 드라마에는 경찰이 총을 막 쏘아 대는데, 경찰들은 발포 책임 때문에 굉장한 스트레스를 받고 있고, 일부는 아예 총을 사용하지 않는다고 한다. 특히 여경의 경우, 멋진 제복을 입은 인물들로 그려내고만 있지, 여경들이 당하는 암묵적인 차별 대우에는 눈을 감고 있다.

경쟁과 디지털 시대,
'키덜트' 탄생의 이면

몇 년 전부터 대중문화에서 주목을 받고 있는 것 중 하나가 바로 키덜트kidult 문화이다. 어떤 면에서는 이제 키덜트에서 자유로울 수 없는 지경에 이르기도 했다. 키덜트는 '키드kid' 와 '애덜트adult' 의 합성어이다. 대중문화에서는 어린 시절로 돌아가고 싶어 하는 사회 심리적 현상들을 '키덜트 문화' 라고 한다. 즉, 동심으로 돌아가고 싶어 하는 어른들의 욕구를 겨냥한 다양한 문화 행위를 뜻한다. 일부에서는 갖가지 향수를 잊지 못하고 장난감과 캐릭터 상품의 소비를 통해 대리 충족하는 데 과도하게 집착하는 것을 '키덜트 문화' 로 보기도 한다.

다시 요약하면, '키덜트' 는 어린이의 감수성을 가진 이들이고, 특히 20-30대가 핵심적인 문화층이다. 다만, 어른들뿐만 아니라 아이들의 시각에서 성인의 요소를 결합하기도 한다. 즉, 아이 같은 어른뿐만 아니라 어른 같은 아이까지도 포함한다. 키덜트 현상에서 공통점은 동심이나 어린 시절에 대한 기억과 추억 혹은 성인화된 어린이의 등장이다.

키덜트는 영화, 소설, 패션, 애니메이션, 광고 등 대중문화 전 영역에서 문화 신드롬으로 확산되어 왔다. 1970년대 한국산 장편 애니메이션 영화 〈로보트 태권 V〉를 디지털로 복원하여 DVD로 보급하고 또 극장에서 상영하기도 했다. 어릴 적 이 영화를 본 70-80세대들은 인터넷에서 "로보트태권브이를 사랑하는 동호회"를 만들어 옛날 포스터 모으기, 캐릭터 상품 만들기, 영화 시사회 주최 등 '태권 V'의 화려한 부활을 꿈꾸었다. 키덜트 문화 신드롬을 본격적으로 확산시킨 작품은 조앤 롤링의 모험 판타지 소설인 『해리포터』 시리즈이다. 전 세계 초베스트셀러가 되기도 했고, 영화도 연작으로 만들어졌다. 2005년에 열린 어린이도서 한마당이라는 행사에서는 해리 포터의 망토, 모자 등을 걸쳐 보는 '마법사 체험'이 어른들에게 큰 인기를 끌었다.

만화 전문 케이블 "투니버스"는 원래 15세 이하 청소년과 어린이를 주요 시청자로 보고 만든 방송 채널이다. 그러나 주로 아이들이 보는 방송이라고 생각하면 오산이다. TNS 미디어코리아에서 실시한 연령별 케이블 방송 시청률 조사에 따르면, 20대 여성이 가장 즐겨보는 케이블 채널이 바로 투니버스(시청률 35.8%)였다.

트렌드를 가장 민감하게 반영하는 광고도 과장된 동작이나 만화적 기법, 말장난, 유머 등을 많이 사용해 키덜트 감성에 호소한다. 특히 아이스크림, 비스킷, 케이크 등에서 키덜트 광고가 많다. 쇼핑 매장에서는 쇼핑과 놀이를 동시에 즐기려는 키덜트 족의 욕구를 적극 반영하기도 한다. 코엑스몰이나 테크노마트 등은 쇼핑몰, 쇼핑센터는 물론이고 복합 영화관과 식당가, 오락실, 서점까지 갖추고 키덜트 차원의 종합 엔터테인먼트 공간으로 탈바꿈하고 있다.

인터넷에 등장한 추억의 불량 식품이나 추억의 오락 게임, 만화도 키덜트 문화에 속한다. 학교 난롯불에 구워 먹었던 "쫀디기," 수업 시간에 선생님 몰래 하나씩 빼 먹던 "아폴로," 여름 더위를 식혀 주던 아이스바 "깐도리" 등을 파는 것도 키덜트 감성에 호응하는 것이다.

키덜트 문화의 원조 격인 게임 시장은 오랜 불황에도 불구하고 꾸준한 매출을 이어 왔는데, 그것을 선도하는 것은 "플레이스테이션," "X박스" 같은 비디오 게임기였다. 게임 구매자의 65% 정도가 20-30대였다. 흔히 어른들과 아이들이 하는 게임이 다르다고 생각하지만, 아이들이 좋아하는 게임은 20-30대도 좋아한다.

유아기의 상징으로만 여겨지던 인형이 '아날로그적 감수성'을 자극하는 산업으로 빠르게 성장하고 있다. 어린이는 물론 남자 대학생, 여성 직장인과 60대 전문직 종사자까지 다양한 연령과 직업의 사람들이 인형을 '입양' 해 키운다. 곰 인형에서 바비와 구체 관절 인형, 명품 마담 알렉산더, 갓난아이를 닮은 슈슈 등에 이르기까지 종류도 다양해지고 수집가들도 크게 늘고 있다. 바비 인형, 테디베어 등 명품 인형과 키티, 마시마로 등 캐릭터 상품이 인기를 끌고, 코스프레 행사가 성황리에 열리는 것 등이 키덜트 족의 경향이다. 레고 인터넷 카페에는 10대보다 20대가 더 많다고 한다. 어리고 깜찍한 느낌의 옷, 소녀 취향의 '걸리시girlish 족'은 신체적으로는 어른이지만, 심리 상태는 어린이 취향을 지닌 키덜트 족의 한 부류이다.

컴퓨터 업계에서 애플 사의 신제품 뉴 아이맥은 키덜트 디자인으로 크게 성공했다. 또한 방학이면 어른과 아이가 함께 즐길 수 있는 가족극이나 가족 뮤지컬이 많이 무대에 오른다. 문근영이라는 배우의 순수성은 "국민 여동생"이라는 이름을 붙이게 했다. 문근영을 두고 미숙함으로 후퇴하고 있는 대중문화의 "어른 되기에 대한 두려움"이 찾아낸 아이콘이라고 평가하기도 한다. 하지만 이는 키덜트의 감수성으로 볼 수 있는 것이다.

개그 프로그램만큼 키덜트의 성격을 드러내는 것도 없다. KBS 〈개그콘서트〉의 "봉숭아 학당"은 개그 프로그램에서 고전이 되었다. SBS 〈웃찾사〉의 "행님아"나 초등학교의 일상을 그린 "1학년 3반"도 키덜트의 감수성을 담고 있다. MBC 〈개그야〉의 "아홉살 인생"도 어린 시절의 추억에 바탕을 두고 키덜트의 성격을 그대로 드러낸다. 사실 이러한 개그 꼭지는 너무나 많다. 학교나 학생, 유아를 등장시키는 개그는 모두 키덜트의 속성을 지니고 있다고 보아도 지나치지 않다. 방송 가운데 이런 개그 프로그램에 키덜트의 감수성이 유독 심한 이유는 무엇일까?

방송 프로그램은 대개 누구나 공감할 수 있는 내용을 토대로 한다. 누구나 어린 시절이 있고, 그에 따른 추억이나 사건이 있기 마련이다. 이 때문에 개그 프로그램은 이런 공감 요소 ― 어린 시절의 경험 ― 를 소재로 활용하는 것이다. 개그 프로그램은 일반적으로 비정상적 상황을 설정하여 웃음을 준다. 바보를 활용해 개그를 펼치는 것이 대표적이다. 마찬가지로 상상을 불허하는 갖가지 황당한 말이나 표정, 상황으로는 유아적인 것이 많다.

그런데 키덜트 성향은 전 연령대에 걸쳐 나타나지만, 소비와 연결되는 층은 왜 주로 2030세대일까? 우선 기성세대보다 어린 시절의 추억에 더 가까이 있다는 점을 생각할 수 있다. 그리고 주위의 시선을 크게 신경 쓰지 않는 젊은 세대의 당당함을 생각할 수 있다. 즉, 남의 시선을 의식하지 않는 개인주의의 산물로 해석할 수 있다는 것이다.

키덜트 외에도 "피터팬 증후군"이 있다. 이 말에는 부정적인 의미가 담겨 있어서, 정신 병리학적 차원에서 자기에 대한 지나친 애착과 책임감 결여 등으로 규정된다. "피터팬 신드롬"은 어린 아이로만 머물려고 하기 때문에 성장 후에도 현실 세계에 적응하지 못하는 심리적 부적응 증상을 말한다. 이 "피터팬 신드롬"과 관련해 키덜트 족에 대해 '나이 값을 못 한다'고 비판하기도 한다. '철들길 거부하는 어른'의 정신적 병리, 퇴행이라고도 한다. 즉, 성인으로서 사고하고 행동해야 하는데, 그것에서 도피한다고 보는 것이다.

그러나 최근에 전문가들은 다르게 지적한다. 모두가 갖고 있지만 나이가 들면서 잊고 살아가는 잠재의식 속 동심을 둘러싼 문화적 현상을 설명하는 데 키덜트가 쓰이고 있다는 것이다. 어린 시절에만 머물려 하는 소아병적 현상, 이를테면 "피터팬 신드롬"과는 다르다는 것이다.

왜 이렇게 '키덜트 문화'가 대중문화 전반에 번지는 것일까? 한편으로는, 아이와 어른을 명확히 구분하는 근대성에서 탈피하려는 것으로 보기도 한다. 다른 한편으로는, 매일 반복되는 지루한 일상에서 벗어나려는 해방 욕구의 반영으로 보기도 한다. 일부 심리학자들은 이러한 현상을 너무 빨리 어른이 된 성인들이 어린 시절로 되돌아가고 싶어 하는 마음을 기업이 부추기면서 상승 작용을 일으키기 때문으로 풀이한다. 키덜트는 일종의 '향수'를 자극하고 있다. 과거 어린 시절의 기억은 아름답게 보이기 마련인데, 단순히 어린 시절을 그리워하는 인간의 본능과는 다른 면이 있다. 생존 경쟁이 치열한 현실에서 느끼는 두려움과 부담감, 공포로부터 그 순수하고 아름답던 시절로 탈출하고자 하는 심리에서 비롯하는 측면도 있다. 이제 현실에는 없는 어린 시절의 환상의 세계를 대중문화 속에서 선택하는 것이다.

대학을 졸업해도 직장 얻기가 하늘에 별 따기인 현실에서 사회인, 즉 어른이 되어 사회에 나가는 것은 그만큼 두려운 일이다. 이 때문에 어른이 되는 것에 대한 두려움과 각박한 현실에서 벗어나고 싶은 욕구가 키덜트 문화와 관련된 인터넷 동호회 등을 통해 발산되기도 한다.

급격한 사회 변화는 삶을 불안하게 한다. 생존 경쟁, 생존 투쟁은 순수한 자신의 꿈을 다시금 되돌아보게 만든다. "각박한 세상에서 순수성을 잃어버리는 것이 아닌가" 하는 두려움이 키덜트 성향을 나타나게 하는 또 하나의 요소이다.

불투명하고 불확실한 미래에 대한 전망은 명확한 과거에 대한 기억이나 추억을 끊임없이 불러일으키기 마련이다. 또한 경제 위기에 대한 반작용에서 비롯되기도 한다. 비록 가진 것은 적었지만 마음만은 풍요로웠던 과거 이야기에서 험난한 현실을 잊고자 하는 대중들의 심리적 표현인 것이다.

키덜트 문화는 거꾸로 어린이들의 '조기 성인화'에 따른 것으로 볼 수도 있다. 요즘 어린이들은 컴퓨터와 핸드폰, DMB 등을 포함한 다양한 대중 매체를 통해 과거 어른들이 어린 시절에 경험할 수 없었던 문화적 경험을 하고 있다. 따라서 조기 성인화된 이들이 아동과 성인이 결합된 키덜트 문화의 중심이 되기도 하는데, 이는 인터넷을 통해 심화되고 있다.

어린이와 어른이 함께 즐길 수 있는 문화가 많이 생겨나는 것은 교육적 차원에서 좋은 현상일 수도 있지만, 분명한 것은 키덜트 문화는 우리 시대 소비문화의 새로운 상품이고 시장이라는 사실이다. 키덜트 문화에는 소비 사회가 우리들의 문화적 감성을 지나치게 상품화한 극단성도 보인다.

키덜트 문화에는 문화 자본을 확대 재생산하는, 아무래도 동화적 상상력을 상품화하려는 기업과 자본의 논리가 강하다. 프로슈머prosumer, 쇼핑노마드shoppingnomad, 메트로섹슈얼 metrosexual, 콘트라섹슈얼contrasexual, 슬로비slobbie, 딩펫 dinkpet, 와인WINE, Well Integrated New Elder 족 등 기업들이 마케팅 대상으로 삼는 종족은 줄잡아 230개에 달한다. 이러한 관점에서 보면, 동심은 이제 어린 시절이 아니라 비즈니스의 영역에 있다.

키덜트 문화는 아동과 성인의 경계에서 이 양자의 소비 간극을 최대한 좁혀 유사한 소비 패턴을 생산하도록 만든다. 키덜트 문화는 이제 성인들과 어린이들의 소비 욕구를 동시에 자극하여 자본의 황금알을 낳게 만드는 문화 시장의 총아가 된 셈이다.

팬픽을 만드는 팬덤 심리

2005년 초 "동방신기와 일일 데이트를~"을 상품으로 내건 팬픽 공모전은 그리 놀랄 일은 아니었다. 동방신기상을 수상한 작품에게 주어지는 100만 원의 상금은 다른 공모전을 생각하면 그리 높은 상금 액수도 아니었다. 그런데 당선작 팬픽은 동방신기가 출연할 드라마 소재로도 사용될 계획이었다. 앞의 데이트와 상금은 별로 관심의 대상이 아닐 수도 있지만, 정작 주목할 점은 여기에 있었다. 드라마로 제작되는 데 쓰인다면, 이는 팬픽이 인터넷 소모품이 아니라 새로운 창작 장르로서 가능성을 지니고 있다는 것을 의미하기 때문이었다.

아직까지는 낯선 단어인 팬픽! 팬픽fanfic은 팬fan과 픽션 fiction의 합성어. 말 그대로 하면 팬들이 만드는 픽션이다. 즉, 팬덤 문화의 능동적인 형태이다. 주로 인터넷 카페나 팬클럽에서 창작, 연재, 공유된다. 팬픽은 창작자와 독자가 구분되지 않는 경향도 보인다.

초기에 팬픽은 동성애를 많이 다루어서 야오이와 혼동되기도 했다. 야오이는 일본어의 야마나시(극적 상황 없고), 오찌나시(반전이 없고), 이미나시(의미가 없다)의 첫 글자를 따서 만든 말로 동성, 특히 남성을 소재로 한 성적인 내용의 소설을 말한다. 팬픽을 동성애와 연관시켜 매우 위험하고 부적절한 것이라고 생각하는 경향이 많다. 에이즈와 연관해 동성애가 성적 문란을 연상시키기 때문이다.

팬픽의 유형은 크게 스타 팬픽과 속편 팬픽으로 구분할 수 있다. 스타 팬픽은 팬들이 자신들이 좋아하는 스타를 등장시켜 만든 가상의 이야기다. 팬들이 스타를 주인공으로 해 재미난 이야기를 하나둘씩 지어내는 것은 자연스럽다. 스타가 주인공일 때는 대개 자신을 상대역으로 등장시킨다. 팬픽은 스타 시스템에 의해 만들어지는 스타덤stardom이 아니라, 팬들의 자발적인 스타화의 증폭이라는 점에서 가장 적극적인 팬덤이다. 따라서 팬덤 현상이 최고조에 달한 청소년들을 중심으로 팬픽이 강하게 나타난다. 이 때문에 팬픽의 많은 내용이 스타와 사랑을 만들어 가는 이야기들이고, 스타끼리 커플을 만들어 주는 내용이다.

이런 차원에서 스타 팬픽은 동성 팬픽과 이성 팬픽으로 나눌 수 있다. 동성 팬픽은 "팬픽 이반"이라고도 하는데, 여기에서 이반(異般, 二般)은 동성애자들이 스스로 자신들을 지칭하는 말이다. 구체적으로 말하자면, 이성 팬픽은 남자 스타와 여자 스타, 혹은 스타와 일반인의 사랑을 다루고, 동성 팬픽은 주로 남성 그룹 멤버들 간의 사랑을 다룬다.

속편 팬픽은 아마추어 팬들이 영화나 드라마, 또는 책 같은 기존 작품을 보고 이를 토대로 작품을 쓰는 것이다. 이는 일종의 자신만의 '속편'이다. 이는 만화·소설·영화는 물론 심지어 리니지 같은 인터넷 게임 등 장르를 구분하지 않고 자신의 뜻대로 비틀거나 재창작한 것이다. 넓게는 후속 작품뿐만 아니라 패러디 작품을 모두 포괄한다. 속편 팬픽의 경우, 원작을 보지 않은 사람은 줄거리 자체를 이해할 수 없게 된다. 대체로 본편의 캐릭터나 상황을 기반으로 한 상업적이지 않은 창작 작품들을 총칭한다.

누구든 손쉽게 팬픽 작가로 활동할 수 있다. 팬픽의 창작적 성격을 볼 때, 팬픽은 대부분 등장인물의 성격이 이미 정해져 있어서 캐릭터 구상 절차를 단축시킨다. 다만, 대강의 줄거리와 캐릭터가 미리 주어지기 때문에 독창적 측면에서 처음부터 한계를 가지고 있다. 이런 가운데 팬픽은 작품 수, 인터넷 팬픽 카페 등의 정확한 숫자조차 파악하기 힘들 정도로 크게 활성화되고 있다. 팬픽을 움직이는 심리는 무엇일까?

1) 이야기 짓기의 본능: 자신이 이야기를 만들어 다른 사람에게 들려주고 싶은 욕구는 인간의 원초적인 본능이다. 여기에는 자신이 주인공이 되고 싶은 심리도 들어 있다. 이런 욕구와 본능이 대중문화와 만난 것이 팬픽이다.

2) 스타와 동일시, 동질감을 느끼려는 심리: 인간은 우러르는 사람과 함께 공존하는 꿈을 꾸기도 한다. 이 때문에 스타와 함께 가상의 공간에서 함께 사랑을 만들어 가는 일은 팬의 처

지에서 매우 흥분되는 일이다. 마치 사랑하는 사람을 주인공으로 사랑 이야기를 만들어 가는 즐거움과 같다. 우상화와 창작 본능이 연결된 것이 팬픽인 것이다.

3) 속편에 대한 열망: 완결된, 아쉬운 작품이 이어지기를 바라는 마음은 누구나 가지고 있기 마련이다. 또한 자신이 좋아하거나 감명 깊게 보고 듣고 읽은 것들을 다시 자신만의 방식으로 구성하고 싶은 것이 사람 마음이다.

4) 사적 상상과 유희: 팬픽은 스타의 사생활을 자신만이 알고 있는 것 같은 착각을 불러일으키기 때문에 선호된 사적 소유 심리와 놀이성이 더해진 것이다.

5) 자아 통제감(플로flow 심리): 자신의 우상인 스타의 생각과 행동, 심리, 생활을 자신이 만들어 낸다면 자아 통제감이 증가할 것이다. 이때 즐거움을 느끼게 된다. 인터넷 보급으로 자신의 표현 매체가 생기면서 인기 있는 대상을 자기화하려는 경향이 강해졌다. 이러한 상황에서 팬픽은 원작의 캐릭터만을 빌려 올 수도 있고, 등장인물을 늘리거나 줄일 수도 있으며, 도입부나 결말부의 어느 한 부분만 바꿀 수도 있어 팬이 원하는 방향으로 이야기를 전개할 수 있다.

6) 해방과 일탈: 현실을 벗어나 자신이 상상하는 세계와 감수성 표현할 수 있다. 청소년의 경우 팬픽을 통해 학교나 학원, 그리고 일상의 답답함과 부담감을 떨치려고 한다.

팬픽의 문화적 의미도 살펴볼 필요가 있다. 팬픽 현상은 대중문화에서 스타와 문학적 욕망이 겹치는 지점에 존재한다. 여러 가지 의미를 담고 있는 팬픽은 아무래도 인터넷 소설에서 출발점을 찾아볼 수 있다. 인터넷 소설은 1990년대 중반부터 특정 연예인을 주인공으로 내세운 "팬픽 인터넷 소설"에서 비롯되었다. 1997년 그룹 H.O.T.와 젝스키스, 2000년 신화, god를 등장시킨 팬픽이 대표적이다. 한때 소강상태에 접어들었고, 귀여니의 인터넷 소설이 더 주목을 받았다. 2002년 월드컵이 끝난 뒤에는 축구 대표선수들을 주인공으로 한 "팬픽 소설"이 유행하기도 했다. 네티즌들(누리꾼들)은 홍명보와 황선홍을 '커플'로 맺어 놓고, 거기에 김남일까지 등장시켜 '삼각관계'를 만들어 놓고 즐겼다. 하지만 전체적으로는 소강상태였다.

2004년 이후 팬들이 쓰는 스타 소설, '팬픽'이 다시 활성화되었다. 그러던 것이 2005년부터 남성 보컬 그룹 동방신기와 SS501이 중심이 되어 팬픽 열풍이 불기 시작했다. 동방신기의 팬픽 사이트는 30여 개였고, 이 중 회원이 11만 명이 넘는 사이트도 있었다. 〈다음〉 카페에서 '팬픽'을 검색하면 5,000여 건이나 검색되었다.

스타 팬픽에서 주로 나타나는 새로운 팬픽 문화의 특징은 '초딩'(초등학생)이 중심이라는 점이다. 팬픽 1기로 분류되는 H.O.T.와 젝스키스 활동 시기에는 10대 여고생이, 팬픽 2기인 신화와 god가 인기 있던 시절에는 여중생들이 팬픽의 주 소비층이자 생산층이었다. 동방신기, SS501을 대상으로 하는 팬픽은 주로 초등학생들의 것이었다.

점점 새로운 영역으로 확산되고 있는 팬픽의 또 다른 사례들도 있다. 가수 이수영의 팬카페 게시판에 "소녀 탐정 이수영"

이라는 팬픽이 연재되고 있다는 사실이 화제가 되기도 했다. 전국만화동아리연합(ACA)이 주최하는 "호수만화축제" 겸 "제28회 ACA만화축제"에 대학생 팬픽 동아리가 참가하기도 했다. 팬픽을 소재로 한 〈데어 쿠스〉라는 단편 영화가 "오! 재미동"이라는 충무로 소극장에서 상영되기도 했다. 영화 〈왕의 남자〉 개봉 후, 인터넷에 개설된 이준기의 팬 카페에는 '팬픽' 카페도 순식간에 생겨났다. 게임 회사는 "리니지 2"를 소재로 한 팬픽 경연 대회를 열어 기발한 아이디어와 감동, 재미와 작가의 열정을 보여 준 작품에 큰 점수를 부과하기도 했다.

팬픽은 인터넷에만 한정된 것은 아니다. 책으로 만들어지기도 한다. 특정 작가나 카페가 소규모로 주문 제작해서 친구나 회원들에게 파는 책도 있지만, 출판사와 계약해 인세를 받고 대량으로 판매하는 책도 있다. 친구에게 팔거나 주문 제작하는 책들도 구하기 어려우면 3-4만 원 이상을 넘는다. 권상우를 소재로 한 팬픽 소설 『권군과 미스리 이야기』는 정식 출판되어 교보문고 등 대형 서점에서 판매되기도 했다. 인터넷 팬픽으로 2003년 12월부터 2월까지 저자의 홈페이지에 연재되었는데, 당시 10만이 넘는 조회 횟수를 기록했다. 다만, 대량 판매되는 팬픽은 주인공의 이름을 스타에서 일반인으로 바꾼다. 왜냐하면 명예 훼손이나 저작권 문제가 발생할 수 있기 때문이다. 이지련의 『새디』 등이 대표적인 예다.

이미 해외에서는 팬픽이 대중문화의 한 부분으로 자리 잡고 있다. 대중문화의 발달 정도에 따라 팬픽도 다양한 모습을 보이고 있는 것 같다. 한국과 일본을 대략 비교해 보면, 한국의 경우 스타 팬픽이 주류다. 한국에서는 자신이 좋아하는 스타나 등장인물을 통해 자신이 원하는 줄거리를 전개하는 소설 또는 만화가 많다. 일본의 경우는 주로 만화나 애니메이션을 소재로 한 팬픽이 많다. 스맙, 킨키 키즈 등의 아이돌 스타들을 등장시킨 스타 팬픽도 10대 소녀들 사이에서 인기다.

해외에서는 한국과는 사뭇 다른 풍경이 벌어진다. 미국은 주로 할리우드 영화와 관련된 사례들을 볼 수 있다. 또한 팬픽은 TV 프로그램으로 제작되기도 하는데, 〈스타트렉〉이나 〈X-파일〉은 팩픽 중 쓸 만한 내용을 작품으로 만들었다.

그 흔한 키스 장면 하나 없이 미국 정부의 거대한 음모를 파헤쳤던 〈X-파일〉의 스컬리와 멀더. 그 인기는 열광적인 마니아들을 몰고 다니며, 장장 9년 동안 계속되었다. 대다수 시청자들은 끝에 모든 진실이 밝혀질 것이라고 잔뜩 기대를 했다. 하지만 결국 시리즈는 서둘러 끝내기에 바빴고, 이 때문에 마니아들의 많은 아쉬움을 자아냈다. 종영한 뒤의 이러한 아쉬움은 '팬픽' 장르를 본격화하는 원인이 되었다. 〈X-파일〉 폐인들이 주인공과 극중 인물을 등장시킨 팬픽 작품들을 쏟아냈고, 이런 작품들 중에는 단순한 패러디와는 달리 본편 못지않게 뛰어난 작품이 많았다. 그 일부는 자체 영상물로 만들어졌다. 〈드래곤 라자〉같이 국내에서 인기 높았던 소설도 1,000편의 팬픽이 쓰여졌다.

팬픽이 대중문화에 활용된 사례가 더 있을까? 쿠엔틴 타란티노 감독이 〈CSI 과학수사대〉를 위해 쓴 2부작의 대본은 말 그대로 팬픽이다. 다른 팬픽들과는 달리 시즌 피날레로 방영될 기회를 잡은 게 다를 뿐이다. 새롭게 만들어진 영화 〈킹콩〉도 마찬가지다. 이 영화의 감독 피터 잭슨이 33년 전인 아홉 살 때 〈킹콩〉 영화를 본 뒤로 그의 머릿속에 떠오르는 여러 가지 생각들을 적어 놓았다가 표현한 것이 2005년판 〈킹콩〉이다. 유럽 뮤지컬 〈오페라의 유령〉도 팬픽이었다. 우리는 이러한 상상을 많이 한다. 람보와 코만도가 싸우면? 터미네이터와 로보캅이 대결하면? 늑대 인간과 뱀파이어가 겨룬다면? 또 성룡과 이소룡이 붙으면? 이러한 가정과 상상은 누구나 한 번쯤 해보았을 것이다.

영화 〈프레디 vs. 제이슨〉, 〈에이리언 vs. 프레데터〉는 호러 영화 팬들이 인터넷 등을 통해 두 괴물의 대결을 가상의 이야기로 만들어 열성적으로 올린 이른바 '팬픽'에서 시작됐다. 〈에이리언 vs. 프레데터〉는 이런 '팬픽'에 힘입어 1999년에 이미 PC 게임으로도 출시됐던 적이 있다.

그렇다면 우리나라 상황에서 팬픽의 대중문화 활용 가능성은 어느 정도일까? 대중문화에서 생산과 참여로 보기에는 아직 이른 것처럼 보이기도 한다. 1) 팬픽에 나오는 대부분의 말은 비속어이거나 이모티콘이 많고, 비표준어가 상당하다. 2) 팬픽은 예술적 가능성도 있고 소재도 다양한데, 한국 청소년들이 즐기는 팬픽은 주로 유명 가수의 이야기에 집중돼 있다. 이는 한국 팬픽의 작품 내용이 가진 제한성을 말해 준다. 3) 팬픽에 등장하는 인물은 좋아하는 연예인이나 꽃미남 스타들로 제한되어 있다. 꽃미남 스타들의 러브 스토리가 들어가야 팬픽이라고 할 수 있을 정도다. 이 꽃미남들은 대부분 십대 팬 문화를 주도

하는 남성 댄스 그룹의 구성원이다.

아직 한국에서는 팬픽의 가능성이 제대로 평가되지 못하고 있다. 팬픽은 본래 상호 작용 현상의 일종이다. 앞으로 상호 소통 가능한 디지털 매체가 발달하면 팩픽은 전혀 다른 양상으로 전개될 수도 있다. 팬픽에서 중요한 것은 대중들이 기존의 스토리를 고치는 정도가 아니라 자기만의 스토리를 개발하고, 캐릭터를 발전시키는 것이다. 이는 수천, 수만의 작품들로 구성된 웅장한 팬픽 도서관에 축적될 수 있다. 예들 들면, 앞으로 〈스타트렉〉, 〈X-파일〉, 〈닥터 후〉 같은 히트 시리즈들은 모두 이런 도서관을 갖추게 될 것이다. 이 세계 안에서 팬픽 작가들은 거의 절대적인 자유를 누릴 수 있게 된다. 여기서 지적해 마땅한 것은, 의미 있는 상호 작용 현상은 개발자나 창작자가 그 현상을 한 방향으로 통제하거나 간섭하지 않아야 한다는 것이다. 권력의 개입이나 규제도 팬픽에 부정적이다. 이 때문에 현재 벌어지고 있는 팬픽에 대한 검열도 이러한 차원에서 없어져야 한다.

안티도 기본 정신이 있다

안티anti는 '반反,' '항抗,' '역逆,' 즉 반대, 배척, 대항을 의미하는 영어의 접두어이다. 그럼 비판과는 어떻게 다를까? 비판은 잘못된 것을 평하거나 판단하는 것이고, 안티는 무엇에 반대, 대항한다는 것이다.

안티는 왜 생겨나는 것일까? 일부 커뮤니케이션 전문가들은 우선 사회적 의사소통 통로나 수단이 막혀 있기 때문이라고 지적한다. 이런 상태에서 약자나 소수자들은 더욱 의사소통 수단이 없다. 이때 사회적 약자들의 최소 의사 표현이 "나는 반대한다"라는 안티 선언인 셈이다.

안티 문화의 폭발은 아무래도 사이버 공간의 팽창 때문이다. 기존의 신문과 방송에서 할 수 있는 반대와 비판은 한계가 있을 수밖에 없었다. 또한 일반 개인들의 인물이나 사안에 대한 비판은 술자리 같은 사적인 공간에서만 이루어질 수 있었다. 집회와 시위는 물리적인 공간의 틀을 벗어나기가 힘들었다. 이러한 한계점들을 디지털 공간이 채워 준 셈이다.

디지털 공간의 '안티 문화'의 핵심에는 안티 사이트가 있고, 디지털 공간의 익명성과 표현의 자유가 결합되어 있다. 안티 사이트가 사회적으로 이슈가 된 것은 2000년부터이지만, 1-2년 사이에 하나의 일상 문화 현상으로 자리 잡았다.

안티 미스코리아, 안티 학벌, 안티 국민연금, 안티 수능, 안티 초고속 통신망, 안티 친일파, 안티 노무현, 안티 박근혜, 안티 동방신기, 안티 문희준, 안티 이효리, 안티 조선, 안티 여성부, 안티 KTX, 안티 서울대, 안티 FTA, 심지어는 안티 사이트와 안티 문화를 반대하는 사이트가 등장하기도 했다.

일반인부터 정치인, 스타, 기업, 정당, 정부 기관, 정책 그리고 특정한 이슈에 대한 안티 사이트 등 영역과 분야, 대상을 가리지 않고 포털 사이트를 중심으로 1-2만 개의 안티 사이트들이 운영되고 있고, 몇 십만 명의 회원들이 활동하고 있는 것으로 추정된다. 이를 몇 가지 유형으로 구분할 수도 있다.

1) 특정한 정치적 이념이나 노선에 따라 정치인, 정당에 대한 안티 모임을 만드는 경우, 2) 특정 정책이나 추진 안에 대한 반대(안티 새만금 사업, 안티 FTA, 안티 국민연금, 안티 수능), 3) 공공기관에 대한 안티(안티 청와대, 안티 건설교통부), 4) 특정 연예인이나 스타에 대한 반대 움직임, 5) 소비자 주권 보호 차원에서 악덕 기업이나 서비스 상품에 대한 반대를 들 수 있다.

이외에도 특정 문화나 사회적 제도, 풍습, 관습에 대한 반대도 있다(안티 미스코리아선발대회, 안티 호주제, 안티 학벌주의). 또한 안티 오노나 안티 미국, 안티 일본 같은 특정 국가나 상품 불매 운동에서 보듯이 민족이나 국가적인 문제에도 나선다. 조직적 안티 사이버 시위는 IOC와 NBC 등의 사이트를 접속 마비 상태로 만들기도 했다.

이런 안티 문화는 분명 긍정적인 면이 있다. 안티 사이트, 안티 댓글을 통해 이전에는 상상할 수 없었던 비판이나 문제 제기들이 가능하다. 정치, 사회, 경제, 문화 분야의 많은 문제점을 드러내기도 한다. 그리고 여론 형성과 사회적 압력을 통해 권력을 감시하기도 한다. 일종의 소통과 참여라는 참여 민주주의적 성격을 보인다.

부정적인 부분도 분명 있다. 우선, 안티 사이트와 모임의 상당수가 명확한 사실에 근거한 비판적 대안 제시가 부족하다. 반대를 위한 반대가 많다. 재미와 심심타파를 위한 안티도 많다. 오래 전부터 지적되었듯이, 도를 넘어선 인신공격과 사생활 침해가 빈번하다. 감정적 안티로 정책 과정이 왜곡되기도 한다.

특히 팬덤 문화에서는 집단 이기주의도 보인다. 특정 연예인에 대해서는 집요한 스토커 형 안티를 보이기도 한다. 한때 문희준이라는 이름은 안티 문화의 키워드였다. 2004년부터 시작된 "안티 문희준"은 2005년에 이어, 2006년 들어서도 계속되었다. 일부 네티즌들은 무뇌충·오이·스꾸임 같은 단어로 조롱하고, 인신공격하였다. 2004년 7월 문희준 관련 기사 밑에 사상 최다인 30여만 개의 리플이 붙었던 적도 있다.

안티 문희준의 발단은 그가 2002년에 솔로로 나서면서 "록음악을 하겠다"고 밝힌 뒤부터다. 문희준은 〈조선닷컴〉과 가진 인터뷰에서 자신을 안티 하는 이들은 초·중등학생이 많다거나 록 자격증을 따고 싶다는 발언을 해 안티를 더 증폭시켰다. 그의 음악성에 대한 주장은 주관적이고 자의적인 경우가 많다. 더구나 음악을 위한 것이라면 한 번 만나 진지하게 토론하는 것도 좋을 듯한데, 그런 자리는 없었다.

사례를 좀 더 들면, 안티 서태지 운동에서는 서태지 인형을 학대하거나 주먹으로 때렸다. 안티 팬들은 "서태지를 죽여라"라는 문구의 티셔츠를 입고 이벤트를 열었다. 서태지 팬들은 이런 안티 서태지 운동을 보도한 방송 프로그램에 편파성이 있다며 해당 프로그램의 방송 광고를 중단시키겠다고 했다. H.O.T의 멤버인 강타가 음주 운전으로 불구속 입건된 적이 있다. 한쪽에서는 '인기인만 봐 주냐?'라고 항의했고, 다른 쪽에서는 '음주 운전이 뭐가 죄냐'라며 일방적으로 옹호했다. 천상지희와 동방신기의 사례도 있다. 2005년에 여성 4인조 아카펠라 그룹인 천상지희가 데뷔할 때였다. 데뷔도 하지 않고 소식만 알려졌는데도 '안티 카페'가 두 달 새 250여 개가 생겨났다. 이는 남성 5인조 그룹 동방신기의 팬들이 주도한 것인데, 이유는 천상지희가 동방신기와 같은 아카펠라 댄스 그룹임을 내세우고 있어서 받아들일 수 없다는 것이었다. 다른 그룹은 인정할 수 없다는 것이었는데, 이때 안티 문화는 '죽이기' 문화, '배제'와 '거부'의 문화인 셈이다.

한편, 안티 사이트는 미워하기 때문이 아니라 사랑하기 때문에 만들기도 한다. 2001년 이승엽 선수가 선수협에 가입하지 않겠다고 하자, "안티 이승엽"이라는 사이트가 생겼다. 안티 운동 등으로 마침내 이승엽 선수는 선수협에 가입했고, 그러자 안티 사이트는 즉각 폐쇄되었다. 운영자들은 다시 이승엽을 사랑하는 모임으로 돌아가겠다고 밝혔다.

안티 문화를 움직이는 심리

안티에는 세 가지 심리가 작용하고 있다. 하나는 "재수 없다. 기분 나쁘다"는 감정이다. 두 번째는 "나와 다르다"는 이질성에 대한 거부 반응이다. 세 번째는 문제의식에 따른 개선 욕구를 지니는 것이다. 일종의 사회적 문제의식에 따른 정의감이다. 이 경우에는 건설적인 대안을 제시하려는 마음이 작용한다. 그런데 안티 문화의 본질로 흔히 첫 번째나 두 번째의 특징만을 생각하는 경우가 많다.

안티에는 강자, 권력이나 기존 질서에 대한 대항이나 저항의 심리가 담겨 있다. 그것은 소수 문화이면서 대항문화의 하위 문화를 이룬다. 무조건 반대하고 욕한다고 안티 문화는 아니다. 약자를 대상으로 하는 안티는 폭력이다. 예를 들어, 연예인을 무차별 공격하는 것은 문화 권력자를 공격하는 것 같지만, 사실은 약자를 괴롭히는 것과 같을 수 있다. 연예인이 반드시 강자는 아니기 때문이다.

안티라면 인터넷 활동만을 생각하는 경향이 있는데, 사회 문화 현장에서 몇 사례를 살펴볼 수 있다. 90년대 초반 "서태지 신드롬"은 '안티 문화' – '안티 음악'의 성공을 뜻했다. 그의 음악은 기성 사회의 문화, 삶의 방식, 인습, 제도 등 우리 시대의 전반적인 모순에 대한 음악적 '안티'였다. 주류 질서에 대한 안티, 반항, 저항이었던 셈이다. 물론 그의 음악은 그동안 우리 사회의 음악적 결과물에 대한 고민들의 버무림이었다.

"안티 문화 게릴라" 운동도 볼 수 있다. "안티 문화 게릴라"는 주류 문화의 허실을 꼬집고, 대안을 제시하며, 신선한 충격을 안겨 주는 전시 기획자를 이른다. 이들의 활동은 문화의 다양성을 살찌우는 건강한 자극제가 될 수 있다. 음악 DJ, 설치 미술가, 조형 작가, 영화감독, 화가, 음악가들이 공동 작품을 만들거나 다양한 실험적 작품을 제작한다.

"안티 미스코리아"는 사회 문화에 대한 안티였다. 1999년 5월 16일, 문화일보 홀에서 처음 선보인 "안티 미스코리아" 페스티벌은 미스코리아 선발 대회로 대변되는 외모 지상주의와 여성의 성 상품화를 부추기는 사회 질서에 대한 도전장이었다.

첫해는 "34-23-34"라는 몸매 사이즈를 문제 삼았고, 2000년 두 번째 대회에서는 신체 규격화에 안티를 걸었다. 아줌마, 아가씨, 할머니라는 구분 이전에 인격체라는 것이다. 2001년 세 번째 대회부터는 여성 버스 운전기사, 남자 간호사, 유아 교육 전공 남학생 등 성별 분업의 논리를 뛰어넘는 축제의 장을 마련했다. 2002년 월드컵 대회를 앞두고는 "운동하는 여자가 아름답다"며 남자 중심의 '운동'과 '운동장'에서 소외된 여성의 문제를 다뤘다. 이 운동의 가장 큰 성과는 공중파 방송에서 미스코리아 선발 대회가 사라지게 했다는 점이다. 수영복 공개 심사를 폐지시키는 성과도 얻었다.

한편, 안티 광고 운동은 자본이나 이미지의 논리가 아니라 사람 냄새, 자연의 생리를 반영시키자는 것이다. 사회적 약자를 등장시키는 광고를 만들거나, 자본과 상품이 핵심인 기존의 광고 문법을 깨뜨려 보자는 것이었다. 과시적, 일탈적 소비 충동을 일으키는 광고에 안티를 걸자는 것이다. 또한 안티의 대상에는 성별 분업이나 여성의 상품화를 과장하는 광고도 포함되었다.

이러한 안티 운동은 대단한 힘을 발휘하는 것 같지만, 몇몇을 제외하면 아직 힘겹다. 지나치게 부정적인 안티는 비판을 해야 하지만, 의미 있는 안티는 응원과 호응이 필요하다. 안티 문화는 상대방이 스스로 잘못된 점을 인정하고 공감하도록 이끌어 대안으로 합류하도록 하는 것이다. 안티 문화는 아직 그러한 단계에 이르지는 못하고 있다. 분명 안티 문화에 문제가 없는 것은 아니다. 가학적 쾌감이나 재미로 임하는 경우도 상당하고, 남의 고통을 외면하는 경향도 있는 게 사실이다. 자판을 통해 인터넷에서 딴죽을 거는 것이 안티의 전부는 아니다. 무엇보다도 일상에 대한 치열한 고민과 행동에 안티 문화의 건강성이 있다.

그렇다고 부정적인 면 때문에 전부를 폄하할 수는 없다. 안티 행동은 "빨래다"라는 말이 있다. 빨래는 비틀고 짜야 제 맛이다. 하지만 짜고 비틀기만 하면 상하게 된다. 빨래는 햇볕에 널어야 마른다. 마찬가지로 안티는 공론화가 끊임없이 필요하다. 시인 김수영은 "진창은 아무리 더러운 진창이라도 좋다"고 했던가. 진창 속에서 연꽃은 핀다. 안티 문화에 부정적인 측면이 있더라도, 이러한 부정적 측면의 드러냄을 통해 진창 속에서 연꽃을 피울 수 있다.

애니메이션으로 본
현대 일본인의 정체성

애니메이션은 문화 자체다. 그림 하나하나는 문화 기호다. 사람들은 그런 문화 기호를 통해 의미를 전달하고 상상력을 자극한다. 문화 기호 속에 개인의 삶은 물론 사회적 정체성이 담겨 있다. 따라서 우리는 애니메이션을 통해 집단 무의식을 포함한 사회 심리를 짐작할 수 있다. 어린 시절 우리는 만화의 내용을 접하고 세상에 대해 어렴풋이 인식하였다. 어린 아이는 이성적理性的 대상을 접하기 전에 문화적 대상을 접한다고 할 때, 라캉이 말하는 거울은 만화, 애니메이션이 된다.

흔히 애니메이션에는 치마 입은 여성 요정이 등장한다. 하지만 〈마리이야기〉(2001)에는 바지 입은 요정이 등장한다. 바지 자체가 전혀 다른 의미를 전달해 준다. 성적인 이미지를 지니는 요정이 아니라, 중성적인 친구를 뜻한다. 또한 금발이나 긴 생머리가 아닌 단발의 아이보리색 머리카락은 유아 시절부터 만화의 문화 기호를 통해 인식된 스키마를 일순간에 전복시킨다.

우리는 요정하면 금발이나 긴 생머리의 여성을 떠올리기 때문이다. 아이보리색 머리카락은 오히려 신비감을 더해 준다.

애니메이션의 특성상 기호를 통제, 합성, 창출하여 얼마든지 의미들을 생성해 낼 수 있다. 미야자키 하야오 사단의 애니메이션을 중심으로 볼 때, 일본 애니메이션의 문화 기호는 동서의 융합을 통해 그 보편성을 확보해 왔다. 〈미래소년 코난〉(1978), 〈천공의 성 라퓨타〉(1986), 〈바람계곡의 나우시카〉(1984), 〈원령공주(모노노케히메)〉(1998), 〈붉은 돼지〉(1992), 〈하울의 움직이는 성〉(2004) 등은 모두 서양 문화 기호, 특히 산업 근대화 시기 유럽의 문화 기호에 충실했다. 눈빛과 얼굴선, 체구는 동양인이지만, 도시 풍경, 복식, 가구, 주택, 도구 등을 나타내는 문화 기호들은 유럽의 산업화 시기를 충실히 반영해 냈다.

〈센과 치히로의 행방불명千と千尋の神隠し〉(2001)은 미야자키 하야오가 만든 이전의 작품보다 이야기 구조가 매우 잘 짜인 작품이라고 볼 수 있다. 이런 짜임은 상대적으로 그 짜임의 기법과 수법을 잘 알고 있는 이들에게는 지루한 감을 준다. 물론 환상과 흥미를 돋우는 줄거리 그리고 만화 작가들이 주로 보는 세밀하고 다양한 구도와 시점, 장면 설정, 미장센, 플롯에서 탁월하다.

이 작품만을 본다면, 복합 문화 기호들 중 서구 문화 기호들을 과감하게 버린다. 그러면서 상대적으로 일본 문화 기호를 전면에 배치시킨다. 이것은 일본 근대화의 명암을 단적으로 드러내 준다. 일본만큼 서구를 따라간 아시아 국가들은 없기에 이런 버림은 '버림의 소유'라는 역설적인 의미를 되새기게 한다.

일본이 서구 근대화를 지향했다고 해도, 정체성과 가치관의 혼란은 피할 수 없었다. 이러한 혼란은 과거의 문화적 향수를 부르기 마련이다. 〈센과 치히로의 행방불명〉에는 이러한 심리가 그대로 드러나고 있다. 〈하울의 움직이는 성〉은 〈고양이의 보은〉의 실패에 다급해진 미야자키 하야오 사단이 부랴부랴 서구 문화 기호들을 전면에 내세우고, 생명과 인간의 소외 같은 근대 자본주의의 모순과 시장 확장을 위한 제국주의의 야욕을 생명과 인간에 대한 사랑으로 극복하려고 했다. 하지만 오히려 〈센과 치히로의 행방불명〉이 이룬 성과에서 후퇴하고 만다.

　〈센과 치히로의 행방불명〉에서 모색하고 있는 문화 기호적 정체성은 닫힌 정체성이 아니라 열린 정체성이다. 정체성에 대한 고민은 애니메이션의 문화 기호가 상징하는 바를 분석하는 데서 시작할 수 있다. 〈하울의 움직이는 성〉에서 보이는 비인간적인 근대적 산업주의, 자본주의에 대한 저항은 〈센과 치히로의 행방불명〉에서도 나타난다.

　주인공 치히로는 아버지, 어머니와 함께 이사한 집에 가던 도중에 길을 잃게 된다. 아버지가 운전하던 차는 성문 앞에 도착하고, 그들은 차에서 내려 터널로 들어간다. 치히로는 전혀 가고 싶지 않았지만, 부모에 손에 이끌려 억지로 들어가게 된다. 즉, 치히로의 의지와는 상관없이 터널을 통과하게 된다.

　치히로는 어머니의 손을 잡고 공포에 떨면서 앞장선 아버지를 따라서 굴을 지나는데, 어머니가 전통 문화와 사회 가치 혹은 천황제를 의미한다면, 아버지는 명치유신을 이끌고 적극적인 근대화를 주창한 개화론자를 내포한다. 굴을 통과해 뒤돌아보고서야 그것이 일본 전통의 낡은 성문임을 알게 된다. 그것은 단지 낡은 테마 파크를 의미하는 것이 아니라 인공적으로 박제된 전통 문화의 상징임을 말해 준다. 그들이 터널을 통과하여 간 곳은 낯선 새로운 세계다. 치히로의 아버지와 어머니는 음식 냄새에 이끌려 깊숙한 곳까지 들어간다. 먹음직한 음식이 잔뜩 쌓여 있는 그곳에는 사람이 하나도 없고 적막하다. 유혹의 적막함, 화려해 보이지만 그 이면의 위험성 때문에 접근하지 않는 공간. 이 공간의 공포는 자연스럽게 불길한 의미를 심리적으로 전달한다. 순수한 사람일수록 직감은 뛰어나다. 아이일수록 순수하다.

치히로는 이러한 순수한 심리로 그러한 분위기에 대한 공포감을 떨치지 못하고, 부모에게 돌아가자고 졸라댄다. 그럼에도 부모는 주인 없는 식당의 음식을 우선 먹고 본다. 여기에서 푸짐한 음식은 가장 기본적인 동물적 욕구를 자극하고, 부모는 여기에 정신없이 빠져든다. 유혹에 넘어가 먹어대는 사이 부모는 돼지가 된다. 그들은 게으르고 먹을 것을 밝히면서 시간만 나면 잔다. 돼지는 자신의 욕망에 충실한 존재를 상징한다. 무제한의 먹을 것과 잠자리 등의 여건을 제공하는 이들의 포로가 된다. 치히로의 부모는 언제 도살될지 모르는 마녀의 식사용 돼지가 된 것이다. 치히로는 그러한 욕구에 빠져들게 하는 기제(음식)를 거부함으로써 상대적으로 자유로운 상태, 자율성을 유지한다.

그럼에도 위험과 유혹은 치히로를 호시탐탐 노린다. 하쿠는 이를 맨 처음 알게 해주고, 그러한 위험에서 벗어나게 해주려는 인물이다. 뿐만 아니라 돼지가 되어 버린 부모를 찾아 이 세계에서 벗어날 수 있는 방법, 그 희망의 가능성을 제시한다.

치히로가 억지로 끌려 들어간 세계를 분석하는 것이 문화 기호가 의미하는 바를 이해하는 데 필수적이다. 여기에서 치히로는 일본인을 구성하는 새로운 세대이다. 일단 그들이 기성세대의 손에 이끌려 어쩔 수 없이 들어가게 된 세계는 별로 마뜩하지 않은 곳이다. 애초부터 그들에게 선택의 여지는 없었다. 부모로 상징되는 기성세대는 성찰적인 숙고가 부족했다. 당장에 자신을 유혹하는 그 무엇인가를 성취하고자 모든 이성을 욕망에 맡겼다. 결국 그들은 욕구를 충동질하는 기제인 음식에 빠져들면서 인간이 아니라 동물이 된다. 이는 인간 본성의 파괴를 의미한다.

이 작품은 기성세대와 새로운 세대를 분리하고, 새로운 세대만의 탈출을 꿈꾸는 것이 아니다. 치히로는 부모를 구출하기 위해서 하쿠의 말을 따르게 된다. 이로써 치히로는 본격적으로 그 세상을 인식하게 된다. 그것은 치히로가 머문 목욕 여관이라는 문화 기호에 응축되어 있다. 그곳은 목욕 서비스는 물론 각종 공연과 연회, 음식이 제공되고, 때에 따라서는 여종업원이 접대를 하기도 한다. 그곳은 기본적으로 욕망의 찌꺼기들을 배출하는 곳이고, 그 대가로 돈을 내야 한다. 근대 자본주의 사회를 묘사한 것이다. 그런데 이곳에는 인간이 들어갈 수 없다. 귀신들만 이용하는 곳이기 때문이다. 또한 인간의 모습이 아니라 인간의 냄새, 즉 인간의 본성을 가지고 있는 이들은 들어갈 수 없다. 철저하게 인간임을 포기해야 한다. 치히로가 숨을 쉬지 않고 위장을 해야 했던 것은 그 때문이다. 근대 자본주의는 철저하게 인간성 파괴를 요구하는 경향이 있다. 천민자본주의일수록 그러한 경향은 더욱 심할 수밖에 없다.

치히로가 부모를 구출하기 위해서는 일단 위장 취업이 필요하다. 자신의 본뜻과는 관련 없이, 자신을 속여야 살아남을 수 있는 사회에서 당연한 수순인지 모른다. 취업을 위해 하쿠의 안내로 찾아간 카마지이는 일본 노동자의 전형이다. 인간과 세계에 대한 나름대로의 깊은 가치관과 식견이 있음에도 하층에서 혹사당한다. 개인이 삶에 대해 얼마나 통찰력을 가지고 있는가는 중요하지 않은 사회이기 때문이다. 그가 얼마나 일을 많이 할 수 있느냐 만이 중요하다. 그가 쉼 없이 일하는 데 쓰는 수많은 팔은 기계로 전락한 노동자의 현실을 상징적으로 보여 준다. 그래도 노동의 공간에는 언제나 희망이 있어서인지 치히로는 그곳에서 자신을 유바바에게 안내해 줄 여종업원 린을 만나게 된다.

그런데 그녀는 치히로에게 단번에 촌스럽다고 말한다. 이것은 자본주의 사회의 소비적 성격을 단적으로 말해 준다. 자본주의는 언제나 새로운 유행과 상품을 만들어 내고, 이를 가지지 못한 이들에게 촌스럽다는 딱지를 붙인다. 그리고는 자신들의 세계로 재빨리 뛰어들어 일원이 되라는 강박을 가하기 일쑤다. 그 질서 안의 사람이 되기 위해서는 매몰차게 노동해야 한다.

여기에서 목욕 여관이 그 성격상 서구 근대 자본주의를 적극 받아들인 일본 체제를 상징한다면, 이 자본주의 체제를 실질적으로 통치하는 자는 누구인가. 유바바라는 이 목욕 여관을 지배하는 마녀다. 마녀라는 문화 기호는 전체 문화 기호의 성격을 분별하는 잣대가 된다.

유바바의 등장 이전까지 〈센과 치히로의 행방불명〉에서 보이는 문화 기호는 온통 일본 전통 문화를 반영한 것 일색이었다. 그런데 유바바는 서구 문화 기호의 상징이다. 그녀가 거처하는 방안의 장식, 커튼, 의상, 그리고 그녀의 크고 파란 눈에 창백한 피부, 매부리코, 금발의 머리는 분명 서구 문화를 상징하는 문화 기호이다. 그것은 현재 일본 자본주의 사회가 자신들의 정체성을 가지고 있는 것이 아니라는 것을 말해 준다. 일본을 지배하고 있는 것은 서구에서 건너온 마녀 같은 자본주의 이데올로기인 것이다. 보이지 않는 마녀의 주술에 사람들은 착취당하며 존재적 가치를 찾지 못하고 있는 것이다. 치히로는 마녀가 지배하는 자본주의의 주술에 포로가 된 부모를 구출하기 위해 계약서를 쓰고 그곳에서 일하게 된다. 계약서는 현대판 노예 증명서가 된다.

〈센과 치히로의 행방불명〉은 그러한 마녀적 이데올로기가 사람들의 삶에 구체적으로 어떻게 영향을 미치고 있는지를 보여 준다. 일단, 그것은 카오나시라는 얼굴 없는 귀신을 통해 적나라하게 드러난다. 카오나시는 목욕 여관에 들어오지 못하고 방황하는데, 우연히 치히로가 그를 목욕 여관에 들여보내 준다. 이러한 관심과 대접은 카오나시에게 매우 큰 감명을 준다. 그는 매우 외롭고 고독한 존재이다. 강의 신이 남긴 사금을 사람들이 좋아하는 것을 보고, 사금을 통해 외로움과 고독을 해소하려 한다. 여기에서 사금은 돈을 의미한다. 그는 돈으로 음식과 유흥 그리고 사랑도 사려고 한다. 고독을 해소하기 위해 돈을 통해 비고독 수단을 소유하려 했던 것이다. 선한 사람도 돈으로 남을 통제하고, 그것에 만족하고 길들여지면 돈에 의존하게 된다. 사람들은 이 사금을 얻기 위해 엄청난 경쟁을 하게 되고, 어느새 카오나시는 이를 즐긴다. 사금은 실제 가치, 즉 노동과 상관없는 마법과 같은 현대 금융 자본의 투기 이익과 비슷하다. 한편 이 사금을 계속 뿌리면서 카오나시는 고독과 외로움이 해소된 것으로 여긴다. 사금을 주는 한 사람들은 그에게 관심을 가져주고, 융숭하게 대접하기 때문이다. 그러나 그러한 허상은 치히로의 다음과 같은 말로 깨어진다.

"곧 다시 외로움과 고독의 상태로 되돌아갈 거야."

치히로는 카오나시에게 "내가 바라는 것을 사금으로 살 수 없다"고 말함으로써 카오나시의 허구적인 환상을 깬다. "고독과 외로움은 돈으로 해결할 수 없어." 그럼 궁금증이 일게 마련이다. 무엇으로 극복할 수 있는가?

여기에서 주목할 것은 목욕 여관에서 노동하는 사람들이다. 그들의 생활은 매우 인간적이다. 같이 일하고, 같이 먹고, 같이 잠자는 농경 시대의 공동체 모습, 현재와 다른 과거 일본 사회의 모습인데, 매우 일본적인 문화 기호들이 전면에 나와 있다. 이는 복원하고 싶어도 이제는 되돌릴 수 없는 전통의 공동체적 삶이다. 그런 사람들이 사금 앞에서 탐욕스럽게 변하는 것이다. 반면 마녀 유바바의 생활은 홀로 애완견 같은 아이를 키우는 개인주의적인 모습을 보여 준다.

치히로가 맨 처음 맡은 일은 모두가 피하는 '썩음의 신' 이라는 '강의 신'을 씻기는 일이었다. 자본주의 사회는 자신들의 영리와 이익을 위해서 재빠르게 행동하는 이들의 천국이다. 상대적으로 성실하고 힘없는 사람들이 온갖 궂은일을 다 하게 된다. 치히로는 썩은 내가 진동하는 강의 신을 씻긴다. 자본주의가 하나하나 내뱉은 썩음, 그 때문에 시커멓게 된 강의 신을 씻긴다. 그것은 성실한 이들, 묵묵히 자기의 일을 하는 사람들의 모습이다.

강의 신은 그러한 치히로의 행동에 보답이라도 하듯이 신비한 물질을 치히로에게 남긴다. 그 물질은 '진실'을 나타내는 기호이다. 그것을 조작된 욕망의 흉물로 변한 카오나시에게 먹여 본래 모습으로 되돌리는 장면을 볼 수 있다. 이것이 말하는 것은, 세상은 돈이 아니라 진실에 의해 움직인다는 것이다.

한편, 하쿠는 마술 수업을 위해 자진해서 마녀 유바바의 수하로 들어간다. 물론 마술은 자본주의 이데올로기의 주술성을 의미한다. 하쿠는 적극적으로 자본의 마술을 배우려는 캐릭터라는 측면에서 현대인의 자화상이다. 현대인은 자본주의에 전적으로 찬성하지 않지만, 그것에서 벗어나지 못한다. 하쿠 역시 제한된 선택에서 전복을 꿈꾸지만 벗어나지 못한다. 자본주의 이데올로기와 그것이 지배하는 구조는 자체의 이익을 위해서 그 속에서 욕망 충족을 꿈꾸는 이러한 현대인의 한계성을 활용한다. 유바바 역시 하쿠를 철저하게 이용한다.

한편, 유바바는 하쿠에게 언니인 제니바의 도장을 훔쳐 오도록 시킨다. 도장 훔치기는 서구의 또 다른 권위와 정신을 단순 도용하는 것을 말한다. 이는 일본 사회의 자본주의적 근대화가 기능적인 도용에 그쳤다는 것을 의미한다. 문화적 전통과 가치, 성찰은 서구의 모방과 도용 과정에서 사라진다. 도용은 예술가의 생명에 치명적이듯, 하쿠는 유바바의 버림을 받게 된다. 하쿠는 유바바에게 생명을 빼앗기지만, 치히로가 강의 신으로부터 받은 신비한 물질(진실)을 먹여 살려낸다.

마침내 치히로는 카마지이의 도움으로 마녀 유바바의 자매인 제니바에게 가게 된다. 도장을 주고, 하쿠의 생명을 보장 받기 위해서이다. 이제 목욕 여관 주변은 바다가 되었다. 자본주의의 철옹성인 일본은 바다로 둘러싸여 있다. 그것은 단절을 의미했다. 카마지이의 말대로, 땅을 버리고, 기차 타고 떠난 사람들은 돌아올 줄 모른다.

물이 가득 찬 들판 한가운데 기찻길, 승객들은 모두 유령이고 간이역들은 외로움과 고독의 바다 위에 떠 있다. 마침내 도착한 제니바의 집은 전형적인 마녀의 집이고, 서구 문화 자체이다.

치히로가 그 집을 찾아간 것은 서구에 대한 화해의 몸짓이다. 〈센과 치히로의 행방불명〉은 서구의 이성을 상징하는 제니바를 극단적으로 선하고 합리적인 존재로 설정한다. 그녀의 도움으로 유바바에게 잡힌 부모님을 구출할 방법을 찾게 된다. 이는 자본주의 사회의 모순을 그 안의 합리적 이성을 통해 해결하려는 의미로 읽힌다.

마침내 치히로는 공포의 공간에서 나온다. 하쿠는 언젠가 마녀에게서 벗어나겠다고 말한다. '언젠가' 라는 가능성은 희망이기도 하지만, 한없는 현 상태의 연장일 수도 있다. 하쿠는 그런 의미에서 현대 일본의 자화상인지 모른다. 제니바의 말대로 마법을 통해 이룬 것은 남는 게 없다. 의문은 맴돈다. 마법에 빠져 끊임없이 무엇인가를 이루고 있다고 생각하지만 이룬 것은 없고, 인간 본성을 잃어 가고만 있지 않은가. 〈센과 치히로의 행방불명〉은 일본의 정체성을 회복하고, 마녀 지배(근대 자본주의) 이전의 과거로 돌아가고 싶은 마음의 반영이다. 하지만 '봉합적 오리엔탈리즘'에 기대어 정체성을 역으로 확인시키기도 한다. 여기에서 '봉합적 오리엔탈리즘'은 동양인이 내적으로 수용한 오리엔탈리즘이다.

미야자키 하야오의 〈하울의 움직이는 성〉에서는 〈센과 치히로의 행방불명〉보다 일본적 문화 기호를 자제한다. 또한 민간에서 많이 전해 내려오는 요정이나 신, 귀신의 캐릭터를 덜 등장시켰다. 〈센과 치히로의 행방불명〉에서는 일본의 전통성을 문화 기호들을 통해 생생하게 재현했기 때문에 서구인들의 오리엔탈리즘을 자극하기에 충분했다. 〈하울의 움직이는 성〉에서는 산업 자본주의 시기에 환상적인 마법의 세계를 통해 현실을 벗어나고자 한다.

〈하울의 움직이는 성〉은 서구 문화 기호로 넘쳐 나지만, 여기서도 마법을 쓰는 할머니가 나온다. 〈센과 치히로의 행방불명〉에는 유바바와 제니바라는 쌍둥이 할머니 마법사가 등장한다. 특히, 유바바라는 막강한 할머니 마법사에게서 가족을 구하는 것이 작품의 주 내용이다. 〈하울의 움직이는 성〉도 결국 세상을 지배하려는 막강한 할머니 마법사에게서 벗어나는 이야기다.

〈하울의 움직이는 성〉에는 설리먼이라는 왕실 마법사가 등장한다. 이름 자체가 이미 영어식 표현이다. 이 마법사는 하울의 스승인데, 하울을 밑에 두고 그의 힘을 이용하려고 갖은 술책을 부린다. 그리고 황야의 마녀는 하울의 심장을 차지하려고 할 뿐 아니라 왕실의 인정을 받으려는 권력욕을 보여 준다.

황야의 마녀는 소피가 하울의 연인인 줄 알고 그녀를 90세 노인으로 만드는 저주를 씌운다. 결국 소피는 90세 노인이 되어 버린다. 이 노인들은 모두 젊음에 대한 집착이라든지, 노화에 대한 두려움을 보여 준다. 설리먼은 젊은 하울을 지배하고 이용하려는 욕망을 가지고 있고, 황야의 마녀는 하울의 젊고 힘이 넘치는 심장을 손에 넣으려 한다. 여기에 90세 노인으로 변한 소피는 그 노인의 틀에서 벗어나고자 한다. 〈하울의 움직이는 성〉은 마법의 판타지가 화려하게 전개되지만, 산업 시대의 전쟁 상황을 배경으로 하고 있다. 이는 과학과 이성이 지배하는 척박한 산업 시대로 들어서면서 사람들이 판타지와 신화, 상상력과 꿈을 잃어버린 것을 거꾸로 지적하고 있다. 산업 자본주의는 그 팽창의 한계에 이르러 내적 확장을 위해 전쟁을 일으킨다. 따라서 하울이 전쟁에 대항해 싸우는 것은 이러한 사회적 배경에 대한 대항으로 볼 수도 있다. 또한 산업 자본주의는 생산성, 효율성이라는 이름으로 끊임없이 많은 이들을 소외시킨다.

이 때문에 산업 사회에서 노인들은 쓸모없는 존재가 된다. 상품 생산에서 효율성과 생산성이 떨어지고, 과거의 지식보다 새로운 지식이 각광을 받기 때문이다. 노인의 지식과 경험은 구닥다리일 뿐이었다. 반면, 산업 사회 이전의 농경 사회에서 중요한 것은 연장자들이었다. 노인들은 평생의 경험과 노하우를 가지고 있었기 때문에 마을에서 존경을 받고 사회적인 대접을 받을 수 있었다. 그들의 삶의 통찰과 지혜는 일관되게 유효했다. 그러나 산업화 사회에서는 철저하게 육체적 노동력과 생산력에 따라서 평가가 이루어진다. 따라서 많은 것을 생산하지 못하는 노인들은 폐기의 대상이 된다.

물론 노인이 생산력이 없는 것은 아니다. 에릭 에릭슨은 『정체성』에서 자아 통합력이 높은 연장자일수록 생산력은 높아진다고 했다. 자아 통합력은 단순히 육체적 생산성이 아니라 총체적 생산성을 말한다.

그러나 현실의 산업 사회에서 노인이 된다는 것은 두려운 일이다. 특히, 황야의 마녀가 이를 극명하게 보여 준다. 사람들은 그녀를 강력한 마력을 지닌 존재로 생각했지만, 본질은 나약한 응석받이 노인이었다. 에리히 프롬의 말대로, 힘이 없을수록 강력한 힘을 원한다. 그렇기 때문에 노인이 될수록 강력한 힘을 갖기를 원하게 된다. 황야의 마녀가 하울의 심장을 잡고는 절대 놓지 않고 떼를 쓰는 것은 이러한 이중성을 잘 보여 준다. 강력한 힘을 추구한다는 면에서 마법과 산업 자본주의는 닮았다.

산업 자본주의의 필연인 군산복합체는 끊임없이 전쟁을 일으킨다. 왕실 마법사 설리먼은 마법으로 전쟁을 이기기 위해 하울을 이용하려 했다. 그 마법이 없다면 설리먼은 단지 노인에 불과하다.

결국 〈하울의 움직이는 성〉은 하울과 소피의 사랑으로 끝난다. 〈센과 치히로의 행방불명〉은 가족을 마법에서 구해 내는 것으로 끝나지만, 〈하울의 움직이는 성〉은 연인 간의 사랑이 결말이다. 〈센과 치히로의 행방불명〉에서는 '진실'이, 〈하울의 움직이는 성〉에서는 '사랑'이 문화 기호들의 종착점이다. 그것이 서구적 문화 기호이든, 일본적 문화 기호이든, 사랑이든, 진실이든, 우리는 어떠한 상태로 돌아가야 한다. 불행하게도 이러한 대안으로 가는 노정이 오히려 퇴행적인 것은 아닌지 우려스럽다.

〈폼포코 너구리 대작전平成狸合戰ぽんぽこ〉(1994)은 현대 사회에서 자연의 복원을 강조한다. 너구리들이 변장술과 요괴 작전으로 사람들을 물리친다는 설정에 따라, 전통 공연 예술, 세시 풍속, 각종 요괴와 귀신, 전통 의상과 춤 등을 전면에 등장시키고 있다. 이는 과거에 대한 향수를 불러일으키는데, 과거 농경 시대를 재현하는 호소력을 지니기 때문이다.

결말 부분에서 너구리들은 힘을 모아 마법의 힘으로 다시 한 번 옛날 모습을 복원한다. 그 공간은 완전히 자연만 존재하는 곳이 아니라 농촌 풍경과 함께 야생 동물들이 공생하는 공간이다. 이는 작품의 첫머리에서 너구리들이 사람들 주위에 있는 것은 곡식을 망치기 위해서가 아니라 집쥐같이 악영향을 끼치는 동식물을 잡아먹기 위해서라는 말에서 이미 암시되었다. 완전한 자연 보호가 아니라 적절한 경작, 인간의 도구 문화와 자연의 공존 공생의 조화이다. 초가지붕에 구렁이가 많이 사는 것도 인간과 자연의 조화를 의미한다.

이런 말에 아무런 감흥을 느끼지 못할 수도 있다. 인구의

70% 이상이 이미 도시에서 살고 있다. 이제 사람들은 대개 도시에서 태어나 도시에서 성장하고 그곳에서 삶을 꾸려 간다. 자연의 시원성의 회복은 흥미의 대상이 되지 못할 수 있다.

이제 농경 사회의 공동체 생활에 대한 기억은 영화의 이미지 속에만 존재하는지 모른다. 이때 단지 환경의 중요성을 알리는 교훈 깊은 애니메이션은 곧 식상함을 준다. 반면, 실제 풍경과 향기, 공동체 문화의 훈훈함, 동식물과의 교감을 몸으로 느낀 사람이라면 너구리들이 왜 그렇게 마지막 힘까지 쏟아내며 과거의 모습을 복원하려고 했는지 몸과 마음으로 이해할 수 있다. 그 너구리들의 눈물은 사람의 눈물이 된다. 그들은 도시화에 저항하고 거부하다가 어쩔 수 없이 밀려 나거나, 그것을 수용해야 했지만, 마음 한쪽에서는 항상 고향을 그리워한다. 도시 개발에 저항하던 수많은 너구리들이 도시의 햄버거, 도넛, 튀김 그리고 텔레비전에 길들여지고 순응해 갔듯이, 도시화의 물결에 저항하던 사람들도 대부분 이미 도시 속에 포섭되거나 함몰되어 있다. 그러면서도 한쪽에서는 여전히 그리움을 안고 산다. 너구리와 사람은 별개가 아니라 하나이다. 어쩌면 너구리들의 분투기는 아직도 계속되고 있는 공동체와 자연을 그리는 이들의 끝없는 분투기인지도 모른다. 그러나 이러한 너구리들의 소원은 인간의 소망이지만, 자연과 인간, 산업-파괴와 생명의 근원적인 화해는 되지 못한다.

〈원령 공주〉는 아이누 신화, 원령 사상, 북방계 신화(시베리아 샤머니즘)의 세 가지 신화적 세계 속에서 인간과 자연, 파괴와 생명의 근원적인 합일을 추구한다. 여러 신화가 짬뽕되어 있듯이, 고대 일본으로 보이는 가상의 공간에 근대적 복합 문화 기호들인 의상, 무기, 기계, 주택이 융합되어 등장한다. 일부러 일본의 문화 기호들을 전면에 배치하지는 않는데, 공간 자체가 일본 고대 사회를 전제로 했기 때문이다. 보는 이들에게 그것이 일본적 문화 기호인지조차 가늠하지 못하게 할 만큼 복합적이며 교묘하다. 단적으로 근대인지 고대인지 구분이 안 되는 복장, 기계와 무기들에서 이를 알 수 있다. 한편으로 이는 아날로그적인 방식으로 인간과 기계의 화해를 지향했고, 이에 덧붙여 생명에 대한 근원적인 성찰과 합일로 나가고자 했다.

이런 회귀의 성찰을 볼 때, 〈센과 치히로의 행방불명〉이나 〈하울의 움직이는 성〉은 산업 사회를 거부할 수 없었다. 기껏해야 각박한 자본주의 사회에서 판타지를 통해 산업화와 근대화의 모순을 잠시 잊으려는 것으로 보인다. 흥행이나 수상을 노리는 의도적 제작 동기는 〈폼포코 너구리〉처럼 어쩔 수 없이 자본주의 사회의 상품 시장에 적응하여야 하는 역설적인 현실을 드러낸다. 대중적인 상품성이나 수상의 요건은 되었는지 모르겠지만, 〈센과 치히로의 행방불명〉에서 보이는 문화 기호적 정체성은 〈하울의 움직이는 성〉을 지나면서 〈원령 공주〉의 성찰적 모습에서 점점 멀어지고 있는 것처럼 보인다.

조폭을 원하고, 조폭을 움직이는 심리

조폭 영화와 드라마를 원하는 심리

영화 〈친구〉(2001) 이후 봇물 터지듯이 제작된 한국의 조폭 영화와 TV 드라마를 할리우드 마피아 영화와 일본 야쿠자 영화를 적당히 버무린, 그들의 아류라고 보는 견해가 있다. 그것이 사실이라고 해도 조폭 영화에는 나름대로 대중의 심리가 담겨 있다. 영화에서 조폭 코드는 화끈한 액션 차원의 볼거리를 제공하는데, 그 핵심적인 특성은 우선 제도적인 질서와 권위의 전복에 있다. 또한 복잡한 법적 과정이나 장기간의 해결 과정보다는 단순 명쾌한 해결 방법이 우선 선택된다. 그것은 주먹이고 폭력이다. 배우들의 통쾌한 액션을 통한 해법이 쾌감을 주는 이유가 여기에 있다. 현실에서 이루지 못하는 대중들의 욕구를 대리 충족시켜 준다. 전망이 불투명하고, 절차가 복잡할수록 단순 명쾌한 주먹 해결법은 대중문화 속에서 각광을 받는다.

물론 조폭 영화에는 수직적 질서와 권력 계보뿐만 아니라 그들의 무식과 무지도 어김없이 등장한다. 사람은 누구나 자신보다 못한 사람을 보면 편안한 감정을 느끼고, 심리적 안정 속에서 웃음을 터트린다. 개그 프로그램의 바보스런 행동들이 웃기는 것도 마찬가지다. 물론 개그맨들이 바보 흉내를 내기 위해서는 고도의 계산이 필요하다. 이 때문에 진짜 바보는 남을 그렇게 웃길 수 없다.

이러한 조폭의 무식을 드러내 주는 단골 소재가 바로 영어이다. 〈가문의 위기 2〉에서 델몬트와 선키스트 같은 영어 단어를 선보였듯이, 〈투사부일체〉에서도 이런 '착오' 방식은 어김없다. '패스포트'를 양주 이름으로, 비행기의 영어 철자를 KAL로 표현하는가 하면, 인터넷 커뮤니티 '싸이…'를 가수 '싸이'로 바꾸어 버린다.

다만, 질서와 권위의 전복이라는 조폭 코드를 생각할 때, 〈투사부일체〉에서 두목 김상중의 이중성은 나름대로 의미가 있다. 계두식(정준호)은 형님 오상중(김상중)의 강권으로 대학에 들어가고, 마침내 교생 실습에 나서게 된다. 오상중은 밤에는 계두식의 두목이지만, 낮에는 고교 졸업장을 따야 하는 낙제 복학생이다. 그리고 공교롭게도 그는 교생 계두식이 맡은 반의 학생이다. 부하가 두목을 욕하고 처벌하는 상황 설정은 권력 관계의 뒤바뀜이 주는 카타르시스와 웃음을 불러일으킨다.

조폭이 대중적으로 각광을 받는 것은 조직의 위계질서를 통한 심리적 충족감 때문이다. 요컨대, 조폭의 원칙은 간단하다. 자신보다 강한 자에게 복종하고, 복종하는 자 위에서 군림

한다. 강한 세력에 속해 있다면 그 권력 속에서 돈과 명예 그리고 여자까지도 얼마든지 취할 수 있다는 사실이 전제된다. 마초이즘을 부추긴다는 비판도 충분히 받을 수 있다. 다만, 복잡한 계산이나 전략에 관계없이 신뢰와 의리가 세상을 헤쳐 나가는 유일한 방편이다. 이를 통해 누군가의 보호를 받고, 누군가를 끝까지 보호해 준다. 하지만 현실은 그렇지 않기에 의리와 충성심, 신뢰를 대리 충족하고자 하는 심리가 대중들 속에 존재한다. 적어도 충성스런 부하나 보스의 인간적인 신뢰가 있는 공동체로 회귀하고 싶어 하는 대중의 심리를 읽을 수 있다. 현실의 직장이나 살벌한 경쟁 사회에서는 언제 배신할지 모르는 살벌한 진풍경이 벌어지기 때문이다.

그리고 대중들은 조폭을 통해 야망과 도전, 성공, 그리고 카리스마를 대리 충족한다. 다만, 한국 조폭 영화나 드라마의 결말은 대개 주인공들이 법에 의해 최후를 맞이하는 것으로 끝난다. 인간적 고뇌와 참회에 맡기는 할리우드 영화 〈대부〉와는 다르다.

조폭을 구성하고 움직이는 심리

여기에서는 실제 사례를 통해 조폭의 생리를 살펴보자. 조폭이 어떻게 그 조직 심리를 가지고 형성 유지되는지 일진회를 예로 살펴보자. 일진회는 누가 뭐래도 조폭의 시작점이기 때문이다.

학교 폭력의 심각성과 이에 대한 대응 방안을 다루는 각종 방송 언론 등은 단순 현상이나 결과에 대해서만 논의하는 경향이 있다. 학교 폭력을 다룬 영화나 드라마들도 폭력이 끊임없이 재생산되는 순환 고리에 대해서는 무관심하다.

학교 폭력에는 여러 가지 유형이 있다. 학생들 간의 개인 문제에서 왕따 문제, 여기에 학생에 대한 교사의 폭력도 포함된다. 근래에 도드라진 것은 집단 조직화를 통한 폭력 행사이다. 무엇보다 이러한 조직의 학교 간 연계가 심한 공포감을 주고 있다.

미디어나 방송은 이 조직적인 폭력이 어떻게 형성되고, 유지되는지에 대해서는 분석하지 않는 경향이 있다. 그렇기 때문에 대응하는 방법에도 같은 오류가 반복된다. 정책 당국은 일선 학교에서 폭력 건수를 잘 줄이면 인센티브 제도를 실시하겠다고 한 바 있다. 인센티브 제도가 효과를 볼 곳은 학교가 아닐 것이다.

한편, 법무부는 학교 폭력 보호관찰 대상자들을 교화한다면서 병영 체험을 도입하겠다고 밝혔다. '무슨 삼청교육대냐?'는 비판이 제기될 수밖에 없어 보인다. 경찰청에서는 학교 경찰제, 이른바 스쿨 폴리스 제도를 실시하겠다고 밝혔다. 이에 경찰이 학교에 개입하면 인권 침해나 교권 침해 등 교육의 자율성을 해친다는 지적도 제기되었다.

이렇게 법무부와 경찰의 외부 강제력에 대해서 반대하는 쪽에서는 학교 주체들의 자율성을 중요하게 여긴다. 더욱이 일진회 파장은 법무부나 경찰의 개입을 위해 과장한 것이라는 주장도 나오고 있다. 예를 들면, 학교 경찰제 실시를 위해 일진회

규모를 부풀렸다는 것이다. 일부에서는 외부 강제력은 부작용이 많으니, 학교 주체들을 중심으로 해결해야 한다고 말한다. 한편에서는 전문 상담 교사나 인성 교육을 강화하면 된다고 주장한다. 그러나 이에 대해서 의문을 제기하는 사람들은 그동안 학교 내의 힘만으로는 돌이킬 수 없는 지경에 이르렀다고 한다. 이들은 현재에도 수많은 학생들이 고통 받고 있는 현실을 생각한다면, 외부 강제력이라도 받아들여서 종합적으로 접근하는 것이 필요하다고 한다. 2005년 3월 24일 MBC 〈100분 토론〉에서 다룬 "학교 경찰제 필요한가"는 이러한 결론으로 의견이 모아졌다. 시청자들의 의견은 학교 경찰제에 전적으로 찬성한다는 쪽이었다. 이 토론회에서도 학교 폭력을 조직적으로 재생산하는 이들의 심리적 연결 고리는 간과되고, 외부 개입에 의한 대처 방안에 무게가 실렸다.

어떤 이들은 입시 교육이 엉망이기 때문에 그것을 고치면 된다고 주장한다. 일부에서는 일본 만화나 폭력 영화의 영향을 받아서 일어난 것이라고 한다. 따라서 미디어나 대중문화에 대한 규제를 강화해야 한다고 주장한다. 한편 당장에 폭력 범법 행위자나 잠재적 가해자들을 색출하면 된다는 이야기도 한다. 단기적인 대증요법이냐, 장기적인 대책이냐를 두고 논란을 벌이는 와중에 두 개를 절충해야 한다는 절충론자도 보인다. 이러한 논의들은 방송이나 미디어 매체가 그대로 재생산하는 논지다.

그러나 이러한 노력들이 폭력 조직들을 막을 수 있을지 의문이다. 단순히 잘라내고 솎아낸다고 효과가 있을지도 의문이지만, 폭력 조직의 형성과 유지의 순환 구조를 보지 못하면, 학

부모, 교사, 경찰이 연계한다고 해도 효과를 보지 못한다는 것을 우리는 잘 알고 있기 때문이다.

일진회 같은 조직이 어떻게 형성되고 유지되는지 그 정신적, 심리적 연결고리에 초점을 맞춰 살펴보는 것이 중요하다. 일진회 같은 폭력 조직은 끊임없이 대물림된다. 키포인트는 이 대물림 고리를 끊는 것이다. 그런데 대물림을 받고자 하는 이들이 끊임없이 몰려든다. 이는 강제적인 것이 아니라 자발적인 것이다. 왜 학생들이 끊임없이 모여드는가? 분명 무엇인가 있기 때문이다.

2004년 8월 7일 SBS 〈그것이 알고 싶다〉는 "학교 폭력 서클 '일진회'" 편을 방송했다. 이 프로그램은 일진회 가입식에서 맞아 죽은 학생을 거꾸로 추적해 갔다. 이 학생은 선배가 때리는 것을 그냥 맞고만 있다가 죽었다. 왜 저항하지 않고 맞기만 하다가 죽어 갔을까? 더구나 제작진들은 실제 일진회 회원들이 선배에게서 맞는 것을 기뻐하는 모습을 보이기도 해 충격적이었다고 했다. 왜 이러한 행동이 나오는지 놀랄 수밖에 없다.

프로그램은 청소년들이 폭력에 대해서 무감각해졌기 때문에 맞다가 죽었다고 정리했다. 이러한 정리에 동감하는 어른들은 아이들이 폭력에 무감각해졌으니, 무감각해지지 않도록 해주려고 할 것이다. 이렇게 철없이 폭력에 무감각한 아이들을 훈육하면 된다는 게 청소년 선도의 현실적 한계이다.

왜 이들은 맞으면서도 좋아하고, 맞다가 죽을지도 모르는데 가만히 있는가? 이 프로그램의 인터뷰를 보면 알 수 있다. 그냥 맞는 이유는 두 가지다. 우선 그들은 '최고 짱'인 선배에게 맞는 것 자체가 영광이라고 생각한다. 즉, 힘 있는 최고 실력자에게 자신이 주목받고 있고, 그의 손길이 닿고 있다는 것, 그 자체가 자신의 위치를 격상시킨다고 생각한다. 영웅의 손길이 보잘것없는 자신에게 닿고 있다는 심리인 것이다. 그래서 시키면 다 하려는 무조건의 복종 심리가 생긴다. 또 하나는 일정한 단계를 거치게 되면, 나도 저 선배들처럼 위에서 실력자로 군림할 수 있기 때문에 견디는 것이다. '빵'을 뜯기거나 가혹하게 당하더라도 조금 있으면 자신이 그러한 위치에 오른다는 기대 심리가 작용하는 탓이다. 이 때문에 스스로 그들의 명령에 충실하게 된다. 이러한 과정에서 폭력은 끊임없이 재생산된다.

일진회와 사도 마조히즘

이러한 심리는 정신분석학에서 말하는 전형적인 사도 마조히즘sado-masochism이다. 흔히 사도 마조히즘 하면 프로이트가 성적 쾌락에서 말하는 사도 마조히즘을 생각하지만, 그것은 사회적 관계 속에서도 나타난다.

아도르노는 '히틀러의 정신분석' 연구를 통해 권위 지향적 인간형은 이러한 병리를 가지고 있다고 말했다. 힘의 추구가 사회적으로 엄청난 파괴성을 만들어 낸다는 것이다. 이는 많은 영화나 드라마, 제도적 수단을 모색하는 이들이 자주 보이는 성향이다. 이는 악성은 따로 있다는 시각이다. 그러나 이런 권위주의적인 사도 마조히즘 인간형은 멀리 있는 것이 아니다. 에리히 프롬은 『자유로부터의 도피』에서 좀 더 세밀하게 그 연결고리들을 분석했다. 우선 전제는 가학성-피가학성이 한 몸이라는 것이다. 그것은 따로 분리되어 있는 것이 아니며, 우리들 누구에게나 존재한다고 밝혔다.

사도 마조히즘은 열등한 존재가 우월한 존재를 통해 자신을 충족하고자 하는 심리라고 분석했다. 그래서 이런 심리에 있는 사람은 강한 존재를 경외하고 그와 동일시하면서 열등한 현실의 자신에게서 벗어나려고 한다. 따라서 순순히 가학적 공격을 받아들인다. 우월한 대상과 연결되어 있다는 생각에 흥분한다. 또한 이들은 다른 이들을 가학한다. 가학을 통해 우월함을 맛보기 때문이다. 이렇게 사디즘과 마조히즘의 성격이 동시에 존재하는 것이다. 따라서 강한 존재에게는 한없이 복종적이지만, 약한 존재에게는 한없이 강한 모습을 보인다. 이러한 경향은 자신이 열등하고 힘이 없다고 생각하는 사람일수록 더 강해진다.

프로이트는 다른 이들에게 고통을 주는 사람들을 주목하고, 피가학성(마조히즘)보다 가학성(사디즘)이 먼저라고 생각했다. 그런데 한 가지 의문이 생긴다. 고통이 괴로운 것이라는 사실을 알지 못한다면, 어떻게 다른 이들에게 고통으로 괴로움을 줄 수 있겠는가? 즉, 다른 사람에게 고통을 주는 사람은 고통을 아는 사람이고, 다른 이들을 폭력으로 괴롭히는 이들은 폭력을 당해 본 이들이다. 이런 이들은 힘이 없다고 생각할수록 더욱 가학적 수단에 대해 갈망한다.

이유 중 하나는 자신이 무가치하다고 생각하기 때문이다. 이는 일진회나 폭력 조직의 구성원들 상당수에게 동일하게 적용된다. 존 먼더 로스는 『사도 마조히즘』의 "자아 인정과 자학"

에서 이러한 논의를 더 확장시켰다.

우선 왜 그들은 무가치하고 열등하다고 생각할까? 사도 마조히스트들은 어렸을 때부터 자아를 인정받지 못했을 가능성이 많다. 주변 사람들로부터 항상 가치 없는 존재라고 공격받았다. 그러한 인식은 어느새 자신에 대한 평가로 굳어지고, 자신이 자신을 자학하고, 그 자학이 쌓여 공격적 성향을 보이는 사람이 된다.

폭력 조직에 가입해 활동하는 이들은 대개 문제 학생으로 여겨지는 이들이다. 그리고 학교나 사회에서 가치 없다고 배제된다. 이렇다면, 우리 자신이 공범인지 모른다. 일진회의 구성원이 반드시 문제 학생이며, 비정상적인 생활을 하는 이들만은 아니다. 얌전하고 공부도 잘하는 이들도 있다. 중요한 것은 이들이 자신을 어떻게 생각하고 있는가 하는 점이다. 어린 시절부터 자신은 가치가 없다고 생각하는 이들, 그러한 인정과 평가를 받지 못하는 이들일수록 인정받는, 우월한 자신을 열망한다. 거꾸로 공부는 잘 하지만 물리적인 힘이 없다고 여기면, 힘센 조직에 가입할 수 있다. 얌전한 성격이 불만인 이들은 거친 조직활동을 통해 열등성을 회복하려고 한다. 사람을 성적으로만 평가할 때, 학교 성적이 뒤떨어지는 아이는 자신이 우월할 수 있는 다른 수단을 찾는다. 운동을 통해 찾을 수도 있지만, 폭력적인 수단을 선택할 경우 폭력 조직원이 된다.

이렇게 자신에 대한 확신과 자아감이 없을수록 외부의 조직이나 사물, 우월한 이를 통해 그것을 충족하고자 한다. 우월한 이를 통해 자아 충족을 하려고 그들에게 무조건 복종한다.

이는 비단 남학생들뿐만이 아니다. 여학생들에게도 얼마든지 나타난다.

> 여학생 일진과 관련해 김 교사는 "여학생들은 남자 일진들을 유혹, 성관계를 가진 뒤 이들의 위세를 빌려 자신의 학교를 장악한다"면서 "이들의 성행위는 주로 노래방 등 밀폐된 공간에서 이루어진다"고 주장했다(『한국일보』, 2005년 3월 24일).

성과 폭력에 몸을 맡겨 버리는 것은 자기 파괴의 종착이고, 자신의 가치를 그것에서 찾으려는 자학의 극단화이기도 하다. 넘지 말아야 할 마지막 선까지 넘어가며 우월한 존재를 통해 열등한 자신으로부터 벗어나려고 한다. 사회에서 배제된 이들이 폭력이나 성을 수단화하면서까지 자신의 가치를 찾으려는 것은 이 때문이다.

일진회 같은 조직은 철저하게 사도 마조히즘을 이용한다. 세르주 모스코비치가 『군중의 시대』에서 말하듯이, 이러한 사도 마조히즘은 단순히 우월한 자-열등한 자라는 관계에서만 일어나는 것은 아니다. 일정한 무리를 이루게 되면, 사도 마조히즘의 증가 현상이 일어나기 때문이다. 그렇기 때문에 일진회라는 무리를 통해 그러한 심리가 증폭되고 확대 재생산된다. 이는 폭력배들을 아무리 잡아내도 폭력이 재생산되는 조직 심리와 연결되어 있다.

영화 〈말죽거리 잔혹사〉는 선도부와 학교라는 제도적 폭력에 대항하는 주인공이 힘을 갈구하는 심리를 보여 준다. 힘에 대한 숭배, 이는 아도르노가 말한 권위 지향적 인간형의 성격에 가깝다. 과거에는 이러한 외부 기제나 대상에 대응해 힘을 추구하는 행태였다면, 이제는 자발적인 사도 마조히즘이 일반화되어 있다. 그것은 자아 존중감을 사라지게 한다. 또한 그런 가운데 발생한다. 극단적 자학 폭력에 대한 순응이다.

한편, 자신을 건드리는 이들에게 보복을 하기도 한다. 자신을 비판하는 이들에게서 도망하는 것이 아니라 공격한다. 이는 자신을 제대로 인정하고 평가하지 않는 가정, 학교, 사회에 대한 저항이라는 이름으로 합리화된다. 마치, 부당한 사회 체제에 대항하는 의적이나 게릴라라는 착각을 심어 준다. 그러면서 폭력을 정당화하고, 다른 무고한 학생에 대한 가학을 옳다고 생각한다. 특히 학교에서 인정하는 모범생들이 타깃이 된다. 그들은 자신을 무시한 학교와 사회를 동일시한다. 그들은 사회와 학교에서 인정받는 이들도 똑같이 취급한다. 학교에서 인정받는 모범생은 분노의 대상이 된다. 이러한 점은 다시 사회로 확장, 적용된다. 사회에서 인정받는 존재들, 존경받거나 부유한 이들에게 분노감을 갖는다. 그래서 부유한 사람들의 재산 절도를 정당한 것으로 생각한다. 자신들을 쫓는 경찰들도 분노의 대상이 된다. 자신을 무시하고 내쳐 버린 사람, 조직, 사회와 연관되어 있는 것들은 모두 폭력의 대상이 될 수 있다.

눈여겨보아야 할 문제는 여기에서 도드라진다. 사도 마조히즘의 증가는, 새로운 세대나 젊은이들의 자아의식은 높아졌는데, 이러한 자아의식에 대한 인정은 없다는 것을 의미한다. 그것은 사회뿐만 아니라 가정에서 이루어지는 교육이나 인간

관계가 이러한 자아의식을 따라가지 못하고 있기 때문이다.

학교나 가정에서 인정받지 못하면 자학하게 되고, 그것은 곧 쉽게 다른 이들이나 대상에 대한 폭력으로 이어진다. 자신을 무가치하다고 생각하는 단계를 넘어, 이제는 "어차피 이렇게 된 마당에" 하는 자포자기의 단계로 넘어간다. 그리고 극단적인 행동으로 이어진다. 상처를 많이 받은 이러한 배제자들은 무리를 이루고, 그 무리를 통해 자신을 찾으려고 하고, 현실에서 갖지 못한 힘을 얻으려고 한다.

그 무리가 일진회 같은 조직이다. 그러한 조직에 있으면, 인정받고 힘을 행사할 수 있으며, 다른 이들에게 영향력을 미칠 수 있는 존재가 된다. 특히 학교나 사회에서 인정받는 모범생, 공부 잘하는 이들에 대해서 분노와 폭력을 행사하면서 카타르시스를 느끼기도 한다. 자신을 무가치하게 만드는 대상들에 대한 일종의 보복인 셈이다. 그러나 그것이 또 다른 상처받은 자를 양산한다는 사실은 무시한다.

과연 우월한 사람일까? 그들의 우월감은 곧 허상임이 드러난다. 실제 자신은 여전히 초라하다는 것을 숨길 수 없기 때문이다. 그런데 다른 수단은 없어 보인다. 따라서 끊임없는 힘의 추구가 계속된다. 초등학교에서 중학교, 중학교에서 고등학교 그리고 대학, 사회로 이어진다. 결국 남는 것은 황폐화된 자신이라는 것을 너무 늦게 안다. 더구나 수많은 이들의 상처가 더 커진 뒤에 말이다. 상처는 더 많은 상처를 양산하니 아찔해질 수밖에 없다.

따라서 폭력은 단순히 그것이 나쁘다거나 범죄라고 훈육,

교화, 교육을 시킨다고 해결될 문제가 아니다. 프로이트가 지적했듯이, 폭력을 행사하는 이들은 폭력을 경험한 이들이고, 남에게 상처를 주는 이들은 상처를 받아 보아서 고통의 쓰라림이 무엇인지 아는 이들이다. 정작 상처를 받고 고통스러워할 때 아무도 없었기 때문에 자학적 폭력인 사도 마조히즘을 강화하게 된 것이다. 특히 이러한 사도 마조히즘을 인식하지 못하면, 피해자인 것으로만 여겨지던 학생이 어느 순간 가해자가 되는 고리를 보지 못한다. 그리고 이 피가해자는 다시 가해자를 낳는다. 이는 악순환이다.

그것은 경찰의 개입이나 훈육, 색출, 처벌, 병영 집체 같은 외부 수단을 동원해도 해결되는 문제가 아니다. 오히려 그것은 더 큰 사도 마조히즘을 불러올 수 있다. 지금은 제도적 수단뿐 아니라 그 속의 심리적 대처 방안을 어떻게 세울 것인가를 고민해야 한다.

사람의 특기, 소질, 가치관, 생각과 취향 그리고 꿈을 소중한 것으로 인정하는 것, 그래서 자신이 가치 있는 사람이라고 생각하게 만드는 종합적인 사회 시스템의 디자인이 중요하다. 상처받고 소외시키는 관계들이 끊임없이 일진회 같은 자학적 폭력 조직과 사도 마조히즘을 양산하게 만든다. 사회 구조가 복잡하고 빠르게 변할수록 사람들은 자신이 무가치하다고 생각한다. 그리고 자기 주도적이고 소외되지 않은 삶을 꿈꾼다. 조폭과 관련된 많은 영화와 드라마가 권위와 힘에 대한 인간의 맹종과 결핍 심리를 과연 얼마나 반영하고 있는지 다시 한 번 더 생각해 보게 된다.

대중문화 흥행의 핵, 팩션을 움직이는 힘

『조선왕조실록』 연산군 11년 12월 29일 기록을 보면, 우인優人(재인才人) 공길이 "임금은 임금다워야 하고 신하는 신하다워야 한다"는 논어 자구를 인용하여 연산에게 간언한다. 연산은 그 말이 불경하다 하여 공길을 곤장 쳐 유배를 보낸다. 이 한 줄의 기록에서 화제의 연극 〈이爾〉는 탄생했고, 한국 영화사의 흥행 기록을 갈아치운 영화 〈왕의 남자〉가 만들어졌다. 바로 팩션의 예다. 2005년에 이어 2006년에도 팩션 열풍이 대중문화에 거셌다.

팩션faction은 쉽게 말해 사실에 상상력을 덧붙인, 말 그대로 풀자면 팩트fact와 픽션fiction의 합성어이다. 역사적 사실이나 실존 인물의 이야기에 작가의 상상력을 덧붙여 새로운 영상이나 이야기를 재창조하는 문화 예술 장르를 말한다. 국립국어원 지적대로, 우리말로 '각색 실화'이다. 다만, 사실에 비해서 상상적 재구성이 매우 큰 비중을 차지하는 장르이다.

처음에는 기사 작성법에서 비롯되었다

1960년대 미국 언론계에서 독자들의 눈길을 끌기 위해 개발한 새로운 기사 작성법을 작가들이 빌려오기 시작했다. 그것은 역추적 방식의 기사 작성법이었다. 1960년대 미국 작가 트루먼 캐포티Truman Capote가 쓴 소설 『냉혈*In Cold Blood*』(1965)이 시초이다. 당시 초판 10만 부가 삽시간에 팔렸다. 이 특이한 소설은 1959년 11월 15일 캔자스 주에서 실제로 일어난, 두 명의 살인범이 저지른 냉혹한 일가족(4인) 살인 사건의 진상을 파헤치는 내용이다. 물론 허구적 상상력이 대폭 가미되었고, 여기에 역추적 방식, 스릴러와 미스터리 방식을 덧붙여 오늘날 대중적인 팩션의 원형을 보였다.

사실에 주관과 상상력을 섞은 팩션은 독자를 겨냥한 새로운 소설 양식이었다. 사실을 얼개로 하되 다양한 지식과 상상력을 담아낸 작품은 역사인지 소설인지, 진실인지 허구인지 모호하게 만들었는데, 그것이 오히려 흥미를 더해 주었다. 도대체 진짜인지 아닌지, 그에 관한 궁금증과 그에 따른 집중을 낳았던 것이다. 꿈인지 현실인지 분간이 안 되는 상황은 혼란스럽고, 때에 따라서는 두렵기도 하지만, 흥미를 낳기도 한다. "팩션은 지식이란 쓴 약에 문학이란 당의정을 입힌 것"이라는 표현도 있다. '지식 소설'이라는 용어보다 팩션의 성격을 훨씬 잘 드러내는 표현이다.

한국에서 팩션이 대규모 문화 현상의 하나로 인식될 수 있었던 것은 2003년 3월 미국에서 출간된 뒤 세계적인 베스트셀러가 된 댄 브라운의 소설 『다빈치 코드 *The Da Vinci Code*』가 우리나라에서도 큰 성공을 거두면서부터다. 예수와 막달라 마리아의 결혼을 소재로 한 『다빈치 코드』는 국내에서만 260만 부가 팔렸다. 미국에서는 138주 동안 베스트셀러 10위에 들었다. 19세기 중반 미국 학계에서 『신곡』의 번역을 두고 벌어지는 갈등을 다룬 『단테클럽』이나 실재하는 중세 고문서의 해석 과정에서 일어난 살인 사건을 풀어가는 『4의 규칙』도 팩션 소설의 대명사다. 다만, 대중적으로 크게 성공한 팩션 소설의 원조는 움베르트 에코의 『장미의 이름』이라는 데에는 의견이 일치한다. 이 작품들은 모두 추리 기법을 사용하고 있다. 하지만 반드시 추리 기법을 사용해야만 팩션이 되는 것은 아니다.

처음에는 소설 쓰기의 한 기법으로 사용되었지만, 이제 영화, 텔레비전 드라마, 연극 등으로도 확대되었고, 대중문화계 전체에 큰 영향을 미치고 있다. 흥행을 하려면 팩션을 수용해야 할 정도가 되었다.

영화를 대략 두 유형으로 나누어 보면, 하나는 역사적인 사실이나 사건 또는 역사적인 인물에 기반을 두는 것이다. 2003년에 개봉된 영화 〈황산벌〉과 〈실미도〉, 2005년에 개봉된 10.26 배경의 〈그때 그 사람들〉, 〈바람의 파이터〉, 〈역도산〉 등이 팩션 형식의 작품들이다. 또한 2005년 말에 개봉된 영화 〈청연〉, 〈왕의 남자〉도 꼽을 수 있다.

다른 하나는 가까운 시기에 일어난 실제 이야기나 실존 인물에 기반을 두는 유형이다. 이 유형은 뛰어난 위인이나 의미 있는 역사적 사실, 사건보다는 대개 감동적인 실화나 화제가 되었던 사건에 주목한다. 2005년 〈너는 내 운명〉, 탈옥수 지강헌의 이야기를 바탕으로 한 〈홀리데이〉 같은 작품이 대표적이다. 할리우드 영화 가운데에는 2006년에 나온 스티븐 스필버그의 〈뮌헨〉을 들 수 있다. 1972년 뮌헨 올림픽 기간 중 팔레스타인의 무장 조직인 '검은 구월단'이 이스라엘 선수단 11명을 살해한 사건을 바탕으로 했다.

국내 텔레비전 드라마에서 팩션 현상은 주로 역사적 사실에 기반을 두고 있다. 여기에도 두 가지 유형이 있는데, 하나는 매우 적은 사료를 바탕으로 해서 매우 많은 상상력이 개입되는 경우와 밝혀진 역사적 사실에 약간의 상상력이 가미되는 경우로 나누어 볼 수 있다.

〈대장금〉, 〈다모〉의 경우에는 몇 줄 안 되는 역사적 사실에 바탕을 두고 매우 많은 분량을 작가의 상상력에 의존한 작품이다. 또한 『삼국유사』의 설화 한 도막에 의지하고 있는 〈서동요〉도 얼마 되지 않는 서동과 무왕의 이야기를 결합시켰다. 이 작품들은 대부분이 허구인 내용이어서, 역사적 사실에 대한 반론이 얼마든지 가능하다. 드라마 〈해신〉도 장보고에 대한 얼마 되지 않는 기록에 작가의 상상력을 대폭 개입시켰다. 광개토대왕의 일대기를 다룬 〈태왕사신기〉, 발해 건국기를 다룬 〈대조영〉, 고구려 건국기의 〈주몽〉, 고구려 말기의 〈연개소문〉, 종합 예술인 차원에서 조명한 〈황진이〉도 마찬가지다.

또 다른 유형이 현대사를 통사적으로 극화하는 방식이다. EBS "문화사 시리즈" 제3편으로 방영된 〈지금도 마로니에는〉이 대표적이다. 이 작품은 60년대 다양한 분야의 예술인들이 추구한 작품 세계와 시대, 사회에 대한 그들의 고뇌를 그렸다. 역사적 사실과 함께 드라마적인 재미와 감동을 추구해 '팩션' 의 묘미를 살렸다.

팩션이 각광 받는 심리적 이유

역사적 사실의 고증에 충실한 작품은 자칫 딱딱하고 재미가 없을 수 있다. 철저한 고증은 상상력을 위축시킨다. 다양한 상상력이 없으면 재미가 덜하다. 대중들이 역사적 사실보다 역사적 상상력을 자극하는 작품을 더 찾는 이유는 이 때문이다. 사료에 충실한 완전한 역사적 사실의 복원이야말로 허구인지도 모른다. 역사는 랑케의 실증주의 역사관에서 말하는 객관적 사실의 문제가 아니라 끊임없는 해석의 문제이기 때문이다. 다만, 그것이 가능하다고 여기는지는 모른다. 사실에 바탕을 두었다는 점은 신뢰감을 갖게 한다. 사실을 바탕으로 한 것이 사실감이나 현실감을 더하기 때문이다. 팩션 작품이 각광을 받는 심리적 이유를 몇 가지 꼽을 수 있다.

1) 사회 상황과 대리 충족 심리: 사회적 불안을 상상의 세계에서 해소하려는 사회 문화적 심리가 작용한다. 완전한 허구는 현실감이 떨어질 수 있으므로, 사실에 기반을 두었다는 것이 현실감을 몇 배나 증대시킨다. 완전한 허구보다는 사실에 바탕을 둔 픽션을 통해 안정감을 바라는 욕망이나 욕구를 대리 충족시킨다.

2) 인터넷 시대와 정보의 홍수에 대한 반감: 인터넷을 통해 정보는 매우 많이 쏟아지고 있지만, 서사 구조는 떨어지고 있다. 따라서 팩션에 대한 열광은, 단편적인 정보는 많지만 서사 구조는 없는 현 상황에 대한 반응이다. 즉, 수많은 정보들을 다양한 서사 구조를 통해 형상화한 것에 호응하는 것이다.

3) 현실에 대한 반동reaction 심리: 현실성을 강조하는 사람은 현실에 대해서 불만이 많은 사람일 수 있다. 리얼리즘이 강한 사회적, 과학적 사실을 중요시하는 이성 또는 합리성의 사회일수록 오히려 판타지와 상상의 세계를 통해 현실적 개연성을 추구한다.

4) 포스트모더니즘의 여파: 절대적인 진리나 이데올로기를 거부하는 문화 현상이 팩션에 닿아 있다. 기존의 지식을 끊임없이 새롭게 바라보려는 인식의 반영이다. 상식 너머에 가려진 진실을 찾고자 하는 대중 심리도 들어 있다. 포스트모더니즘의 영향에 따라 다양한 장르의 크로스오버가 팩션 형태로 등장하고 있다.

사람은 상상하는 존재이다. 현실에 없는 것을 그 상상 속에서 만족시키려고 한다. 대중문화는 그러한 상상적 만족을 이루는 매개체이다. 사회가 명확하고 구체적일수록 사람은 그러한 명확성을 벗어나기를 원한다. 그리고 과학 기술이나 지식이 발전할수록 현실적인 차원에서 일탈하고자 한다. 정보가 아니라 사유가 중요한 시대, 비트가 아닌 글자, 기능주의가 아닌 인문주의, 정보가 아닌 사유가 중시되는 것도 같은 맥락이다.

5) 판타지 코드의 홍수에 대한 반작용: 한동안 판타지 코드

의 작품들이 주류를 이루었다. 『반지의 제왕』이나 『해리포터』의 경우가 대표적이다. 그러나 완전한 판타지는 현실에서 너무나 멀기만 하다.

지금까지의 논의를 정리해 보자. 팩션의 장점은 역사적 사건을 토대로 상상력을 결합하여 새로운 시각으로 역사를 재해석함으로써 팩트와 픽션의 장점인 사실성과 역사성 그리고 오락성을 함께 묶어 재현한다는 점이다. 실제 이야기나 역사 속의 인물, 사건들이 흥미 있게 보인다는 것은 실제 사실에 대한 관심을 불러일으킨다. 여기에 정보와 재미를 동시에 준다. 파편화된 지식이 넘쳐 나는 정보화 사회에서 여러 분야를 융합한 팩션 양식은 문화적으로도 의미가 크다. 물론 지나친 상품화나 흥행을 위해 오락성만 좇다 보면 역사 왜곡 같은 부작용도 생긴다. 어디까지가 실제 사실이고, 어디까지가 허구인지 구분이 되지 않아 혼란을 줄 수도 있다.

예를 들어, 〈왕의 남자〉에서 공길은 실제 인물이지만, 장생은 가공의 인물이다. 〈청연〉에서 박경원은 실제 인물이지만, 그녀의 애인 한지혁은 만들어 낸 캐릭터다. 〈홀리데이〉에서 지강헌은 지강혁이 되었고, 교도소 부소장 김안석(최민수)은 현실에는 없는 가공의 인물이다. 발달 장애인이자 마라토너인 배형진의 이야기를 다룬 영화 〈말아톤〉의 경우에도 대부분의 내용이 허구이다. 그러나 사실임을 강조하다 보면, 실제 일어난 일이라는 인식 때문에 감동과 눈물을 더욱 자아낸다.

팩션에 대한 우려의 목소리도 높은데, 역사적 사건을 왜곡하거나 상상의 이야기나 인물을 진실로 받아들이게 하기 때문이다. 주의할 점은 팩션이 단지 역사적인 사실에 상상력을 부여한 것이라는 점을 인식하는 것이다. 『다빈치 코드』의 경우, 정통 기독교에 대한 도발적 해석을 초기 기독교 비사秘史, 미술사, 인류학과 기호학에 관한 지식으로 뒷받침하여 주목을 받았다. 좋은 팩션 작품은 다양한 지식과 그에 따르는 깊은 해석력과 인문학적 통찰이 있어야만 가능하다. 그렇지 않을 경우, 어설픈 팩션이 횡행한다. 즉, 사이비 팩션 문제가 발생한다. 요컨대, 팩션을 가장해 상업성을 추구하는 경향이 빈번할 수 있다. 과제는 두 가지다. 하나는 역사적 사실을 다룰 경우 왜곡의 문제를 어떻게 감내할 것인가 하는 점이다. 예를 들어, 스필버그 감독은 자신이 목격하지 못한 사건을 영화적 상상력으로 오도하기보다 주인공의 상상력을 빌려 뮌헨 사건을 재현해 팩션이 가지는 부작용을 최대한 줄이려 했다. 다른 하나는 역사적 식견이 풍부하고 고전의 해독 능력이나 삶에 대한 통찰이 깊은 이들이 활동할 수 있도록 하는 것이다. 이는 소설가나 희곡 작가, 연출가, 시나리오 작가, 드라마 작가 모두에게 해당된다. 이 두 가지는 여운이 깊은, 의미가 충실한 팩션을 만들어 내는 1차적인 토대이다.

고고한 여성들을 벗겨 내는 이유

KBS〈상상플러스〉"올드 앤 뉴"의 얼음 공주 노현정 아나운서는 세속에 휩쓸리지 않고 초연해 보인다. 즉, 고고한 이미지다. 매력 포인트는 표정 없음이다. 고고하게 정좌한 자세에 사람이 흔히 지니는 감정이 드러나지 않기 때문이다. 사람들은 대개 인간의 범위를 뛰어넘는 행동을 할 때, 그 사람에게 경외감을 갖기 마련이다. 웃길 때 웃고 슬플 때 슬퍼하고, 노여울 때 노여워하는 것이 사람이다. 이러한 인간적 감정을 드러내지 않는 사람은 보통 사람과 다르다는 느낌을 준다. 얼음 공주라는 아이콘은 보통 사람의 감정 표현을 뛰어넘는 존재임을 상징한다. 여기에다 노현정은 보통을 뛰어넘는 박학다식함도 보여 준다. 이 또한 보통 사람은 갖기 어려운 점이니 경외감을 불러일으키기 마련이다.

하지만 오락 프로그램, 아니 대중문화의 속성 탓인지 그런 경외감의 존재를 그대로 두지 않는다. 언제까지 감정을 절제하는지, 표정을 잃지 않는지 시험하듯이 출연자들은 얼음 공주를 들쑤신다. 놀리고 웃기는 것의 최종 목적은 얼음 공주의 감정을 이끌어내기 위한 것이다. 결국, 도달하는 것은 얼음 공주도 감정과 욕망을 가진 존재라는 사실이다. 지적인 존재 이전에 평범한 여자임이 강조된다. 그녀가 웃음을 참다가 끝내 터트리기라도 하면, 그것은 대단한 수확이 된다. 각종 우스개를 통해 그녀가 감정과 욕망을 지닌 존재라는 것을 까발린 출연자일수록 더 좋아한다. 목표 달성에 성공했기 때문이다. 단지, 얼음 공주는 여자일 뿐이라는 사실이 밝혀질 때 더욱 축제의 마당이 된다. 프로그램의 전체 구도는 이러한 방식으로 반복된다. 공중파 방송에서는 이 정도다.

영화 〈연애의 목적〉에서 처음에 홍선생(강혜정)은 겉으로는 얌전하고 성에 대해서 결벽증을 가지고 있는 여교사로 그려진다. 치근덕대는 동료 교사 유림(박해일)의 행동에 끝까지 냉정하게 대하니 말이다. 하지만 결론은, "나도 너랑 자고 싶었어." 영화 〈두사부일체〉와 〈투사부일체〉에 등장하는 여교사 송선미, 최윤영은 모두 절제력 있고 도도한 척한다. 하지만 영화는 술자리 등을 통해 결국 그들이 성적 욕망의 존재임을 드러내는 데 초점을 맞춘다. 〈여선생 VS 여제자〉에서 염정아는 아예 여교사의 얌전하고 고고한 이미지를 거두고, 초등학생인 제자와 남선생 쟁탈전에 나선다. 〈가문의 위기〉에서 김원희는 여성 검사 같지 않은 모습을 보인다. 언제나 조폭들과 맞서는 검사의 강한 모습을 버린다. 조폭 집안의 며느리로 들어가 조신한 모습을 보인다. 결국 여자일 뿐이라는 점이 강조된다.

영화 〈여교수의 은밀한 매력〉도 이러한 특징이 극단화된 사례다. 학생들을 원리 원칙에 따라 가르치고 연구만 할 것 같은 지적인 모습의 여교수가 지닌 성적 욕망이나 섹슈얼리티를 끄집어낸다. 다만, 이 영화는 대중의 관음 심리에 대한 기대를 보기 좋게 공격한다. 여교수의 성적 이미지를 보여 주기보다는 상상하도록 만들기 때문이다.

전체적으로 이러한 영화들에서는 여성들의 능력이나 경험, 사회적 활동은 부차적인 것이 된다. 처음부터 그러한 것은 성적인 욕망을 보여 주기 위한 사전 장치에 불과하다.

많은 드라마와 영화에서 확실한 자신의 직업을 가진 여성들을 악녀로 등장시키는 것도 이와 연관 있다. 특히, 기업을 배경으로 한 드라마에서 커리어우먼 혹은 직장 상사로 등장하는 여성은 대부분 이런 캐릭터로 설정된다. 악녀도 마찬가지다.

끝에서는 어쩔 수 없다는 식으로 여성적 약함, 성적인 매력, 욕망을 드러내는 것이다. 인간적인 면이 드러나는 것을 비난할 수는 없지만, 여성의 섹슈얼리티와 나약함을 통해서 도출되는 것은 문제이다. 겉으로는 고고하고 지적이지만, 결국에는 남성들에게 쉽게 무너지는 외로운 존재임을 빈번하게 부각시킨다. 이런 집착은 남성주의적인 관점이라고밖에 볼 수 없는데, 참으로 신기한 일이다. 남성의 이중성을 벗기는 영화는 없으니 말이다.

순수 증후군에 빠진 대중문화

국민 여동생 문근영, 그녀에 대한 전 국민의 관심은 '순수함'에서 비롯한다. 티 없이 맑고 순수한 눈망울과 아직 젖살이 채 빠지지 않아 통통한 뺨은 순수를 상징하는 이미지 기호가 되었다. 성숙한 여성미를 강조하는 여성 스타들과는 반대로 오히려 나이에 맞지 않는 유아적 순수성을 강조해 왔다.

드라마 주인공 맹순이, 금순이, 삼순이 그리고 영화 〈사랑해 말순씨〉까지. 모두 순수하고 오염되지 않은 캐릭터임을 내세운다. 이 때문에 오히려 사회적으로 일가를 이룬 능력 있는 여성은 순수하지 않은 것으로 보이기도 한다. 2005년 상반기 흥행 영화 〈말아톤〉이나 하반기 흥행작 〈웰컴투 동막골〉도 따지고 보면 순수한 마음, 순수한 동심을 지향하고 있다. 20여 년 만에 새롭게 디지털로 부활한 〈로보트 태권 V〉의 내용은 얼마나 순수한가.

또한 오락 프로그램에서 문제 해결을 지향하는 솔루션 프로그램들도 매번 실제 상황을 강조한다. 꾸미지 않은 실제 상황임을 가감 없이 보여 준다고 힘주어 말한다. 청정 지역에서 재배한 농작물임을 강조할수록, 그러한 재료로 음식을 만들었다고 할수록 더욱 가치 있는 것처럼 보이는 것과 같다. 물론 방송에 완벽한 리얼리티는 있을 수 없다. 어느 정도 연출이 존재하며, 편집을 통한 제작진의 개입이 있을 수밖에 없다. 공중파 텔레비전 방송에서는 오래 전부터 진짜인가 거짓인가를 구별하는 프로그램이 인기를 끌고 있다. "진실과 거짓!" 물론 진짜가 중심이다.

최근 연예인들은 각종 오락 프로그램에 나와서 자신의 실제 경험담을 숨김없이 이야기한다. 자신의 이야기가 얼마나 순수하고 진실이 담겨 있는가를 강조한다. 인터넷에서도 이제 우스개는 실제 경험담임을 강조해야 한다. 연출되고 만들어진 우스개는 외면 받는다. 맨얼굴을 중요하게 여기는 '쌩얼' 열풍도 이러한 차원에서 볼 수 있다. 화장과 성형으로 가려진 얼굴이 횡행하기에 가식과 연출에서 벗어나고자 하는 해방 심리가 쌩얼에 반영된 것이다.

스토리텔링 기법에서도 순수는 가장 큰 힘이다. 그러나 적절히 가미한 허구를 누가 알겠는가. 대중문화에서는 추억을 상품화하기도 한다. 그 시기는 순수했던 시절로만 보인다. 70-80세대에게 70-80년대의 음악은 순수해 보인다. 현재의 음악은 기교적이고 가식적인 듯싶다.

순수를 지향하는 심리

순수에 대한 사회적 선호의 증대, 이를테면 일종의 순수 증후군은 생존 경쟁이 치열한 현실, 그에 따른 두려움과 부담감, 공포증에서 탈출하고자 하는 심리에서 비롯되는 측면도 있다. 끊임없이 무엇인가를 꾸며 내고 만들어 내도록 강요하는 강박 심리가 작용하는 사회일수록 더 심해질 수밖에 없다.

순수함에 목말라하는 것은 그만큼 순수하지 않은 무엇인가에 우리가 시달리고 있다는 것을 의미한다. 우리가 어떤 매트릭스에 갇힌 것은 아닐까? 끊임없이 포장하고 연출하고 편집하는 것들, 어느새 우리는 미디어를 통해 인지하고 접하게 되는 것들이 과연 진짜인지에 대해 집단적 의문을 던지고 있다.

소비 사회는 소비자의 욕구를 부추겨 상품을 소비하게 하려고 무엇인가를 끊임없이 첨가하고 가공해 왔다. 소비하지 않으면 의미나 가치가 없다고 여기게 만든다. 또한 그렇게 해야 새롭고 진보된 것이라고 생각하게 만든다. 한편으로 모두 거짓일지 모른다는 불신과 집단적 공포로 냉소를 낳기도 한다. 이 때문에 가공되지 않은 것에 대해 갈망하는 대중 심리를 형성하기 시작했다. 당연히 대중문화에도 '순수 증후군'이 반영된다. '순수 증후군'은 공포와 냉소에 따른 반작용이다.

사람들은 꾸미지 않은 것, 그대로인 것을 선호하고 있다. 다만, 순수함을 강조하는 논리는 또 하나의 상품 논리이자 자본 논리로 작용하기도 한다. 순수함을 연출하고, 순수함을 통해 다른 목적을 추구하는 것은 순수하지 않은 것일 수밖에 없다. 순수에 대한 강조는 오히려 비순수가 될 수 있다. 도를 도라 말하면 도가 아니듯, 순수를 순수라 강조하면 순수가 아니게 되는 역설적 현상을 기억할 필요가 있다. 진짜를 강조하는 가짜 순수들의 양산은 순수에 대한 맹목적 추구에서 비롯한다.

마지막으로 근본적인 물음을 던질 수 있다. 소비 사회에서는 상품화할 수 없는 부분까지도 상품화한다. 심지어 문화까지도. 하지만 문화는 상품 이전에 인간의 삶과 가치가 고스란히 배어 있을 때 더욱 주목을 받고 오래 간다. 문화는 상품 논리로만 움직이는 게 아니다. 상품과 자본을 위한 제품 생산이 아닌 삶의 진실성과 가치와 통찰이 중요하다. 따라서 '순수'에 대한 증후군적 관심은 이러한 배경에서 나오는 대중의 집단 의지인 셈이다.

수상 소감이 마음을 울리려면

방송의 문화적 공공성과 매체의 수용자 향유권을 차단하는 연말 시상식들이 매년 반복된다. 연말 시상식의 문제점이야 하루 이틀 지적되어 온 것도 아니고, 폐지론과 통합론의 대립 속에서 여전히 상의 중복과 반복성, 획일화, 상품화, 주객전도가 뻔뻔하게 난무해 왔다. 다만, 2005년 연말 시상식에서 중요한 것은 이색적인 수상 소감이 눈길을 끌었다는 사실이다. 이는 아무래도 제26회 청룡영화제 시상식에서 황정민이 한 수상 소감에서 비롯한 측면이 크다.

솔직히 저는 항상 사람들한테 그래요. 일개 '배우 나부랭이'라구요. 왜냐하면 60명 정도 되는 스태프들이 밥상을 차려줘요. 그럼 저는 그저 맛있게 먹기만 하면 되거든요. 근데 스포트라이트는 저만 받아요. 그게 죄송해요.

황정민의 이 말은 그를 더욱 띄워 놓았고, 그에 대한 폭발적인 지지를 낳았다. 이를 반영하기라도 하듯이 CF로도 제작되었다. 물론 그 스태프들의 처우 문제가 공론화되지는 않았다. 하지만 각 매체가 색다른 수상 소감에 관심을 집중시키는 데 영향을 주었다.

'수상자들이여 뻔한 수상 소감을 멋지게 하라!' 그것은 배우의 또 다른 이미지 전략의 차원에서 요구되는 것이다. 하지만 수상 소감을 준비한다고 되는 것은 아닐 것이다. 오랜 시간 몸으로 겪어 온 삶의 결정체가 있어야 하기 때문이다.

그놈의 상, 원망 참 많이 했어요…. 연기도 '조연'인데, 시상식에도 번번이 들러리 '조연'이었어요. 대상 후보 올라갔다 미끄러진 적도 있고, 수상자로 선정됐다기에 가보니까 후보에 올라가 있지도 않았던 배우가 가로채 버리고….

이 말은 배우 생활 52년 만에 처음 연기상을 탄 중년 배우 김지영의 수상 소감이다. 자타가 공인하는 연기력 만점의 배우이지만, 상은 그녀를 철저하게 배제했다. 그것도 드라마〈장밋빛인생〉이 뜨는 바람에 미스 봉 역으로 조연상을 받게 되었다. 물론 상이 전부는 아니다. 그녀의 말은 뼈아픈 시상 제도의 모순을 건드리는 것이었지만, 매체들은 그 점에 주목하지 않았다.

드라마〈불멸의 이순신〉에서 이순신 장군 역을 맡았던 김명민도 "한때 모든 것을 포기할 생각도 했었다"며, "이순신 장군님을 연기하게 됐던 건 제 인생의 큰 행운입니다. 정말 장군님이 그토록 정신적 고통을 주시더니 큰 상을 안겨주셨군요"라고 말하며 눈물을 흘렸다. 또 "이순신 장군의 10분의 1이라도 닮고자 발악한 저를 도와주신 선배님들, 한 회 출연도 마다하지 않고 최선을 다한 단역 연기자들, 무더위와 혹독한 추위와 싸우며 저를 진짜 장군님처럼 대해 준 300여 명의 연기자들에게 감사드립니다"라고 덧붙였다.

자신의 연기가 많은 사람들의 결정체라는 점을 잊지 않을 때, 수상 소감의 진실성이 나온다. 겸손한 수상 소감이 인터넷에서 화제가 된 경우도 있었다. KBS 연기대상에서 대상을 받은 개그맨 유재석은 "강호동 씨와 개그맨을 포기하려던 위기에서 지금까지 개그맨을 할 수 있게 도와준 김용만 씨, 신동엽 씨에게 너무 감사드린다. 부족한 저에게 개그맨의 꿈을 계속 이어갈 수 있게 해준 시청자분들에게 정말 고맙게 생각한다"라고 말했다. 이 말은 그의 14년 동안의 모든 활동의 결정체이기 때문에 호소력을 지닌다.

하지만 자신의 인생 역정을 생각하며 눈시울을 붉히는 것만이 감동적이고 의미를 준다고는 할 수 없다. 이런 측면에서 이혜숙의 "사람을 용서한다는 것이 얼마나 따뜻한 일인지 알게 됐다"는 수상 소감도 간결하지만 뜻 깊은 것이다. 작품을 통해서 느끼는 소회도 배우의 중요한 측면이기 때문이다. 그것은 시청자나 대중과의 교감을 의미하기도 한다.

눈물 나는 고생은 역설적으로 상의 권위를 높여 준다. 고생을 많이 한 이들이 수상자가 된다면 그것은 그 사람의 공로에 관계없이 수상식의 흥행에 크게 도움이 된다. 이런 감동의 수상 소감이 많을수록 시상 제도의 모순이 합리화되는 아이러니한 일이 벌어진다.

2005년 3월 22일 제2회 한국 대중음악상에서 '공로상'을 받은 가수 한대수 씨는 이렇게 말했다.

아무 목적 없이 음악을 시작했다. 여러 분쟁과 질투, 시기가 넘치는데, 이 모든 것을 음악으로 감싸 안아야 한다. 서로 다른 종교, 다른 사상을 받아들일 수 있는 다양성을 찬양할 수 있는 세계를 우리 음악으로 꾸며 보자.

이렇듯 음악, 연기, 작품에 대한 논의는 물론 사회적 의미까지도 말하는 수상 소감이 더 중요하고 의미 깊어 보인다. 그런데 이 말도 의미는 깊지만, 수상식의 흥행 도구로 활용되는 것은 아닐까 의구심이 들게 한다.

어느 배우가 수상 소감에서 말한 "항상 기다리고 노력하면 결과가 있을 것이라고 믿었다"는 말이 수상의 정당성으로 환원되거나 귀결되어서는 곤란할 것이다. 연기, 노래는 그 자체만으로도 소중하기 때문이다. 상을 받고 사라져 간 수많은 연예인들을 생각하면 더욱 그러하다. 방송 매체로부터 상을 많이 받고, 역대 수상자 명단에 기록되기보다는 사람들의 사랑을 많이 받고, 그들의 가슴에 새겨지는 것이 중요하기 때문이다. 대중들의 마음을 사로잡는 수상 소감은 온몸으로 체화된 진실에서 나온다는 점을 다시 강조하고 싶다.

병영 체험 중독증

방학 중에 문화 행사 혹은 방학 프로그램이라는 이름으로 병영 체험이 개설된다. 병영 체험은 학기 중에도 극기 훈련이라는 이름으로 이루어진다. "자기를 이기라"는 말이 교육 목표가 된다면, 병영 체험은 유익한 프로그램일 것이다. 군사 훈련이 권장 교육이 되는 것은 그 이면에 참으로 묘한 메커니즘을 지니고 있기 때문이다. 우선, 병영 체험 프로그램은 몇 가지 유형으로 나뉜다.

병영 체험의 유형과 논리

먼저 학생들을 대상으로 하는 것이다. 이는 초, 중, 고, 대학생까지를 포함하는 것으로서 가장 많은 비율을 보이고 있다. 청소년을 위한 문화 이벤트라고 부르기도 한다. 두 번째, 부모가 자녀의 병영 환경을 체험하는 경우인데, 어버이날에 어머니, 국군의 날에 아버지를 대상으로 하는 프로그램이 있다. 세 번째, 외국인들이 한국의 현실을 체험한다는 명목으로 이루어지는 경우가 있다. 여기에는 교포들도 포함된다. 네 번째, 일반인을 위한 병영 프로그램이다. 직장인뿐만 아니라 경영자들을 위한 프로그램도 있다. 이는 외환 위기 이후 크게 인기를 끌기도 했다. 다섯 번째, 장애인, 소년소녀 가장들을 위한 프로그램이다. 비관하기 쉬운 이들에게 용기를 준다는 것이다.

프로그램 실시 명분은 어떠한 역경도 충분히 헤쳐 나갈 수 있는 능력을 기르는 데 있다. 이는 프로그램 시행 주체와 이에 참가하는 사람들이 공통적으로 지적하는 점이다. 또한 병영의 실상과 조국의 현실을 가장 직접적으로 체험할 수 있다고 한다. 그러나 이러한 명분의 이면에는 다른 편견이 도사리고 있다.

병영 체험의 의도와 심리

어른들은 생활이 나태하거나 철이 없어 보이는 젊은이들을 보고 군대 가야 정신 차린다는 말을 한다. 이는 행동주의 심리학자들이 이야기하는 자극(S)과 반응(R)을 통한 순응 형성 원리에 근거한 것이다. 쉽게 말하면, 처벌과 보상에 따른 행동의 순응이 군대만큼 심한 곳도 없다. 심지어 이상적인 사고를 많이 하는 젊은이들을 보고도 이런 말을 한다. 군대를 갔다 오지 않은 사람이 있으면, 그 사람의 행동이나 사고는 철이 없고 세상 물정을 모르는 것으로 여기고는 한다.

요컨대, '요즘 애들은 편하게만 살아서 고생을 모른다. 군대 체험을 통해 정신을 차리게 해야 한다'는 심리 때문에 부모들은 자녀들을 병영에 보낸다. 이는 육체적인 통제와 고통을 가하게 되면 정신을 차리게 되고, 심지어 어떠한 고난과 역경이 와도 헤쳐 나갈 수 있다는 편협한 사고를 일반화시킨다.

　여성은 어떤가. 남자들 중에는 여자들이 모두 군대 갔다 와야 정신을 차린다는 말을 공공연히 하는 이들이 있다. 군대를 가지 않는 여성들에게 병영 체험 미비는 사회적인 콤플렉스가 된다. 그래서 여학생들도 병영 캠프에 참가해 보아야 하고, 또 좋은 어머니가 되기 위해서도 한 번은 병영 체험을 해봐야 한다는 생각을 하게 된다.

　한 여성은 이렇게 말하기도 했다. "아버지와 남자 친구가 모두 해병대 출신이어서 기회가 주어진다면 꼭 군대 생활을 경험하고 싶었다."[1] 각 매체는 이러한 여대생 혹은 여성들의 병영 체험을 크게 보도하곤 한다. 신문에는 얼차려에 고통스러워하는 여성들의 사진이 크게 실린다. 이를 보면서 남성들을 쾌감을 느끼기도 한다. 일종의 보상 심리이다. 군대에서 선임은 항상 자기 때는 힘들었는데, 지금은 너무 편해졌다는 말을 반복한다. 그러면서 자기가 받은 만큼 되돌려 주고자 한다. 후임들에게 고통을 주고는 보상을 받은 듯한 후련함을 느끼곤 한다. 사디즘적인 행동에는 상대방의 도구화, 착취, 괴롭힘이라는 세 가지 유형이 있다. 상대방을 자신의 심리적 만족을 위해 도구화하고 착취하고 괴롭히는 것에서 보상 심리를 느끼는 것을 말한다. 군대

---

1. 『경향신문』, 1997년 8월 23일자 27면, "남녀노소 없는 '사서 군대 가기' / '병영 체험 캠프' 인기 급상승."

는 남성에게 이렇게 사디즘의 도구로 이용된다. 나만 당할 수 없다는 심리가 타인에게 전이되는 것이다. 병영 체험은 몇 가지 점에서 좀 더 생각해 볼 점이 있다.

병영 체험의 한계와 허구

첫 번째, 병영 체험 프로그램은 2-3일, 4-5일의 짧은 기간에 이루어진다. 이 정도 기간으로 병영 체험이라 하는 것 자체가 어불성설이다. 이는 많은 군 제대자들의 지적이다. 짧은 기간 동안 몇 가지 훈련을 받는 걸 가지고 병영 체험이라고 한다면, 이는 수박 겉핥기식이며, 현실을 호도할 수 있다.

두 번째, 이 기간에 내무 생활과 기초 군사 훈련을 하게 된다. 그런데 기초 군사 훈련이라는 것이 무엇인가. 그것은 사람을 죽이는 법을 가르치는 것이다. 초 · 중 · 고등학교 학생들이 극기 훈련을 통한 자신감 회복을 명목으로 사람 죽이는 법을 전수 받고, 이를 위한 기초 체력 훈련과 내무 생활 훈련을 받는 셈이다.

세 번째, 극단적인 물리적 고통을 통해서 자신감을 회복하는 방법밖에 없는 것인가. 특히, 초 · 중 · 고 학생들을 병영에 보내면서까지 말이다. 전쟁과 위기의식을 주입하면서 그것을 할 필요는 없어 보인다.

네 번째, 병영 체험 프로그램에는 학생들보다는 기성세대의 시각이 많이 포함되어 있다. 이런 점에서 청소년 중심의 프로그램이라고 할 수 없다. 기성세대의 시각에서 다소 철이 없다는 이유로 학생들의 자유로운 사고와 행동을 군에서의 통제 방식으로 길들이려고 하는 것은 문화적 다양성을 거스르는 것이다.

다섯 번째, 만일 조국의 현실을 느끼게 해주기 위해서라면 냉전 시대의 방식이 아니라 통일 시대를 위한 조국 현실 체험 교육이 더 필요하다. 병영 체험은 냉전 시대의 극단적인 방식이라고밖에 보이지 않는다.

여섯 번째, 특전사나 해병대 위주의 병영 체험이 가장 활발하게 이루어지고 있다. 병영 체험은 프로그램이 혹독할수록 더 호평을 받는 것 같다. 그리고 이러한 특수 부대에 근무해야만 군대 생활을 멋지게 한 것이라는 편견을 초, 중, 고생들에게 심어 줄 수 있다. 따라서 병영 체험 프로그램을 실시하는 군부대는 자신들의 위상을 높이기 위해 강도 높은 프로그램을 개발한다.

일곱 번째, 병영 체험 프로그램은 사람들에게 기대에 걸맞은 고통을 주고, 이를 극복해야 세상에 나가 맞서 싸울 수 있다는 잘못된 인식을 줄 수 있다. 소위 전투력을 배가시켜서 세상의 적들과 싸워서 이길 수 있는 자신을 만들 수 있다는 환상 말이다. 그러나 그것이 현실과는 상관없음을 곧 알게 된다. 그것은 군대에서 제대한 이의 넘치는 혼자만의 자신감이 보여 주는 허상이다.

여덟 번째, 병영 체험은 사람을 극단적인 상황으로 몰아가기 때문에, 세상을 바라보는 시각을 전투적이고 경쟁적인 것으로 만들 수 있다. 이는 자본주의의 무참한 경쟁을 당연한 것으로 용인하게 만든다.

　요약하면, 병영 체험은 보상적 피해 의식, 남북 대치의 위기의식을 주입하는 프로그램이다. 군대를 갔다온(경험한) 사람들의 갔다오지 않은(미경험의) 사람들을 향한 일종의 보상적 가학도 이루어진다. 기성세대의 잣대로 새로운 세대를 순응시키고 통제하고자 하는 의도도 있다. 또한 물리적 통제와 고통으로 사람의 인성과 행동을 바꾸려는 단선적인 사고의 산물이기도 하다. 남성들이 여성들에 대해 가지고 있는 사회적 콤플렉스를 표출하는 것이기도 하다. 뿐만 아니라 자본주의의 약육강식의 생존 경쟁과 논리를 정당화시키는 기제로 작용한다. 사람 사이를 전투적인 관계로 설정하고, 고독한 개인의 투쟁을 강조한다.

　마지막으로 이러한 병영 체험은 중독 효과도 낳는다. 병영 체험의 효과는 단기적이기 때문에 주기적으로 이러한 프로그램을 찾게 한다. 어쩌면 그 중독 효과 때문에 우리는 계속 병영 체험을 강조하는지도 모른다.

정보화 시대,
뭔가 확실한 걸 보여 드립니다?

어느 쇼핑몰 사장이 패션 상품을 많이 진열하면 고객의 취향을 놓치지 않아 매출을 크게 올릴 수 있다고 생각했다. 그래서 백여 가지의 상품을 진열했다. 홍보를 하고 나자 예측대로 많은 고객들이 쏟아져 들어왔다. 사장은 기분이 매우 흡족했다. 부자가 되는 것은 시간문제가 아닌가. 그러나 실제로 금전 출납기에 남아 있는 돈은 언제나 마이너스였다. 손님은 많은데 돈은 없다니. 누가 훔쳐가기라도 한단 말인가. 해답은 간단했다. 고객은 많이 들어왔지만, 상품이 너무 많아 그냥 가버리는 일이 속출했기 때문이다. 에번 슈워츠는 이를 "선택의 패러독스"라고 이름 붙였다. 선택 사항이 너무 많게 되면 오히려 선택을 하지 못하는 일이 벌어진다. 뷔리당J. Buridan(중세 철학자)이 말한 것처럼, 맛있는 건초를 양쪽에 두고 뭘 먼저 먹을까 고민하다 그만 죽고 만 당나귀와 같다. 이러한 정도가 심해지면, 라이히Wilhelm Reich와 에리히 프롬의 말대로, 자신의 선택을 결정해 줄 강력한 전체주의를 선호하게 된다.

무수한 정보가 축복받은 선물과 같이 쏟아지는 지식 정보화 시대. 정보는 힘이고 돈이고 삶의 질을 더 향상시키는 근원이 아니던가. 하지만 좋기만 한 것은 아니었다. 선택 사항이 너무나 많아졌다. 처음에는 마른 땅에 내리는 단비와 같이 달기만 했지만, 그 비는 홍수가 되어 어디가 어디인지 판단할 수 없도록 모든 것을 쓸어가 버렸다. 무엇이 진실이고, 무엇이 거짓인가. 어디인가 몸을 붙들어 맬 기둥이 필요하다.

폴 투르니에Paul Tournier가 지적하듯이, "나는 생각한다. 고로 존재한다"는 데카르트의 명제도 확실한 인식 기준을 잡으려는 과정에서 나온 것이다. 이는 동시대인들의 욕구와 무의식을 그대로 드러내는 대중문화에도 그대로 투영된다. 각종 콘텐츠와 정보가 많을수록 무엇이 정확한 것인지를 알려 주는 존재가 필요하다. 영화와 CF, 광고가 그러한 존재를 자처하고 있다.

나아갈 방향을 명확하게 제시해 주는 스승, 멘토가 있으면 얼마나 좋으랴. 〈말죽거리 잔혹사〉에서 김현수(권상우)의 정신적인 스승인 이소룡 같은 존재 말이다. 〈싸움의 기술〉에서는 일상의 실전에서 이기는 법을 가르쳐 주는 싸움의 스승을 찾아나서는 송병태의 싸움 테크닉 습득기가 인상적이다. 영화가 싸움의 방법을 가르쳐 주는 시대를 우리는 살고 있다. 이제 〈친구〉와 같이 회칼을 어떻게 사람 몸에 효과적으로 사용하는지 가르쳐 주는 것은 일도 아니다. 각종 조폭 영화는 어떠한 싸움의 기술이 있는지 전수하는 데 열심이다.

수많은 연애 지침서들이 인터넷에서 난무하지만, 어떤 것이 타당한지 알 수 없다. 〈작업의 정석〉은 전 국민의 연애 지침서를 표방한다. 지원(손예진)과 민준(송일국)이 확실하게 연애하는 법을 가르쳐 준다. 단 그들은 초보가 아니라 배울 만한 스승, 고수들이다. 고수들은 범부들과는 다른 법이니, 단계를 넘어갈수록 그들의 연애 정석은 불꽃 튀는 진검 승부가 된다. 영화 〈연애술사〉 역시 그 이름부터 연애에 달인이 되고자 하는 심리를 투영시켰다. 하지만 연애술사를 표방하는 이 치고 실속 없는 경우가 많으니, 그 배경 심리만을 간파하는 데 머무는 것이 좋을 때도 있는 법이다. 연애를 잘하는 법만 가르치는 것은 아니어서 〈폭소클럽〉의 "솔로부대 유대장"은 연인들을 솔로로 만드는 기술을 가르친다.

정보 통신과 관련한 생활은 어느새 떼려고 해도 뗄 수 없는 지경에 이르렀다. 적절한 생활 수칙이 필요해졌다. "현대생활백서 92 언행일치. 화상전화가 등장하면서 말과 행동이 일치해야 창피를 면한다는 이론." 실제로 이렇게 따르는 사람이 있는지 묻는 것은 난센스다. 여기에서 "…백서 92"는 조문을 나타낼 수도 있고, 법칙을 의미할 수도 있다. 이는 정보 통신 생활에서 지켜야 하는 수칙, 기준을 의미한다. "현대생활백서"를 패러디한 〈개그콘서트〉의 "현대생활백수"는 백수의 생활 전선기다. 무일푼 백수가 아무 원칙 없이 살 수는 없는 법. 다만 자신의 원칙에 세상을 끼워 맞춘다. "대한민국에 안 되는 거 어딨어~? 일구야 어떻게 안 되겠니~?"라며 반어거지다. 물론 실전에서 쓴다면 따귀 맞을 듯싶다. 현대생활백서를 이어받아 『여자생활백서』가 베스트셀러에 오르기도 했다.

'데이터 스모그 시대'에서 단지 갈망하는 것이 어디 기술과 테크닉뿐일까? 삶의 방향이나 인생 지침도 절실하다. 〈연애의 목적〉에서는 박해일과 강혜정의 실전을 방불케 하는 심리전이 압권인데, 연애의 목적이 무엇인가보다는 사랑의 성찰이 더 도드라져 보인다. 영화 〈연애의 목적〉을 만든 한재림 감독은 "연애의 목적은 바로 연애 그 자체에 있다. 연애의 목적과 여행의 목적은 비슷하다. 여행을 즐긴다는 것 자체가 목적이듯이, 연애의 목적도 그런 것이다"라고 했다. 사람은 끊임없이 목적을 찾는 동물이다.

인생의 목적은 무엇인가. 그냥 사는 게 인생일 뿐인가. 사람들은 그렇게 생각하지 않는다. 사람은 끊임없이 인생에 의미를 부여한다. 사람은 의미를 부여하는 존재이기 때문이다. 의미를 부여하고 삶의 길을 찾는 데 지혜와 성찰이 필요하고, 모색의 시간과 방법도 필요하다. 하지만 혼자 하기에는 무엇이든 버겁기만 하다. 이때 필요한 것이 코칭을 해주는 인생의 스승이다. 당신 인생의 멘토는 누구인가?

아버지는 말하셨지 인생을 즐겨라~ 재미나게 사는 인생. 자 시작이다. 오늘밤도 누구보다 크게 웃는다. 아버지는 말하셨지 그걸 가져라.

아버지는 가장 가까운 인생의 멘토. 하지만 프로이트가 말했듯이 극복의 대상이기도 한 아버지다. 그리고 이미 이 세상에 안 계실 수도 있다.

영화 〈굿 윌 헌팅〉에서 심리학과 교수 로빈 윌리엄스가 천재 소년 맷 데이먼에게 말한다. "너는 오로지 책 속의 인물들과만 이야기할 뿐이야. 살아 있는 사람 중에 너와 영혼의 교감을 나눌 수 있는 사람이 있어?" 물론 맷 데이먼은 로빈 윌리엄스의 지적이 맞으므로 별 말을 못하고 만다. 여기에서 멘토는 책이나 영상이 아니라 영혼의 교감을 나눌 수 있는 살아 있는 존재다. 결국 〈굿 윌 헌팅〉도 실제로 존재하는 것이 아니라 영화이기에 거기에서 말하는 영혼의 교감을 나눌 수 있는 이는 김현수의 이소룡과 같은 존재이다.

지식 정보화가 진행될수록, 정보와 영상이 넘칠수록, 선택 사항이 많아질수록 정석, 기술, 법칙, 백서가 단번에 확실히 정리해 주기를 바라는 심리도 강해진다. 그리고 우리는 대중문화 속에서 그 심리를 알 수 있다.

대중문화 심리읽기

II. 방송 · 미디어 심리

'ME'보다 'I'를 강조하는 대중문화의 나르시시즘

조지 허버트 미드는 윌리엄 제임스William James가 고안한 자아 의미를 발전시켰다. 그래서 "I"와 "ME"의 의미를 구분했다. 여기에서 "ME"는 다른 사람들이 나에 대해서 갖고 있는 일련의 태도나 생각들을 의미한다. 다른 말로 하면, "ME"는 대상 혹은 객체적 개념이다. 즉, 다른 사람들의 생각, 평가에 따라 형성되는 개념이다. 따라서 이러한 ME에 연연해하는 이들은 다른 이들이 자신을 어떻게 바라볼지, 그것에 더 신경을 쓴다. 즉, 자신의 생각보다 사회적 기준에 연연하는 것이다.

반면 "I"는 다른 사람들이 반응하는 "ME"에 대한 주체적 대응을 이른다. 쉽게 풀자면, 내가 어떻게 생각하고 행동하는지를 강조하는 개념이다. 미드는 I(주체)와 ME(대상) 사이에서 일어나는 상호 작용을 강조했다.

1990년대 이후 한국 대중문화는 끊임없이 나(I)를 강조해 왔다. 이는 한국 사회가 집단적 공동체 사회에서 개인주의적 사회로 이동하고 있음을 나타낸다. 특히 IMF 외환 위기 이후에 더욱 심화되었다.

2005년은 드라마와 영화 그리고 개그와 유행어에서 'I'를 강조하는 모습이 두드러진 한 해였다. 특히 드라마에서 주체(I)를 강조했다. 예를 들어, 일본을 향한 부정적 민족 감정에 의존하기는 했지만, 드라마 〈불멸의 이순신〉은 고뇌하는 인간 이순신의 주체성을 도드라지게 표현했다. 드라마에서 무엇보다 특징적으로 부각된 것은 '여성'이었다. 다른 사람이나 사회적 기준(ME)으로 살아가는 것보다 자신의 방식과 가치관대로 살아가려는 여성들의 삶을 그렸다. 즉, 여성 캐릭터들은 하나같이 목적격, 객체, 대상의 삶이 아니라 주체(I)적 삶을 강조했다.

MBC 〈내 이름은 김삼순〉에서는 나이 많은 미혼 여주인공이 일과 사랑에서 보여 준 당당함이, MBC 〈굳세어라 금순아〉에서는 젊은 과부가 자신에게 닥친 역경을 꿋꿋하게 헤쳐 나가는 당당함이 도드라졌다. 특히 〈내 이름은 김삼순〉에서 삼순 역의 김선아는 실제로 6kg의 살을 찌웠고, 화장기 없는 맨얼굴의 모습으로 자신을 드러내는 데 거침이 없었다. 고전을 현대극화한 KBS 드라마 〈쾌걸 춘향〉에서 성춘향(한채영)은 춘향이 지닌 순종적인 전통 여성 이미지가 아니라 적극적인 자기 발전형의 모습을 보여 주었다. 여성의 주체성을 강조하는 가운데, 기혼 여성의 당당한 사랑과 일 찾기를 그린 드라마가 연이어 방송되기도 했다. SBS 〈돌아온 싱글〉, KBS 〈두 번째 프러포즈〉, SBS 〈불량주부〉는 이러한 맥락에서 볼 수 있다. 당당녀는 현대극뿐만 아니라 사극에서도 드러났다. KBS 드라마 〈해신〉의 자미부인(채시라)이나 정화(수애)가 대표적이다. 이들은 남성 중심의 냉혹하고 치열한 상단 세계에서 여성으로서 독자적인 리더십을 보여 주었다. MBC 드라마 〈신돈〉에서는 국정에 임해서 흔들리는 공민왕(정보석)을 잡아 주는 노국공주(서지혜)가 눈에 띄었다. 감성적인 여성이 아니라 주관이 매우 뚜렷하고 합리적인 여성 캐릭터였다.

SBS 〈서동요〉에서 선화공주(이보영)는 적극적으로 자신의 사랑을 쟁취하는 인물로 그려졌다. 심지어 선화공주가 서동(조현재)을 찾기 위해 서동요를 퍼뜨리는 대목을 그려 넣기도 했다. 그간 서동이 퍼트린 것으로 알려진 사실을 뒤집은 것은 선화공주의 능동성을 드러내려는 데서 비롯된 것이다. SBS 사극 〈토지〉에서 최서희(김현주)는 감성적이기만 한 전통 여성이 아니라 능동적이고 합리적이며 시대를 이끌어 가는 여성상을 보여 주었다. 2006년 들어 〈주몽〉의 소서노(한혜진), 〈대조영〉의 초린(박예진), 〈연개소문〉의 연수정(황인영)이 수많은 남성들 가운데서 카리스마 넘치는 여성의 모습을 보여 주었다. 여기에 드라마 〈황진이〉에서는 섹시한 요부가 아니라 당당하고 주체적인 종합 예술인으로서 황진이(하지원)의 모습이 눈길을 끌었다.

시트콤이나 개그 프로그램에서도 이러한 현상은 두드러졌다. MBC 시트콤 〈안녕, 프란체스카〉에서 프란체스카는 때로는 엽기적이고 코믹하지만 확실한 자신의 세계관을 지닌 '쿨'한 여성 이미지를 보여 주었다. 〈올드미스 다이어리〉에서는 중년 여성의 심리와 일상생활을 주체적인 관점에서 그렸다. 2006년 후반기에 〈여우야 뭐하니~〉에서는 여주인공 병희(고현정)를 통해 여성의 성 이야기를 당당하게 펼쳤다. 너무나 당당해서 문제였다. 선정적이라는 비판이 있었고, 이 때문에 국회 문광위의 감사도 받았다.

오락 프로그램에서는 사회적으로 강요되는 루키즘에 대한 저항, 선언도 눈에 띈다. "이 세상, 날씬한 것들은 가라. 곧 뚱뚱한 자들의 시대가 오리니. 먹어라 네 시작은 비쩍 곯았으나 끝은 비대하리라!" KBS〈개그콘서트〉의 뚱뚱녀 교주 출산드라가 외친 말이다. KBS〈폭소클럽〉의 한 꼭지인 "X-파일 마른 인간에 대한 연구"도 통통한 몸을 위한 당당한 선언이다. 주류 사회의 성형과 마른 몸에 대한 맹목적 기준(ME)을 질타하고, 자기 자신(I)을 강조한다.

영화 속에서도 "나(I)"를 강조하는 여성 캐릭터와 역할이 등장했다. 영화〈무영검〉에서는 최고의 고수에 여검객(윤소이)을 설정했다. 영화〈친절한 금자씨〉, 〈오로라 공주〉는 남성들의 전유물로 여겨지던 복수를 여성의 시각에서 적극적으로 전개하고 있다. 〈연애의 목적〉이나〈녹색의자〉는 주위 시선에 연연해하지 않는 여성 주인공이 자신의 성적 욕망, 사랑 찾기를 설파한다. 영화〈여자, 정혜〉는 묵묵하게 자신의 삶을 살아가는 일상의 여성 캐릭터를 세밀하게 보여 주었다. 여성하면 떠올리는 멜로도 없고, 섹시한 이미지도 없다.

"나(I)"를 강조하는 심리는 유행어에서도 볼 수 있다. 〈폭소클럽〉의 장동민이 내뱉은 "그 까~이꺼"에는 어떤 대상을 어려워하거나 복잡하게 받아들이지 않고, 내 방식대로 단순하게 여기겠다는 심리가 반영되어 있다. 영화〈친절한 금자씨〉에서 금자씨 이영애는 "너나 잘 하세요"를 유행시켰다. 이를 이어받아 그룹 '다이나믹듀오'가 〈너나 잘 하세요〉라는 제목의 노래를 발표하기도 했다. "너나 잘 하세요"는 너나 똑바로 하고 남 비난 말라는 뜻이다.

그러나 "너나 잘 하세요"는 잘못되면 배타적 자아 합리화의 강화로 흐를 가능성도 있다. 2005년 11월 말 통계청 발표 의식 조사에서 조사 대상의 89.1%는 "나는 장애인을 차별하지 않는다"고 답했다. 반면 "다른 사회 구성원들은 장애인을 차별한다"는 사람은 74.6%에 이르렀다. 응답자의 64.3%가 자신은 법을 잘 지킨다고 응답했는데, 다른 이들이 법을 잘 지킨다고 한 응답은 28%에 불과했다. 다른 이들이 문제인 것이다.

SBS 〈웃찾사〉의 "1학년 3반"의 "~됐거든"에 이어 SBS 〈프라하의 연인〉에서 김주혁도 단정적 말투를 유행시켰다. 여기서는 말끝에 "~거든"을 붙여 "~ 컸거든," "~떠있거든" 등의 유행어를 만들어 냈다. "~거든"은 두 가지 의미를 갖는다. 방어와 공격 기제의 결합이고, 때로는 단정적 경계 짓기를 의미한다. 주인공 외의 인물에 대한 배타적이고 단정적인 태도는 소통을 단절시킨다. 개그에서는 상대방을 비하하면서 웃음을 유도하기도 한다.

"너도 잘 하세요"도 의미 있지만, "나도 잘 하겠다"도 역시 중요하다. 자기의 당당함도 중요하지만 남과 나, 개인과 사회의 상호 소통의 관계도 중요하다. 미드가 "I"와 "ME"의 변증법적 논리를 강조하듯, 내가 중요할 때 너도 존재할 수 있다. 대중문화는 끊임없이 너와 나의 상호 소통을 다루는 게 본령이다.

또한 맹목적인 "나(I)"의 상품화는, 나는 무조건 당당해야 한다거나 차별적인 소비만 강화한다. 당당녀 신드롬에 편승한 짝퉁 드라마는 당당함만 강조하다 결론 없이 흐지부지 끝을 맺곤 했다. 〈영재의 전성시대〉나 〈사랑은 기적이 필요해〉가 대표적이다. 노처녀들의 당당함을 내세웠지만, 결국에는 재벌가나 백마 탄 왕자와의 결혼이나 로맨스를 보여 주다 끝났다.

대중문화 심리의 기본 속성 중 하나는 집단적 위안이다. 마음의 상처를 가진 이들의 아픔을 어루만져 준다. 자신의 감정에 대한 동일시와 감정이입을 바탕으로 한다. 하지만 대중문화가 지나치게 독립성과 당당함을 강조하면, 자본은 이를 이어받아 개인에게 필요 없는 파생 상품의 소비를 부추긴다. 또 지나치게 자신(I)을 강조하는 경우, 이기주의, 가족주의, 민족주의에 매몰된다. 개인을 넘어선 집단적 나르시시즘은 경계해야 할 것이다.

멜로드라마에는
왜 사투리를 쓰지 않을까

텔레비전이나 라디오 프로그램, 가요나 영화에는 반드시 표준어만을 쓰고 사투리를 쓰지 못하게 하던 시절이 있었다. 하지만 어느 순간부터 사투리가 영화와 드라마에서 새로운 가능성을 보이고 있다.

영화에서 시작된 사투리 열풍

"고만해라 마이 묵었다 아이가." 영화 〈친구〉(2001)의 이 한마디 대사는 강한 인상을 남기면서 장기간 사람들의 입에 오르내렸다. 〈황산벌〉(2003)은 영호남 사투리를 기발한 상상력으로 구성해 냈고, '거시기'라는 단어는 한동안 새로운 생명력을 지니게 되었다.

근래 흥행 영화들은 대부분 사투리를 전면에 내세우고 있다. 〈선생 김봉두〉(2003)에 이어 〈웰컴투 동막골〉(2005)은 강원도 사투리를 등장시켰다. 특히 강혜정의 사투리 신드롬의 영향을 받아, 드라마에서는 〈진짜 진짜 좋아해〉의 유진, 〈너는 어느 별에서 왔니〉의 정려원이 모두 강원도 사투리를 썼다. 〈가문의 위기: 가문의 영광 2〉(2005)와 〈거룩한 계보〉(2006)에서는 전라도 사투리를 선보였다. 〈사생결단〉(2006)에서는 황정민과 류승범이 부산 경남 사투리를, 〈투사부일체〉(2005)에서는 정운택이 경상도 사투리를 사용했다. 〈나의 결혼 원정기〉(2006)와 〈마이캡틴 김대출〉(2006)에서도 주요 인물의 입에서 경상도 사투리가 쏟아져 나왔다. 양동근, 한가인 주연의 드라마 〈미스터 깽〉(2006), 정태우와 김재원의 〈위대한 유산〉(2006)은 부산 사투리를 등장시켰다. 이제 전라도 사투리와 경상도 사투리는 흔한 편이고, 여기에 충청도 사투리까지 가세했다. 〈맨발의 기봉이〉(2006)에는 완화된 충남 서산 사투리가 나오고, 〈짝패〉(2006)에서는 이범수가 거친 충청도 사투리를 입에 담았다. 남한 이외 지역의 사투리를 보여 주기도 한다. 〈태풍〉(2005)에서 장동건과 이미연은 평양 사투리를 썼고, 〈국경의 남쪽〉(2006)에서는 차승원과 조이진이 평양 사투리를 입에 담았다. 〈댄서의 순정〉(2005)에서는 문근영이 연변 사투리를 능청스럽게 구사했고, 〈열아홉 순정〉(2006)에서도 여주인공은 연변 사투리를 자연스럽게 했다.

드라마·영화·연극에 이어 TV 오락 프로그램도 사투리를 주요 소재로 활용하기 시작했다. 방송 제작진들은 사투리가 대중문화의 블루오션이며 지역감정 해소에 기여한다고 했다. 2006년 5월 1일 첫 방송된 MBC 〈말(言) 달리자〉는 이른바 사투리 퀴즈쇼이다. 표준어 퀴즈쇼는 많이 보았지만, 사투리 퀴즈쇼는 생소했다. 우선, 각 지방 대표가 사투리로 설명하고 단어를 맞히는 "사투리 다섯 고개"를 선보였다. 사투리 능력 시험, 듣기 평가, 말하기 영역도 있었다. 사투리를 잘하는 연예인과 사투리 경연 대회 수상자들이 함께 출연했다. "할머니와 손자가 오랜만에 같이 즐겁게 볼 수 있는 프로그램이었다"는 평도 있었다. 〈언어공감 사오정〉은 전국 각 지역 시청자들이 사투리로 특정 연예인을 묘사하면 연예인 패널들이 맞히는 토크쇼 방식을 지향했다.

KBS 〈개그콘서트〉의 "생활사투리"에 이어, 2006년 SBS 〈개그1〉은 "서울사람"이라는 코너에서 사투리를 소재로 다루었고, KBS 〈스펀지〉는 2006년 4월 22일 방영분에서 사투리 구사의 법칙을 소개하는 등 사투리 아이템을 내놓았다.

새로운 현상들

근래 사투리 사용이 과거와는 다른 점을 보여 준다는 사실을 알 수 있다. 과거에는 주변부 혹은 조연들만 사투리를 썼지만, 이제는 주인공들이 사용한다. 예전에는 나이 많은 노인, 부모 혹은 촌스러운 인물들이 사용했지만, 지금은 젊은이들뿐만 아니라 세련된 외모의 인물들도 사투리를 입에 담고 있다.

같은 지역이라도 약간 차이가 있다는 점을 보여 주기도 한다. 영화 〈마이 캡틴 김대출〉은 부산과 경주의 사투리 차이를 보여 주고 있다. 영화 〈짝패〉는 흔히 느릴 것만 같은 충청도 사투리의 과격성을 보여 준다. 또한 북한 지역 사투리나 강원도 사투리도 많이 등장한다.

사투리가 늘어나면서 지방 출신 연예인, 사투리 전문 배우들이 개성파로 각광을 받고 있다. 유창한 사투리 능력이 연예인의 재능을 보여 주는 중요한 잣대가 되기도 한다. 〈말 달리자〉에서 탤런트 조형기는 "사투리 전문 배우"라며 고정 패널로 캐스팅되었다. 이문식, 김지영처럼 조연 중에도 사투리를 잘 쓰는 배우들이 각광을 받고 있다.

젊은 배우들에게 사투리 연기는 새로운 필수 도전 과제가 되었다. 사투리 자문단이 영화나 드라마, 방송 제작진의 한 부분을 구성하고 있다. 〈사생결단〉의 류승범은 마산 출신 황정민이 시나리오 전체를 녹음해 준 것을 토대로 현지 스태프들에게 자문을 구해 사투리를 익혔다. 즉흥 대사가 필요한 경우, 부산 출신 동료들과 휴대 전화로 녹음해 연습했다. 〈국경의 남쪽〉에서 연인을 두고 탈북 한 평양 출신 음악가를 연기한 차승원은 사전 준비 시간에 북한 출신 의사에게서 사투리를 지도 받았고, 촬영 중에는 북한 출신 스태프가 도움을 줬다. 보통 해당 지역 출신 조연 연기자나 스태프가 사투리 교사를 병행한다. 별도의 교사를 두는 경우도 있지만, 촬영 현장의 도움이 필수이기 때문이다. 영화 〈사생결단〉의 경우, 출연 배우 외에 부산 지역 방송인이 사전 시나리오 읽기 과정을 도왔다고 한다. 이러한 흐름을 반영이라도 하듯이 인터넷에는 많은 사투리 동호회들이 등장했다.

사투리가 각광받는 심리적 이유…

물론 제작자들은 현실감을 살린다는 차원에서 적극적으로 활용한다. 또한 지방을 배경으로 하는 작품들이 많아지면서, 다양한 인물 군이나 캐릭터를 형상화한다는 측면에서 유리하다. 한편으로는 과거처럼 정부 차원에서 표준말을 강조하지 않는 까닭에 사투리에 대한 거부감이 줄어들고 있고, 또 표준말 중심 사고에서 벗어나 사투리를 소화할 만한 사회적 여건과 인식이 성숙되었다고 보기도 한다. 요컨대, 더 이상 사투리는 배제의 대상이 아니라는 것이다.

근래 대중문화는 유쾌 코드와 감동이 순수 키덜트 코드와 결합되고 있는데, 이 때문에 사투리가 각광을 받는다고도 볼 수 있다. 사투리는 소수 언어이자 문화유산이라는 인식 전환도 한 몫하고 있다. 『사라져가는 목소리들』에서 다니엘 네틀과 수잔 로메인은 이렇게 말했다.

언어가 소멸한다는 것은 문화 생태계가 무너지는 것이다. 언어가 사라지면 그 언어에 담긴 지식과 문화와 예술이 없어지고 인류의 지혜와 지식이 사라진다. 각각의 언어는 인간들이 축적해 놓은 지혜와 지식의 원천이자 세계를 보는 창이다. 모든 언어는 살아 있는 박물관이자, 스스로 일구어낸 문화의 기념비다. 언어가 없는 땅은 심장이 없는 땅과 같다.

사투리에도 지혜와 지식이 들어 있다. 사투리는 세계를 보는 창문 역할을 하고 그 자체가 삶의 박물관이자 문화의 성이다. 문화적 성취물인 사투리에는 문화 생태계를 이루는 사람들의 마음이 시공간을 가로지르며 축적되어 있다. 2006년 들어 제주도는 이러한 인식에 따라 해녀와 함께 제주도 사투리를 세계 문화유산으로 등록하는 작업을 추진했다.

　문화 다양성과 문화 생태계 차원에서 대중문화 속 사투리는 지역·세대·언어 공감을 이끌어 내는 아이콘이다. 우려의 목소리도 있다. 사투리의 아름다움과 문화적 다양성을 보여 주지 않고, 단순히 인기 트렌드에 영합해 사투리를 차용하는 경우가 많기 때문이다. 다양한 어휘를 반영하지 못하고 억양만 흉내 내거나 실제 현실 속의 사투리보다 드라마나 영화 속에서만 존재하는 사투리들이 많다. 예를 들어, 무조건 느리게 말한다고 충청도 사투리인 것은 아니다. 한편, 특정 이미지를 고착시키고 편견을 조장할 우려도 있다. 사투리가 조폭의 전유물로 쓰이는 것도 여전하다. 조폭은 강원도에도 제주도에도 있다. 강원도 사투리의 유행은 순수성에 매몰되어 지역적 편견을 낳기도 한다. 연변 사투리에는 경상도 사투리와 전라도 사투리도 있다. 경상도와 전라도에서 이주한 사람들의 자손이 많이 생활하기 때문이다. 잘못 쓰거나 불충분하면 오히려 왜곡시키는 일이 벌어진다. 때로는 지역민의 반감을 사기도 한다. 어휘의 아름다움이나 말글살이를 풍부하게 하는 게 아니라 오히려 희화화하는 데만 머물 수도 있다. 이러한 부정적인 측면 때문에 제대로 쓰지 않을 거라면 아예 쓰지 말라는 의견도 있다.

사투리는 코믹, 감동의 수단이 아닌 문화의 창!

말글살이를 풍부하게 하는 사투리를 더 발굴하고, 실제 언어생활 혹은 토착 언어 관점에서 세심하게 반영하는 작업도 더욱 필요하다. 영화 〈황산벌〉에서 '거시기'라는 단어는 무궁무진한 용례를 선보였다. 이는 사투리의 가능성을 의미한다. 대중문화 속 사투리는 답보와 정체가 아니라 진보를 위한 문화적 입구이자, 세상을 보는 창이다. 그 창에는 삶의 숨결이 담겨 있고, 현재 그리고 미래의 삶과 연결되어 있기 때문이다.

『춘향전』 원본의 이몽룡과 춘향의 대사는 전라도 사투리다. 배경은 전라도 남원인데, 드라마와 영화에서 춘향과 몽룡은 대개 사투리를 사용하지 않는다. 월매나 방자는 사투리를 사용하지만, 그들은 표준말을 사용하는 것이다. 춘향전만이 아니라 정통 멜로 영화에서도 주인공은 사투리를 쓰지 않는다. 왜 그럴까? 여전히 사투리는 회화화, 토속, 주변부라는 도식에 갇혀 있기 때문이다. 사투리같이 촌스러운 것은 멜로에 어울리지 않는다고 여기는 심리적 편향 때문이다. 사투리를 쓰는 주인공들의 사랑 이야기가 많을 때, 아마 그때가 사투리를 편견 없이 인정하는 단계가 아닐까 싶다.

역사 드라마 붐을 일으킨
한국인의 심리

카Edward Hallett Carr는 "과거는 현재를 통해 미래와 끊임없이 대화한다"라고 했다. 오르테가도 그의 주저主著인 『대중의 반역』에서 "미래의 계획이 가장 중요한데, 이는 현재가 투영된 과거를 통해 끊임없이 재구성된다"라고 했다. 현재의 고민을 과거 속에 대입해 끊임없이 미래의 해법을 구할 때 역사는 의미를 갖는다. 이러한 측면에서 보자면, 근래에 사극 열풍은 바람직한 측면이 많아 보인다. 더구나 대중들의 기호에 맞는 수준에서 작품의 제작이 이루어진다면, 오르테가가 대중을 비난한 것이 불식될지 모른다. 대중이 무식하고 저열한 것만은 아니기 때문이다.

역사 드라마, 진화 중인가 단순한 붐인가?

최근 역사 드라마들이 대거 등장하고 있는데, 단순히 한순간의 유행이라기보다는 지속적인 측면이 있다. 근래 〈대장금〉, 〈다모〉, 〈태조 왕건〉, 〈토지〉, 〈해신〉, 〈불멸의 이순신〉이 많은 호응을 받으며 방영되었고, 뒤이어 〈서동요〉, 〈신돈〉이 방영되었다. 2006년에는 〈대조영〉, 〈주몽〉, 〈연개소문〉, 〈황진이〉가 방영되었다. 2007년에는 〈태왕사신기〉가 선보이고, 이어 〈삼한지〉, 〈고선지〉, 〈대무신왕〉, 〈세종대왕〉, 〈이산-정조〉 등이 기획되고 있다. 이런 사극 붐은 바람직한 방향성을 보이기도 하지만, 한편으로 우려스런 면도 있다. 사극 붐은 한낱 시청률 경쟁 현상인가, 아니면 나름대로 진화하는 중인가.

우선, 주목할 점은 최근 사극의 배경이 갈수록 고대사로 간다는 것이다. 〈조선왕조 오백년〉, 〈용의 눈물〉, 〈허준〉, 〈대장금〉, 〈다모〉는 모두 조선 시대를 배경으로 하였다. 그간 사극이라고 하면 대개 조선을 떠올릴 정도였다. 근래 〈태조 왕건〉, 〈제국의 아침〉, 〈무인시대〉 등은 고려 시대를 배경으로 했다. 최근에는 아예 고대로 들어갔다. 〈주몽〉, 〈해신〉, 〈서동요〉, 〈삼한지〉, 〈태왕사신기〉, 〈대조영〉, 〈연개소문〉, 〈고선지〉, 〈대무신왕〉 등은 모두 고대사와 관련한 드라마들이다. 이러한 고대사에 대한 집중은 〈해신〉 이후에 더 활발해졌다. 〈해신〉은 음악, 의상, 인물 구도, 특수 효과, 활극 방식 등이 모두 퓨전 스타일이었다. 한때는 트렌디 드라마가 유행했었는데, 어느 순간 역사 드라마가 큰 흐름이 되고 있다. 이런 현상은 왜 일어나는 것일까?

우선, 트렌디 드라마와의 상관성을 들 수 있다. 일단 소재 면에서 트렌디 드라마는 한계에 이르렀다. 사랑과 이별, 불륜, 신데렐라 콤플렉스와 재벌 2세, 출생의 비밀, 삼각관계 등이 순환하듯 반복 등장했다. 당연히 시청자들은 질리기 마련이다. 이런 유형의 드라마는 성공한 예가 드물어졌다. 특히 신세대가 주인공인 트렌디 드라마의 성공은 거의 전무하다시피 했다. 근본적으로 트렌디 드라마는 중장년 여성, 남성층을 배제하기 일쑤였다.

기존의 역사 드라마와 어떤 점들이 다른가?

역사 드라마는 사극의 가능성 때문에 끊임없이 진화해 왔다. 최근의 역사 드라마는 정통 사극이 아닌 퓨전 사극을 표방하고 시청자 층을 넓게 아우르고 있다. 사극에 멜로를 가미하여 여성들의 주의를 집중시켰다. 기존의 사극과는 달리 단순화된 인물 구도를 바탕으로 하는 호쾌한 활극으로 전환되었다. 여기에 음악이나 미술, 의상을 크로스오버로 현대화했다. 그래서 10대에서 노인층까지 남녀노소를 불문하고 모두 즐길 수 있도록 했다. 즉, 퓨전 역사 드라마를 잘 활용하면 다양한 계층의 시청자들로부터 호응을 받을 수 있다.

두 번째는 불안하고 전망이 불투명한 사회 분위기에서는 역사를 통해 현실에서 필요한 사고와 행동을 모색한다. 새로운 전망을 찾고자 하는 것이다. 또한 현실의 모순과 문제들을 역사적 사실에 대입해 공유하고자 한다. 복잡한 현실의 모습은 단순화된 역사적 상황의 설정을 통해 명확하게 볼 수 있다.

〈불멸의 이순신〉은 혼란한 시대적 상황에서 진정한 리더십을 찾으려 했다. 또한 원칙과 소신을 지키는 이순신의 비극적 운명을 통해 혼란스런 작금의 현실에서 공감을 불러일으키기도 했다. 〈해신〉은 동아시아의 해상왕 장보고를 통해 한반도를 벗어난 동아시아의 보편성을 보여 주려고 했다. 한국인이 동아시아 바다의 주인이었다는 점은 약소국 콤플렉스를 가지고 있는 우리에게 큰 호소력을 지닌 것이었다. 더구나 어려운 경제 사정과 부자 신드롬은 일본에서 '보물의 신'이라 불리는 장보고를 화려하게 부활하게 했다.

〈대장금〉에서는 장금이라는 여성의 일대기를 통해 음식과 여성의 성공 그리고 삶의 성찰을 잘 버무려 냈다. 특히 현재 음식만큼 우리의 관심 대상인 것도 없다. 철학이나 성찰이 없는 음식 문화를 거꾸로 일깨웠다. 그간 남성 중심의 사극에서 간과되었던 여성적 리더십을 보여 주기도 했다.

세 번째, 제작 측면에서 작가적 상상력을 통해 다양한 이야깃거리와 볼거리를 제공할 수 있다. 현대물보다 사극은 창작 측면에서 더 자유롭다. 〈다모〉나 〈대장금〉의 경우에는 얼마 안 되는 역사 자료를 근거로 큰 줄거리의 이야기를 무리 없이 이끌어 내었다. 〈해신〉의 경우에도 역사적으로 거의 기록이 없는 장보고를 장대한 스케일로 복원했다.

고대사로 갈수록 상상력의 자유가 보장된다. 사료가 거의 없는 역사적 인물과 시대를 다룰 때, 작가는 자신의 상상력과 역량을 더 많이 발휘할 수 있다. 인터넷 시대에 이러한 사극은 다른 의미를 지니기도 한다. 최근에 사극은 역사적 인물과 인터넷을 결합시키는 데 큰 역할을 하고 있다. 예를 들어, 〈불멸의 이순신〉의 경우, 이순신에 관한 많은 역사적 사실과 담론을 토론의 장으로 이끌어 냈다. 드라마가 방영될 때마다 그 장면의 역사적 사실에 대한 논의가 실시간으로 이루어져 왔다. 이는 드라마와 인터넷의 시너지 효과를 통해 다른 드라마들보다 훨씬 더 부각되었다.

〈해신〉이나 〈신돈〉, 〈주몽〉, 〈연개소문〉, 〈대조영〉 등도 인터넷을 중심으로 활발하게 논의가 진행되었다. 제작진은 일부러 이러한 점을 고려하기도 했다. 인터넷에서 논란이나 화제가 될 만한 인물을 선정해서 드라마를 제작하는 것 자체가 시청자들의 주목을 끌 수 있기 때문이다.

또한 사극이나 대하드라마는 점차 대형화되고 있는 추세에 있다. 〈해신〉은 50부작이었고, 〈불멸의 이순신〉은 104부작이었다. 〈서동요〉는 70부작이었고, 〈신돈〉도 마찬가지 분량이었다. 그리고 〈주몽〉은 50부작에서 80부작으로 연장되었다. 특히 〈불멸의 이순신〉은 350억 원의 제작비에 170명의 연기자, 4만 4,200여 명의 보조 출연자가 동원됐다. 〈해신〉은 180억 원, 〈신돈〉은 170억 원의 예산이 소요되었다. 〈서동요〉는 부여와 익산 세트 제작비에만 각각 75억 원과 30억 원이 들었고, 회당 제작비도 1억 7,000만 원으로 총 180억 원 이상이 들었다. 〈태왕사신기〉의 제작비는 250-300억 원이라고 한다.

지금까지 논의를 요약해 보면, 사극은 남자들의 전유물로 여겨져 온 것이 사실이나 근래의 사극은 신구 세대를 모두 아우르고 있다. 액션 멜로로 남성과 여성 구분없이 모두 사극으로 끌어들였는데, 이러한 측면은 〈다모〉에서 시작하여 〈대장금〉에서 절정을 이루었고, 〈해신〉과 〈서동요〉, 〈주몽〉으로 이어졌다. 무협 요소를 과감하게 받아들이고, 와이어 액션을 적극적으로 사용했다. 분장과 의상은 새로운 트렌드를 형성했다. 〈궁〉은 현대와 과거, 미래를 퓨전 스타일로 아우르는 모습을 보여 주목을 끌었다. 다른 점은 소재 자체에도 있다. 〈다모〉의 경우에는 '여형사'라는 캐릭터에 초점을 맞췄고, 〈대장금〉에서는 '요리'에 주목했다. 〈서동요〉에서는 일상 과학 기술을 역사와 접목시키려고 노력했다. 이는 권력 싸움에 맴돌았던 기존 사극과는 차별화되는 것이기도 했다. 그간 활발하게 논의되어 온 미시사를 적극적으로 포용하고 있는 것이다. 이전 사극은 주로 조선시대를 배경으로 했지만, 이제는 고려를 지나 삼국시대 혹은 그 이전 시대로 거슬러 올라갔다. 또한 〈다모〉와 〈해신〉, 특히 〈대장금〉의 예에서와 같이 사극도 아시아적 보편성을 지닐 수 있다는 가능성을 보여 주었다.

사극의 이러한 경향에는 부정적인 측면도 있을까? 물론 소재를 다양화하고 장르를 융합하는 것은 역사를 바라보는 관점이나 해석을 새롭게 하는 측면이 있다. 현실에서 색다른 모색을 할 수도 있다. 그렇지만 지나치면 현대적 관점이 너무 많이 개입될 여지가 많아 시대적 상황이나 당시 사회의 의미나 맥락을 놓칠 수 있다. 상상력의 과도한 개입은 역사 왜곡 등 많은 논란을 일으킬 수 있다.

대형화는 장대한 스케일을 통해 시청자들에게 색다른 감동을 줄 수 있다. 하지만 많은 제작비를 들인다고 무조건 좋은 작품이 되거나 시청자들의 긍정적인 반응을 얻어 낼 수 있는 것은 아니다. 특히 대하드라마는 무조건 제작비가 많이 들어야 한다는 기형적인 논리가 문제이기도 하다. 역사적 해석과 드라마의 깊이나 성찰이 중요한 것이지, 제작비가 시청자에게 호소력 있게 다가오는 것은 아니다. 해석과 성찰의 대하가 요구되는 것이지, 제작비의 대하가 반드시 필요한 것은 아닐 것이다. 제작비 80억의 〈대장금〉이 300억의 〈무인시대〉를 능가한 것이 대표적 사례였다.

드라마의 역사 재현은 복원이나 모방이 아니라 나름의 관점을 통해 의미들을 해석해 내는 것이다. 그것은 상징이나 회화 혹은 언어 체계와 같은 구조적인 재현을 넘어서는 상상적인 것이지만, 현실적인 설득력을 갖는 재현이다. 역사적 재현이라는 것은 단지 역사적 사실을 복원하는 것이 아니라, 상관없을 것 같은 다양한 요소들을 결합하고 조합하여 새로운 의미들을 개연성 있게 만들어 내는 작업이다. 그런 만큼 매우 창조적인 작업이다. 따라서 그것을 단순한 재연이라고 생각하는 것은 옳지 못하다.

이러한 역사적 재현 작업들이 매우 좁은 시각에서만 이루어지는 것도 문제다. 예를 들어,〈불멸의 이순신〉은 감정적 민족주의에 갇혀서 동아시아의 보편성을 얻지 못했다.〈주몽〉,〈태왕사신기〉,〈연개소문〉,〈대조영〉은 모두 고구려 혹은 고구려계의 역사가 주요 내용이다. 수백억 원대의 제작비를 들였지만, 한류에 긍정적인 역할을 할지는 알 수 없다. 국내 소비용으로만 그칠 가능성이 많다. 전체적인 분위기가 고구려의 영광을 재조명하는 데 초점이 맞추어져 있기 때문이다. 이렇게 고구려를 집중적으로 다룬 드라마가 등장한 것은 사회적인 분위기와 밀접한 관계가 있다. 기획 당시 중국의 동북공정으로 인해 민족주의적인 감정이 고조되어 있었다. 하지만 감정적 민족주의에 흐를 경우, 한류에 역행하는 측면이 강할 수밖에 없다. 한민족의 우월성을 강조하는 것은 아시아적 보편성을 획득하는 데 실패할 것이다. 그것은 결국 일본이나 중국과 똑같아지는 것이기도 하다. 과거는 현재와의 대화를 통해 미래를 열어갈 수 있지만, 잘못된 대화는 과거 속에 안주하고 퇴행하게 만들 수도 있다.

한류를 생각할 때 동아시아의 보편성을 확보하는 것이 중요하다. 이제 역사 드라마도 한국만 즐기는 것이어서는 안 된다. 작품이 가진 보편성으로 인해 동북아시아에서 호응을 받았던 작품으로는 〈상도〉, 〈허준〉, 〈대장금〉 등이 있다. 앞으로 많은 사극들이 일본이나 중국, 동남아시아에서 인기를 얻을 수 있도록 동아시아의 가치와 보편성을 확보하는 것이 중요하다. 그들 모두의 고민과 삶을 우려내는 역사 드라마가 진화의 지향점일 것이다.

왕자와 신데렐라,
첫눈에 반하지 않는다

    신데렐라 이야기는 신데렐라가 단번에 왕자의 눈에 들어서 왕자와 결혼한다는 내용을 담고 있다. 콜레트 다울링은 이렇게 높은 신분이나 성공한 남자에 기대어 자신의 수직 신분 상승을 꿈꾸는 심리 욕구를 "신데렐라 콤플렉스Cinderella complex"라고 했다. 이러한 콤플렉스를 가진 여성은 왕자를 만날 날만을 꿈꾸며, 현실 도피적인 모습을 보인다. 그런데 그녀가 왕자의 눈에 들기 위해서는 화려한 마차, 멋진 의상, 그리고 유리구두가 필요하다. 이는 왕자의 눈에 들기 위해 필요한 수단들이다. 신데렐라를 꿈꾸는 이들은 이처럼 겉모양에 치중하면서 왕자와 "눈이 맞을" 순간을 기다린다.

    드라마나 영화에서는 이러한 신데렐라들을 많이 다루었다. 많이 다룬 만큼 식상하기도 하고, 비판도 많이 받아 왔다. 이 때문에 드라마에서는 더 이상 어느 날 갑자기 왕자와 눈이 맞는 일은 없다. 즉, 처음부터 왕자 격인 남자 주인공이 여자 주인공에게 반하는 경우는 없다. 우연한 계기나 어떤 계약적인 상황을 통해서 만남의 빈도수가 높아지고, 그러면서 점차 사랑에 빠진다. 여자 주인공인 신데렐라의 화려한 의상이나 장신구, 외모보다는 그 성격과 생활 방식에 남자 주인공인 왕자가 호감을 느끼고 사랑하게 된다는 설정이 많아졌다.

SBS〈형수님은 열아홉살〉에서 가난하고 불우한 주인공 한유민(정다빈)은 병원 레지던트인 강민재(김재원)와 거짓 약혼을 한다. 처음에 남자 주인공은 여자 주인공 한유민에게 관심이 없다. 단지 강민재의 어머니가 사업을 위해 자동차 회사 사장 딸과 추진한 정략적 약혼을 피하기 위해 그는 한유민을 부잣집 딸이라 속이고 약혼한 것이다. 계약 아내, 강민재가 열아홉 살 고등학생 한유민에게 제안한 아르바이트 자리다. 나중에는 한유민이 고등학생이라는 것을 알면서도 민재는 점차 그녀를 좋아하게 된다.

SBS〈파리의 연인〉에서 가난한 강태영(김정은)은 파리로 유학을 갔다. 그녀는 그곳에서 최고급 아파트에 드나들며 청소와 음식을 해 주는 헬퍼 일을 한다. 이른바 가정부다. 그런데 공교롭게도 그 아파트에 살고 있는 사람은 한국 남자인 한기주(박신양)로 수백억 원 대의 재산을 가진 자동차 재벌 2세다. 한기주는 우연히 강태영과 동행한 상류층의 화려한 파티에서 그녀와 춤을 추고 난 뒤부터 점차 사랑에 빠진다. 물론 남자 주인공 한기주는 처음에는 강태영을 좋아하지도 않았고, 관심도 없었다.

KBS〈풀 하우스〉에서, 가진 것이라고는 아버지가 남긴 풀 하우스뿐인 한지은. 그러나 중국에서 돌아오니 풀 하우스는 남의 손에 넘어가 버렸고, 다시 집을 되사려는데, 그 집은 아시아 최고의 인기 배우 이영재(비)의 소유가 되어 있다. 한지은은 하녀처럼 일을 하며 돈을 갚아 다시 풀하우스를 사기로 한다. 결국 본의 아니게 이영재와 같이 살게 된다. 그런데 이영재는 강혜원이라는 여성을 좋아한다. 그러나 쉽게 고백을 하지 못한다. 떠나 갈까봐. 좋아한다는 말을 하고도 들키지 않으려고 한지은에게 말한 것처럼 한지은의 볼에 키스를 한다. 이때 사진 기자들이 달려든다. 이영재는 자신의 마음을 들키지 않기 위해 강혜원에게 보란 듯이 한지은과 결혼할 것이라고 말한다. 일단 언론에 보도되자 둘은 사랑 없는 계약 결혼을 한다. 한지은에게 돌아가는 대가는 풀 하우스이다. 그러다가 둘은 진짜 사랑에 빠져 버린다.

"미운 사람도 자주 보면 정이 든다"는 말이 있다. 그래서 과거에는 "살다 보면 정이 든다"면서 강제 결혼을 합리화하기도 했다. 단순 접촉 효과effect of simple contact는 단순하지만 하나의 원리다. 1889년 파리에서 열린 만국박람회를 기념한다며 철골의 에펠탑을 세운다고 했을 때, 파리 시민들 대부분이 반대했다. 하지만 나중에는 모두 좋아하게 되었고, 파리 시민들은 에펠탑을 파리의 상징으로 꼽는 데 주저하지 않게 되었다. 에펠탑을 자주 보게 되면서 친근해진 것이다. 이는 '단순 접촉' 효과가 얼마나 큰 것인지 알려 주는 대표적인 사례이다. 또한 사회 심리학에서는 "근접성 효과proximity effect"를 들어 이러한 친근감과 호감도의 증가를 설명하기도 한다. 당연히 가까운 곳에 있을수록 친근감이 더 생기고 정이 들 법하다. 계약 결혼이라 해도 〈풀 하우스〉처럼 한 공간에서 같이 먹고 자며 살아야 하는 경우, 정이 들고 사랑이 싹틀 가능성도 높다. 단순 접촉과 근접성의 원리가 효과를 발휘하는 것이다.

그러나 항상 접촉하고 근접해 있다고 해서 정이 들고 사랑에 빠지는 것은 아니다. 펄만에 따르면, 부정적인 인물에 대해서는 접촉의 증가나 근접성에 관계없이 호감도나 친근감은 증가하지 않는다고 한다. 각종 드라마에서는 이 점을 여자 주인공의 성격으로 보완한다. 여자 주인공은 가난하지만 꿋꿋하고 활기차며 항상 웃는 성격을 보인다. 〈파리의 연인〉의 강태영, 〈풀 하우스〉의 한지은(송혜교), 〈형수님은 열아홉살〉의 한유민은 모두 이러한 성격을 가지고 있다. 반면 남자 주인공은 그러한 성격이 부족하다. 그런 까닭에 남자 주인공은 자신에게 없는 것을 가지고 있는 여주인공에게 빠져든다는 설정이 빈번하다.

드라마는 암시와 기대감을 형성시킨다. "꿋꿋하고 활기차게. 그러면 처음부터 왕자님이 반하지는 않아도 차츰 너를 보고 반해서 사랑에 빠지게 될 것이다." 화려한 외모가 아니라도 왕자와 부대끼다 보면 사랑이 이루어지고 신분 상승이 된다고 여기는 심리는 새로운 신데렐라 콤플렉스다. 드라마에서 여자는 가난하고 신분이 낮으며, 남자는 신분이 높고 부자로 설정되어 있다면, 결국 남자에 의존해 현실을 타개하고자 하는 심리가 짙게 배어 있는 것이다. 새로운 신데렐라 콤플렉스는 방송이 만들어 낸 것이다. 과거의 신데렐라 이야기처럼 한 번에 '빽' 가는 일은 이제 효과도 없고 욕도 많이 먹는다. 따라서 근접성이나 단순 접촉의 효과에 기대어 신데렐라 욕구를 합리화하면서 시청자들의 눈과 귀를 붙들어 매고 있는 것이다.

드라마의 리얼리즘을 따지자면, 단순한 신데렐라들의 꿈과 기대를 이용하여 다른 목적을 채우려는 이들이 더 많은 것이 현실이라는 점을 보여 주는 사랑 이야기가 더 좋을 듯싶다.

장애인 캐릭터는
왜 항상 순수하고 착하기만 한가?

근래에 장애인이 등장하는 영화와 드라마가 많았다. 그런데 영화와 드라마에 등장하는 장애인은 특정 모습만을 보인다. 이렇게 특정 모습만을 보이는 것은 장애인을 배려하는 차원에서 이루어진다. 즉, 약자에 대한 보호라는 측면에서 그렇다. 하지만 약자 보호라는 명분이 현실 왜곡을 낳을 수 있다. 우선 근래 드라마에 등장한 장애인을 성별로 구분하여 기여한 점과 한계점 그리고 개선 방향을 짚어 보도록 하겠다.

여성 장애인 캐릭터가 나온 드라마로는 SBS 특집극 〈내 사랑 토람이〉, MBC 〈슬픈 연가〉, SBS 〈봄날〉을 들 수 있다. MBC 〈슬픈 연가〉에서 김희선은 시각 장애인으로 등장했고, SBS 〈봄날〉에서는 고현정이 외상성 언어 장애가 있는 여주인공 서정은을 연기했다. SBS 신년 특집 드라마 〈내 사랑 토람이〉에서 하희라는 시각 장애인 주부 역을 맡아 열연했다.

긍정적인 측면에서 그 캐릭터들은 헬렌 켈러형이라고 부를 수 있을 것이다. 헬렌 켈러Helen Keller(1880-1968)는 후천적으로 장애를 갖게 되었다. 또한 장애를 이기고 자신의 삶을 일구어 낸 입지전적 장애인 여성의 전형이라고 할 수 있다. 김희선이나 고현정이 열연한 배역은 모두 헬렌 켈러와 같이 후천적인 이유 때문에 장애를 가지게 되었다. 〈슬픈 연가〉의 경우에는 이모의 실수로 시각을 잃었고, 〈봄날〉의 경우에는 정신적인 충격으로 언어 장애를 갖게 되었다. 이 둘은 나름대로 자신의 삶을 모색하는 모습을 보인다. 헬렌 켈러를 닮은 유형은 〈내 사랑 토람이〉의 하희라였다. 시각 장애인 주부 역을 소화한 하희라가 안내견 토람이와 함께 어려움과 고통을 이겨내는 모습을 보여 주었기 때문이다.

그러나 드라마에 나오는 장애인이 무조건 헬렌 켈러를 연상케 한다는 것은 문제다. 헬렌 켈러 형은 일단 매우 바람직해 보인다. 장애를 딛고 당당하게 생활하는 모습을 보여 주기 때문이다. 하지만 '장애'의 극복에만 초점을 맞추는 것은 타당하지 않다. 장애는 일상에서 함께 늘 존재하는 것이기 때문이다. 장애를 가지고 있으면서도 불편 없이 생활하는 장애인들은 매우 많다. 장애를 극복의 대상으로만 여기게 하거나 연민의 대상으로만, 무조건적인 시혜의 대상으로만 보도록 하는 편견을 만들어 내는 것은 문제가 있다. 또한 이러한 점을 간과하면 장애 극복을 감동의 수단으로 삼는 드라마들을 양산하게 된다.

장애인 여성에 대한 편견은 여전히 잔존하고 있다. MBC〈슬픈 연가〉는 장애인 여성과 비장애인 남성의 사랑 이야기를 다루면서 여성 주인공을 남성의 보호 본능을 불러일으키는 나약한 존재로 그렸다. 여성 장애인은 대부분 청순가련 형이다. 2004년 드라마 〈불새〉 초기에 보인 남성 의존적인 여성 캐릭터의 연장이다.

그리고 〈슬픈 연가〉에서는 남성에게 지나치게 헌신적인 고전적 여성 이미지를 보여 주었다. 더구나 〈슬픈 연가〉에서는 사랑하는 사람을 보고자 눈을 뜬다는 비현실적인 설정까지 이루어졌다. 갑자기 『심청전』 버전이 된 것이다. 캔디 형 인물을 장애인 여성 캐릭터에도 적극 적용할 필요가 있다. 드라마에는 남성 장애인이 등장하는 경우도 종종 있었다. KBS 〈열여덟 스물아홉〉에서는 직업을 갖기 위해 노력하는 27세의 남성 시청각장애인이 등장했고, KBS 〈그 여름의 태풍〉에서는 사회복지사를 꿈꾸는 20세의 근이양증 남성 장애인이 등장했다. 〈부모님진상서〉에서는 자폐아 아동에 대한 이해가 두드러졌다. 하지만 그 아동이 중심은 아니었다. 단지 관찰의 대상으로만 등장했다. 또한 장애인은 집안 갈등의 중심이라는 관점에서 벗어나지 못했다. SBS 〈프라하의 연인〉에서는 직업을 가진 장애인이 등장했다. 29세의 서운규는 남성 장애인 최초로 외교관 직업을 가진 인물이었다. 대부분의 드라마에서 장애인들은 직업 없이 집안에만 있는 존재로 나온다. 하지만 사랑을 하는 존재가 아니라여주인공의 연애 상담을 들어주며 바라만 보는 수동적인 존재였다.

이는 장애인의 사랑에 대해서는 다루지 않는 드라마의 성향이 그대로 반복된 것이다. 장애인에 대한 여전한 편견이 드러난 것이다. 〈그 여름의 태풍〉에서 한지훈(온주완)은 부모의 업보로 근이양증 장애를 갖게 된 것으로 묘사되었다. 또한 자학적, 비관적 삶의 자세만을 보여 주었다. 더구나 그는 부유한 집안의 자제로 아무 직업도 없이 방황만 하는 캐릭터였다. 근이양증에 대한 제대로 된 설명이 이루어지지 않았다는 비판도 있었다. 사랑이나 감정이 배제된 그저 착한 캐릭터로만 등장하는 것은 남성 장애인에 대한 편견을 낳을 수 있다. 이는 장애인도 비장애인과 같은 감정과 욕망을 지녔다는 점을 놓치고 있기 때문이다. 장애인도 사람이기에 성격과 행동 성향이 다 같을 수는 없다. 착하고 청순가련하게만 그린다면 오히려 사회적인 편견을 낳을 수 있다. 2006년 1월 9일부터 선보인 KBS 2TV 월화 드라마 〈안녕하세요, 하느님〉은 지체 장애 청년을 통해 순수한 사랑을 드러내려 했다. 드라마의 제작 의도는 지능 지수 65의 청년이 뇌 수술을 통해 180이 넘는 천재의 능력을 지니게 되고, 이제까지 누려 보지 못한 성공을 이룬다는 설정을 통해 행복과 성공의 의미를 보여 준다는 것이다. 하지만 여러 가지 편견을 줄 요소가 있었다. 하루(유건)는 3급 장애 판정을 받은 정신 발달 장애 청년인데, 여선생을 사랑한다. 하루는 여선생이 똑똑하고 능력 있는 남자를 좋아할 거라는 박동재(이종혁)의 말을 듣고 수술에 동의하게 된다. 즉, 사랑하는 여선생을 위해 똑똑해지고자 수술을 받는다는 것이다. 이 작품 역시 정신 지체인을 지나치게 착하고 순수하게만 그렸다.

순수한 사랑과 삶의 의미라는 주제 의식은 좋아 보이는데, 다만 정신 지체 장애인을 다루는 데 몇 가지 더 고려해야 할 점이 있다. 장애인의 삶을 지나치게 불행하고 비참한 것으로 그렸다. 하루의 삶은 연민을 일으키고 시혜의 대상으로 보게 만들었다. 그러나 장애를 가지고도 즐겁고 훌륭하게 사는 이들이 많다는 점은 간과된다.

두 번째, 많은 드라마와 영화에서 그렇듯이, 이 드라마 역시 정신 지체 장애인을 순수하고 밝게만 그리고 있다. 〈웰컴투동막골〉에서 여일(강혜정)은 정신 지체 장애인지 정신 분열증인지 구분이 안 되었다. 그러나 역시 정 많고 순수한 인물로 등장했다. 현실에서는 〈안녕하세요, 하느님〉의 하루 같은 정적인 정신 지체 장애인뿐만 아니라 동적이고 흥분 잘하는 장애인도 있다. 이렇게 밝게 웃음 짓는 존재로만 나오는 것은 장애인에 대한 그릇된 인식을 심어 줄 염려가 있다.

영화 〈맨발의 기봉이〉는 착한 정신 지체인의 삶을 효와 순수라는 코드로 연출해 냈다. 하지만 그 때문에 지나치게 희화화했고, 정신 지체인지 뇌성 마비 증세를 지닌 사람인지 불분명하게 그렸다.

20여 년 만에 리메이크된 드라마 〈사랑과 야망〉에서 착하고 순한 심성을 지닌 선희는 굴곡 심한 등장인물들의 심정을 헤아리는 모습을 보여 주었다. 이 드라마는 장애인 등장인물의 전형을 보여 주었다. 소아마비로 다리를 절지만 마음만은 누구보다도 따뜻한 막내딸 선희(이유리)는 한 갈래로 단정히 묶은 머리에 스웨터 차림에 두 손을 모아 서 있는 모습에서 그 성격과 품성을 짐작할 수 있다. 제작진은 선희가 1960년대 헐벗고 배고프던 시절의 '누이' 이미지라고 밝혔다. 김수현 작가는 선희 역을 맡은 이유리에게 "사과같이 풋풋한 이미지를 내라"고

했다. 배우 이유리는 그에 맞게 연기하기 위해 노력했다고 말했다. 요컨대 선희는 착하고 순할 뿐만 아니라 가족을 돌보면서 열심히 살아가는 캐릭터였다. 아끼꼬(김나운)는 정신적으로 장애가 있지만, 따뜻한 마음씨를 지닌 인물이다. 김나운은 거렁뱅이 차림으로 망가질 대로 망가진 아끼꼬 역을 열연해 호평을 받았는데, 이 인물 역시 순수하고 착했다.

왜 착한 캐릭터만 등장하나

그렇다면 드라마와 영화에서 이렇게 장애인을 착하게만 그리는 심리적 이유는 무엇인가? 이를 한민족의 정이라는 관점에서 볼 수도 있다. 약한 사람들에게 유난히 정이 많은 민족이라는 시각에서 볼 때는 타당하게 보인다. 강자 중심의 일본 사회와는 크게 다른 점이기도 하다. 다른 한편으로, 장애인들을 악하게 그리면 온갖 비판이 가해질 것을 염려하는 심리가 작용하고 있다. 이렇다 보니 장애인의 다양한 캐릭터를 반영하지 못하고, 장애인에 대한 또 다른 편견을 만들어 낼 수 있다. 무엇보다도 장애인은 인간이 가지고 있는 욕구와 욕망을 가지고 있지 않은 것으로 여기게 만들 수도 있다. 항상 착하고 순한 장애인의 모습만 보아 왔기 때문이다. 장애인 중에도 악한 행동을 하는 이들이 있다. 다만, 악한 행동을 하게 되는 원인과 배경에 초점을 맞추어 휴머니즘적 관점에서 다룬다면 다양한 캐릭터가 나올 수 있을 것이다. 드라마에서 다층적이고 복합적인 인간의 성격을 그려 내려고 하듯이, 장애인들의 캐릭터도 다양화되어야 한다. 한편, 장애를 지녔지만 자신의 삶을 능동적으로 일구어 가는 사람, 여성과 남성 구분 없이 직업을 가지고 있는 캐릭터들이 많아야 할 것이다. 또한 사랑의 주체로 당당하게 등장하는 모습을 좀 더 많이 그려 내는 것이 바람직할 것이다.

개그 유행어에 비친
한국 사회의 집단 무의식

칸트는 어떤 현상을 해석하고 판단할 때 상식을 깨트리며 오는 즐거움이 웃음이라고 했다. 개그는 상식을 뛰어넘어 끊임없이 현상과 인식을 뒤집으면서 즐거움과 웃음을 준다. 아리스토텔레스의 말대로 사람은 '웃는 존재' 이다. 웃음은 사회와 떨어질 수 없다는 의미다. 그 즐거움과 웃음 속에서 미처 생각하지 못했던 우리 사회의 집단 무의식이 드러나기도 한다. 특히, 사람들에게 호소력을 지니는 유행어는 사회와 집단의 무의식을 드러낸다.

이승만 정권 시기에는 "잘돼 갑니다"가 유행했다. 경무대에만 있는 대통령에게 주변 인물들은 "잘돼 갑니다"라고만 대답했다. 즉, 그 말로 대통령의 눈과 귀를 막아 버렸다. 주변 인물들은 대통령 이발사에게도 대통령이 무엇을 묻든 "각하, 잘돼 갑니다"라고 대답할 것을 지시했다. 그 말에는 역설적으로 하나도 잘 되어 가지 않는 현실 고발이 들어 있다. 경무대에서

꼼짝도 하지 않고 국정을 운영하려는 이승만 대통령의 행태를 꼬집는 심리가 반영된 것이기도 하다. 오죽하면 4.19 이후 〈잘돼 갑니다〉라는 영화까지 만들어졌을까? 영화 개봉은 5.16 쿠데타로 불발되었다.

텔레비전에 코미디 프로그램이 처음 방송될 때 등장한 코미디언 고故 서영춘의 "인천 앞바다에 사이다가 떴어도 고뿌(컵) 없으면 못 마십니다, 뿜빠라 뿜빠 뿜빠빠"와 "땅딸이" 이기동이 배꼽까지 올라오는 바지를 입고 말하는 "쿵따라닥닥 삐약삐약," "어디론가 멀리 가고 싶구나"는 모두 시대적 분위기를 반영하고 있다. 군사 독재 사회에서 국민들이 자신이 원하는 것(사이다)을 취할 수 있는 수단(컵)을 가지지 못한 갑갑한 심정을 드러내 주고 있다.

80년대 최고의 코미디 프로그램인 〈유머일번지〉 "회장님 우리 회장님"에서는 개그맨 고 김형곤이 비룡그룹 회장으로 나와 외친 "잘돼야 될 텐데," "잘될 턱이 있나"라는 유행어가 대히트했다. 이는 당시 전두환 정권의 부패와 무능, 그리고 턱이 유난히 도드라졌던 이순자의 전횡을 풍자한 것이었다. 고故 양종철이 뜬금없이 내뱉었던 "밥 먹고 합시다"와 "저거 처남만 아니면 짤라야 하는데"라는 김형곤의 말은 친인척끼리 다 해먹는 당시 권력 집단과 재벌 기업의 행태를 비틀었다. 김학래의 "저는 회장님의 영원한 종입니다, 딸랑 딸랑 딸랑!"은 아첨의 사회를 반영하고 있었다.

1980년대 중반 바보 영구 심형래의 "잘 모르겠는데요"는 현대인의 복잡한 심경을 대변하는 것이기도 했고, 5공 청문회 등에서 잘 모르겠다고만 하는 증인들을 조롱하는 차원에서도 유행했다. 5공화국 시기에 "못생겨서 죄송합니다"라는 유행어가 코미디 계를 평정했다. 못생겨서 죄송하다는 말은 어떻게 보면 자학적인 의미로 받아들여질 수 있다. 사람은 대개 자신이 못생겼다는 것을 인정하지 않으려는 경향이 있기 때문이다. "못생겨서 죄송합니다"는 당당하게 자신을 인정하고 있는 말이다. 거기에 겸손함마저 보이니, 사람들은 한 번 편안하게 웃고 가게 된다. 물론 이 말을 불쾌하게 여긴 사람은 따로 있었다.

이 유행어의 장본인인 고故 이주일은 '대통령을 닮았다'는 이유로 연예인 숙정 작업에서 '방송 출연 정지'를 당했는데, 그 이면에는 "못생겨서 죄송합니다"라는 말이 있었다. 대통령이 못 생긴 꼴이 되니 말이다. 방송 출연 정지는 되었지만, 그는 밤업소 등에서 생계를 유지하며 "닮아서 죄송합니다"라는 유행어를 만들어 냈다. 겸손하게 죄송하다고 하니 그에게 누가 침을 뱉을 것인가. 그러나 이제는 겸손의 시대도, 나를 낮추기만 하는 시대도 아니다.

2000년대 들어 '옥동자' 정종철은 "얼굴도 못생긴 것들이 잘난 척하기는, 적어도 내 얼굴 정도는 돼야지!"라고 말했다. 죄송하기는커녕 오히려 자신이 잘생겼다고 큰소리쳤다. 어차피 세상에는 잘 생긴 사람보다 못생긴 사람이 많고, 미의 기준은 상대적이다. 보는 관점에 따라서 미의 기준은 달라질 뿐만 아니라, 결국 판단은 자신이 하는 것이다. 이런 변화가 자신을 낮추는 것은 한없이 자신을 소외시킨다는 대중의 무의식이 작용한 결과는 아닐까?

이후에 개그맨 정준하는 〈코미디하우스〉의 "노브레인 서바이버"에서 "그것은 나를 두 번 죽이는 거예요"라는 말을 유행시켰다. 자신의 대답이 틀렸음을 인정하지 않고 계속 자기주장만 우겨댔다. 그 뻔뻔하고 당당함은 옥동자가 자신의 외모에 대해 당당하게 선언한 것과 맥락이 닿는다. 정준하가 다음과 같은 말을 한 데서 단적으로 알 수 있다. "왜? 나는 소중하니까." 정준하는 '논리적 바보'라는 캐릭터를 만들어 냈고, 이는 결국 자기를 소중하게 여기는 캐릭터를 의미했다. 물론 상대방에 대한 인정은 매체에서 별로 중요하게 여겨지지 않았다.

개그맨 임혁필은 〈개그콘서트〉 "봉숭아 학당"에서 "영국의 권위 있는 귀족, 순수한 혈통, 루이 윌리암스 세바스찬 주니어 3세"라고 하며, 몸종인 알프레도에게 신경질적으로 "나가 있어!"라고 내뱉었다. 이는 나르시시즘적인 신분 의식에 사로잡힌 사람들에 대한 통렬한 비판이자 회화화이기도 했다. 노블리스 오블리주를 실천하지 않는 천민 귀족주의 혹은 천민자본주의의 이기심을 꼬집은 것이었다.

세상은 언제나 엉망으로 보인다. 그것이 사실이든 아니든 세상을 향한 불만은 끊임없이 개그 유행어에 나타난다. 개그맨 안상태가 〈개그콘서트〉 "깜빡 홈쇼핑"에서 유행시킨 "이게 뭐니, 이게 이게"와 〈폭소클럽〉의 블랑카가 외국인 노동자의 대변인으로 나서서 말한 "뭡니까, 이게!"는 현실에 대한 불만 심리와 원칙과 질서에 대한 회귀 욕구를 드러내 주었다. 이는 혼돈, 속도, 퓨전의 시대에 더욱 강하게 드러나는 심리이다.

〈웃음을 찾는 사람들〉에 나오는 컬투의 "그때그때 달라요"

는 영어 강의의 희화화를 통해 해방의 통쾌함을 준다. 다양하고도 희한한 해석에 "컬투형 접속사죠, 쌩까기 대명사죠" 같은 단어들의 빈번한 사용은 진지한 학습의 대상인 영어를 희화화시킨다. 하나의 해석만을 일방적으로 강요하는 영어 학습, 그것은 왠지 영어 학습에 주눅 들어온 사람들에게 해방의 통쾌함을 준다. 이미 정해진 해석만을 강요하며 군림하는 영어를 오히려 '뻔뻔' 하게 자유자재의 해석으로 난도질해 버리기 때문이다.

현실에서는 차마 하지 못할 말을 개그에서는 '뻔뻔' 하게 해야 웃음이 터져 나온다. 〈웃찾사〉의 한 꼭지인 "비둘기합창"의 '리마리오' 의 특징은 개그의 특징이기도 한 뻔뻔함이 넘쳐난다는 점이다. '리마리오' 는 평소에는 드러나지 않는 남성들의 무의식을 드러낸다. 남성의 행동을 알게 모르게 통제하는 '느끼한 무의식' 말이다. 〈개콘〉의 "꽃보다 아름다워"나 "안어병"의 '빠져 보시겠습니까?' 도 뻔뻔한 남자의 깨는 웃음이지만 이 점에서 다르다. 이들은 남성들의 뻔뻔함과 느끼함보다는 '촌스러운 남성성' 을 역설적으로 강조한다. 촌스럽다는 말은 욕에 가깝다. 하지만 〈개콘〉의 '복학생' 은 "내 밑으로 모두 조용히 해" 하면서 촌스러운 물품과 추억을 뻔뻔하게 열거한다. 사람들은 겉으로는 촌스러움을 멀리하지만, 무의식에서는 편안함을 느낀다. 70-80년대 문화의 유행은 편안한 정체성을 대중 상품 구조에서 찾고자 하는 집단 무의식에서 비롯한 것이다.

인종적 편견과 차별 논란에도 불구하고 〈폭소클럽〉 "블랑카"의 '이게 뭡니까' 가 한국 사회 문화의 허위와 '이중성' 을 폭로한 것은 사실이다. 블랑카는 한국인들의 일상사보다는 회사의 간부들, 직장 권력자들의 신랄한 풍자로 웃음을 주었다. 정작 블랑카의 문제는 한국인들의 일상 모순을 지적하지 않았다는 데 있다.

〈개그콘서트〉에서 "사실이야"는 사회의 이중성을 범죄자와 형사의 관계에서 드러내고 있다. 우리는 다른 이들의 언술과 행동을 끊임없이 의심하고, 그것이 사실인지 알고 싶어 한다. 간접적인 관계가 심화될수록 의심은 강해질 수밖에 없다. "사실이야"는 진실을 강요와 자백을 통해서라도 알고 싶어 하는 심리를 담고 있다. 이러한 사실 자백에 대한 강요는 "사실이야"에서 볼 수 있듯이 가학성 쾌락으로 변질된다.

〈웃찾사〉의 "그런 거야"는 진짜 생각이나 의도를 밝히라는 일종의 고백 강요다. 한편으로는 가학성을 서로 용인하는 집단 무의식을 드러낸다. 선임이라는 권력에 기대어 후임을 갖고 노는 "그런 거야"는 끊임없이 후임에게 재생산된다. 이런 재생산의 틀 속에서 보는 이도 한몫한다. 갖고 놀기의 가학적 쾌락 도구인 "그런 거야"를 보면서 아무 생각 없이 웃음을 흘리기 때문이다. 우리 모두는 어쩌면 개그를 보면서 또 하나의 사회, 집단적 무의식을 형성하거나 공고하게 만들고 있는지도 모른다.

이순신 신드롬과 종족 우상

〈불멸의 이순신〉 논쟁과 시청자의 심리

드라마 〈불멸의 이순신〉은 처음부터 부담감을 안고 출발했다. 〈해신〉이나 〈대장금〉, 〈다모〉와는 다른 심리가 작용하고 있었기 때문이다. 퓨전 사극이 아니라 정통 사극이기 때문만은 아니었다. 〈불멸의 이순신〉은 이순신이라는 영웅을 재확인하는 수준에서 머물러야 했다. 왜냐하면 사람들은 이순신의 영웅성을 느끼고자 하는 심리가 있기 때문이다. 그것에서 벗어나면 거부감을 느낀다. 이는 역사적 사실이냐, 드라마상의 허구냐 하는 이분법적인 논쟁을 벗어난다. 한국인들의 집단 심리에 닿아 있기 때문이다.

두 가지 예를 들어 보자. '거북선이 시험 운행 중에 침몰했다!'는 드라마의 내용이 논쟁의 도마에 올랐다. 『난중일기』나 이순신의 장계, 『조선왕조실록』 같은 공식 역사 기록에는 볼 수 없는 내용이기 때문이다. 드라마 상의 허구다. 또한 원균에 대한 재조명 혹은 긍정적인 묘사에 대해서도 말이 많았다. 원균에 대한 묘사도 허구다. 이 두 가지 사안은 다른 내용들보다 훨씬 더 많은 주목을 받았다. 왜 그럴까? 사람들은 영웅성을 강조하는 역사적 사실의 과장이나 왜곡은 문제 삼지 않는다. 그러나 영웅성을 훼손하는 드라마 상의 픽션은 거부한다.

이 때문에 이 두 가지는 별개의 사안인 것 같지만 같은 맥락에 있다. 바로 건드리고 싶지 않은 이순신의 영웅성에 닿아 있다. 거북선이 그렇게 쉽게 침몰했다면, 위대한 거북선 그리고 이순신의 영웅성에 금이 간다. 사람들은 그러한 것을 바라지 않는다. 원균을 긍정적으로 그릴수록 이순신의 영웅성이나 탁월함, 인격은 떨어지게 된다. 『난중일기』에 무수하게 등장하고 있는 이순신의 원균 비판을 생각하면 더욱 그렇다. 원균을 긍정적으로 묘사하면 이순신의 말은 틀린 게 된다. 영웅의 말이 틀리다는 점을 쉽게 인정할 수 없는 것이 그를 따르는 사람들의 심리다.

원균에 대한 부정적인 평가는 이순신의 장계나 『난중일기』에 의존하고 있다는 점을 지나치게 간과하는 것도 문제다. 『실록』은 오히려 원균에 대해 긍정적이다. 그러나 원균에 대한 호오好惡가 중요한 것은 아니다. 원균은 전쟁과 정치적 역학 속에서 다르게 변하는 존재일 뿐이라는 사실을 드라마와 원작 소설들은 놓치고 있다.

필자는 이순신의 영웅성 이면에 관한 책을 쓴 적이 있다. 책을 쓴 이유는 크게 두 가지다. 하나는 그동안 한국 사회가 이순신의 영웅성을 강조하다 보니 오히려 인간 이순신의 한계와 당시의 정치, 사회적 맥락을 너무 간과하고 있다는 것, 그리고 이러한 점이 이순신 같은 인물을 다시 나올 수 없게 만드는 장애 요인으로 작용한다는 것을 밝히고자 했다.

두 번째는 총체적으로 접근한 이순신 연구자들은 따로 있는데, 한쪽 측면만 강조한 소설이 더 유명해지는 것에 문제의식을 느꼈기 때문이다. 김훈의 『칼의 노래』나 김탁환의 『불멸의 이순신』은 이순신 연구자들이 보기에는 편향되고 부분적인 시각에서만 이순신을 다룬 작품이다. 여기에 드라마의 극적 허구성이 더해졌다. 역사적 사실에 대한 기본적인 해석학적 상상력도 아쉬웠다. 이순신 연구자들이 벌이는 종합적인 논의의 자리가 더 필요했다. 이순신에 대한 종합적인 시각과 연구들을 묶어서 알기 쉽게 펴내는 작업이 필요하다고 생각했다. 그렇지만 주위의 평가는 냉랭했다. 필자의 능력 탓이다. 그런데 그런 이순신의 진면목에 대한 종합적인 체계화 자체를 싫어하는 분위기도 있었다. 이순신의 진면목을 보지 않으려는 이유는 무엇일까?

무엇보다도 이순신이 민족의 영웅으로 영원히 남아 주기를 바라는 대중 심리가 작용하고 있었기 때문이다. 이순신의 나약함이나 비인격적인 모습, 한 인간이 가지는 한계, 非영웅의 모습을 그리는 것을 보고 싶어 하지 않았다. 그래서 이순신의 영웅적인 모습이나 비범한 모습을 강조하기 위해서 역사적인 사실을 과장하거나 왜곡하는 것은 문제가 되지 않는다. 오히려 원균이나 거북선의 사례처럼 영웅성을 해치는 것에 대해서는 거부감을 표현한다.

예를 들어, 임진왜란에서 해전의 승리는 이순신 혼자만의 승리가 아니라 매우 많은 인물들의 수평적 협조 시스템이 있었기에 가능했다. 〈불멸의 이순신〉이 이순신의 영웅성을 돋보이게 하는 것은 분명 역사의 왜곡이지만, 영웅성을 바라는 사람들에게는 문제가 되지 않는다.

〈다모〉, 〈해신〉, 〈대장금〉처럼 역사적 사실이 충분하지 않고 대중적으로 덜 알려진 인물은 판타지를 만들건, 무협물로 만들건 문제가 되지 않는다. 이것이 바로 드라마 〈불멸의 이순신〉이 처음부터 안고 있던 부담이었다. 판타지나 무협적인 요소가 있으면 안 되는 것이었다.

드라마 〈불멸의 이순신〉은 빈곤한 원작에다 대중들의 심리에 기대어 구성할 수밖에 없었다. 드라마 상의 허구를 가미한다해도 영웅성을 부각하는 쪽일 수밖에 없었다. 잘 알려진 역사적 사실에 대한 드라마의 다양한 해석은 영웅을 향한 대중들의 심리와 끊임없이 맞닿을 수밖에 없고, 논쟁을 부를 수밖에 없다.

이는 좋게 생각하면 건강한 현상이다. 〈해신〉과 같이 역사적 사실인지 아닌지조차 가늠할 수 없게 만들어 놓은 드라마가 알게 모르게 사람들에게 편견을 주는 것보다 나은 점이 있다.

하지만 우리는 이순신의 영웅성에서 벗어나 다양한 관점에서 그를 볼 필요가 있다. 이순신을 범접 못할 영웅이라는 틀에 가둘 때, 그는 인간이 아닌 신이 된다. 새로운 세대는 현실적 이순신과 신화화된 이순신 중 어느 쪽을 모델로 삼아야 할까? 당연히 전자일 것이다. 신화화보다는 인간적 한계에서 고난을 어떻게 극복했는가를 보여 줄 때 현실성을 얻을 수 있기 때문이다.

〈불멸의 이순신〉은 종족 우상 드라마?

〈불멸의 이순신〉은 104회로 끝난 다음 스페셜 프로그램까지 제작되었다. 종영의 아쉬움을 달래려는 많은 사람들은 마지막 프로를 고대했다. 남은 것이 흥분과 아쉬움만은 아니었다. 활 쏘는 장면, 칼집, 최초 해전, 선조의 악역화 등 많은 역사적 사실에 대한 논란을 남겼다.

약 1년간의 방영 기간 동안 이러한 논란을 통해 알 수 있었던 것은 이순신의 영웅성을 해치는 것에 대해서는 대중의 심리가 민감하게 반응한다는 사실이었다. 선조의 악역 극대화는 이순신의 영웅성과 극적 재미를 위해서였다.『조선왕조실록』을 보면, 선조는 이순신이 누구인지도 모르고, 그를 접하지도 않았다. 임금이 친히 주관하는 전시殿試에서 선조가 이순신을 보았는지 모른다. 전시는 왕 앞에서 보는 시험이니 말이다. 더구나 이순신은 장원도 아니고 4위로 합격했다.

『조선왕조실록』이나 여타 기록을 보아도 선조가 이순신을 경쟁자로 의식했다는 기록은 없다. 선조가 의심이 많았다고는 하나, 임진왜란이라는 초유의 전쟁에서 신하들의 말에 의지해야 하는 사람이라면 누구나 그럴 수 있다. 더구나 당쟁의 격화가 임란을 불렀으니 누구를 믿겠는가. 이순신과 선조의 대결, 이는 이순신의 비극성과 영웅성, 극적 감동을 위해 만들어진 장치이다. 이를 〈불멸의 이순신〉이 극대화했다. 그러나 차라리 광해군과 이순신의 대결을 그리는 것이 현실적이다. 전장을 직접 돌아다녔던 광해군은 징병 정책과 관련하여 실제로 이순신과 갈등이 있었기 때문이다. 이런 이유 때문인지 광해군 집권 시기에 이순신은 별다른 대접을 받지 못했고, 묘비조차 없었다. 이순신은 숙종 대에 이르러서야 대접을 받게 되었다.

이 드라마가 역사적 사실 논란, 시대적 비극성을 뛰어넘은 인간 이순신의 영웅성만 남긴 것은 아니다. 〈불멸의 이순신〉은 종족宗族 우상偶像의 드라마였다. 칼 마르크스는 인간을 유적類的 존재라고 했고, 프란시스 베이컨은 인간이 종족 우상의 포로라고 했다. 유적 존재는 인류 보편성을 말한다. 종족 우상은 종족주의적 배타성을 말한다. 종족은 집단적 일체감이나 민족적 감정을 토대로 한다. 그것은 편견이나 환영, 집단적 콤플렉스가 특징이다.

이순신은 한민족의 우상이다. 절대의 아우라가 형성되어 있다. 그러나 과연 이 드라마가 〈대장금〉이나 〈해신〉처럼 중국이나 일본에서 관심을 불러일으킬 수 있을까? 그들에게 수출할 수 있을까? 한국을 넘어서 동아시아적 가치를 확보했다고 할 수 있을까? 이 드라마로 세계적인 명장 이순신을 세계에 내놓을 수 있을까? 그렇지 않다. 한국인의 시각과 가치관이 강해 인류적 보편성을 확보할 수 있을지는 의문이다.

감정적 민족주의에 치우칠 때 오히려 종족 우상만을 강화할 수 있다. 역사적 논란에도 불구하고, 23전 23승만 말하려는 것은 강국 일본을 대패시켰다는 우월감만을 강화하기 위한 것이다. 전과가 중요한 것은 아니다. 일본전에 대한 영웅성을 부각시킬수록 이순신 신드롬은 거꾸로 우리 사회의 일본 콤플렉스만 드러낸다. 일본에게 문물을 전해 준 과거의 면만 부각시킨다. 이를 통해 일본에 대한 우월 의식만을 드러내려는 것이다. 당시 동북아시아의 종합적인 상황을 입체적으로 보여 줄 수도 있었다. 일본과 중국에 대한 균형 잡힌 접근도 필요했다. 〈불멸의 이순신〉은 한국인들에게는 호소력이 있었는지 모르겠지만, 보편성 확보에서는 느낌표(!)가 아니라 물음표(?)였다.

음식 문화에 사람의 마음이 없다?

드라마, 교양 방송 프로그램뿐만 아니라 지역 축제, 만화, 출판, 공연에 이르기까지 음식 이야기, '맛 열풍'이 2000년대 중반을 넘어서도 그칠 줄 모르고 지속되고 있다. 대중적 현상에는 나름대로 사람들의 마음이 담겨 있다. 이 때문에 그것의 타당한 이유를 찾을 수도 있다. 살펴보면 음식과 맛은 많은데, 사람과 사람, 관계와 관계를 연결하는 음식 문화는 있는지 다시금 생각해 보게 만든다.

대중문화 속 음식

MBC〈대장금〉의 영향일까. 2005년에도 드라마에 음식 소재가 유행했다. MBC〈사랑찬가〉, 〈내 이름은 김삼순〉, SBS〈온리유〉, KBS〈러브홀릭〉의 이야기 무대는 레스토랑이었다. 〈사랑찬가〉와 〈온리유〉, 〈러브홀릭〉은 이탈리아식 레스토랑, 〈내 이름은 김삼순〉은 프랑스식 레스토랑이 주무대였다. 〈사랑찬가〉의 장서희는 웨이트리스, 〈내 이름은 김삼순〉의 김선아는 파티셰(제빵사), 〈온리유〉의 한채영과 〈러브홀릭〉의 강타는 요리사였다. 이들 드라마는 요리와 요리사에 대한 주목을 이끌어 냈다. 하지만 음식에 관한 문화적 성찰은 부족했다는 평가를 받았다. 드라마뿐만 아니라 지상파 교양 프로그램에도 음식은 넘쳐 났다.

〈결정! 맛 대 맛〉, 〈찾아라, 맛있는 TV〉, 〈비타민〉의 "위대한 밥상"은 물론 〈6시 내 고향〉과 〈출발 모닝와이드〉, 〈세상의 아침〉 같은 종합 매거진 프로그램에서도 공통적으로 다루고 있는 소재는 음식과 맛이다. 최근에는 단순히 음식이나 맛 집에 대한 소개뿐만 아니라 음식에 관한 정보와 지식, 재료와 전체 영양 관계에 대해서 종합적으로 알려 주는 인포테인먼트 infortainment(정보+재미)를 지향하고 있다. 일부 프로그램에서는 재래시장 살리기 차원에서 전국의 시장을 돌면서 맛 집을 찾고 있다. 그러나 상업적 미디어의 한계점도 여전히 있다.

지방 자치 단체에서 주도하는 지역 음식 축제는 홍수 난 듯하다. 2006년에 들어서도 각종 음식 축제가 풍성하게 이어졌다. "2006 서울세계관광음식박람회," "경주 한국의 술과 떡 잔치," "광안리어방축제," "동백꽃 주꾸미축제," "장호원 복사꽃 음식 축제," "보성 다향제 차 음식 축제," "담양 대나무 음식 축제," "논산 딸기 축제" 등과 같이 셀 수 없이 많은 지역 음식 축제들이 그것이다. 일 년 내내 음식 축제가 열린다고 해도 지나친 말이 아니다.

이러한 지역 음식 축제는 지역의 특성과 전통 음식을 홍보하려는 측면이 많다. 그리고 지역 경제 활성화 역할도 톡톡히 해내고 있다. 다만, 행사 홍보만 요란하고 볼거리 먹을거리는 없는 가운데 가격만 비싼 경우도 많아 주의가 필요한 것도 사실이다.

　음식에 관한 만화들이 큰 인기를 끌어 왔다. 허영만의 『식객食客』은 훈훈한 인심과 감동, 한국인의 정서에 맞는 심도 있는 음식 이야기를 감동적으로 극화했다. 『심부인의 요리사沈夫人の料理人』는 정통 중화요리의 다양함과 중국 귀족 문화를 여러 모로 보여 주었다. 『심부인의 요리사』가 중국 요리를 다루었다면, 『대사각하의 요리사大使閣下の料理人』는 프랑스 요리를 본격적으로 다루고 있다. 다양한 식재료와 프랑스 퓨전 요리의 변화무쌍함을 그리고 있다. 『화려한 식탁華麗な食卓』은 상상을 초월하는 다양한 커리, 누구나 따라할 수 있는 레시피, 요절복통하게 만드는 우스개와 화끈한 요리 대결이 흥미롭다. 『미스터 초밥왕』은 기본에 충실하고 인간미 가득한 청년 쇼타가 만들어 내는 꿈과 감동을 담은 초밥 이야기인데, 삶 속의 요리로 초밥 열풍을 만들어 낸 작품이다. 같은 초밥 이야기를 다루고 있는 『키라라의 일きららの仕事』은 초밥 요리사의 장인 정신, 초밥에 관한 기초 지식, 정통 초밥 용어 등이 무협지 코드와 어울려 인기를 끌었다. 『라면 요리왕ラーメン發見傳』은 격식에 구애받지 않는 라면의 다양한 종류와 장인 정신을 조명하는 가운데 창업 지침서 역할까지 했다는 평가를 받았다. 이러한 음식 만화는 대부분 일본 만화라는 점이 눈에 띈다. 국내 창작 만화도 문화 사회적인

측면에서 요리와 음식에 관한 지혜와 성찰을 제시하는 작업이 필요하다는 지적이 많다.

만화뿐만 아니라 음식을 다룬 책도 시장이 팽창되어 왔다. 세 가지 유형이 있는데, 요리 실용서와 건강 음식 안내서 그리고 음식에 대한 비판적 성찰을 담은 책이다. 요리 실용서 중에서는 우선 『2000원으로 밥상 차리기』를 꼽을 수 있다. 2003년 11월 출간된 이 책은 지금까지 50만 부 넘게 팔렸다. 『5000원으로 손님상 차리기』, 『1000원으로 국, 찌개 만들기』, 『2000원으로 아이들 밥상 차리기』, 『3000원으로 원조 맛 집 표절하기』 등이 잇따라 베스트셀러에 올랐고, 이른바 "…원 시리즈" 판매량만 100만 부를 넘겼다.

두 번째는 건강 관련 음식 안내서이다. 『당뇨병 다스리는 최고의 밥상』, 『생로병사의 비밀』, 『비타민』, 『위대한 밥상』, 『자연을 담은 소박한 밥상』, 『누가 해도 참 맛있는 나물이네 밥상』, 『잘 먹고 잘사는 법』 시리즈 등과 같은 책들은 판매량이 계속 증가했다.

세 번째로 건강 차원에서 음식에 대해 비판적으로 접근하는 책들도 있다. 예를 들어, 『과자, 내 아이를 해치는 달콤한 유혹』, 『식원성 증후군』, 『탄수화물 중독증』 등이다.

인기를 얻고 있는 음식 서적들을 좀 더 세밀히 살펴보면, 단순히 건강 정보와 음식 정보만을 담고 있지 않다. 어렵고 생소하게만 느껴지는 의학 상식, 식품 상식, 조리법 등을 알기 쉽고 재미있게 설명하고 있다. 다만, 공동체적 관점에서 요리에 접근하고 있는 책들이 적다. 개인이 어떻게 만들어 즐길 것인가에 초점이 맞추어져 있다.

공연 예술과 음식의 만남도 지속적으로 이루어지고 있다. 음식은 그 자체가 표현 행위이기 때문에 공연 예술 장르와 밀접한 관련을 맺을 수 있다. 아이들이 '식빵 도화지'와 '잼 물감'으로 맛있는 그림을 만들어 보고, 음식과 관련된 재료나 주제로 제작한 작품들을 전시하는 "아트 & 쿡—상상 레시피"를 예로 들 수 있다. 류정미의 인형 전시회에는 침을 퉤 뱉으며 돈을 세는 생선 장수 아줌마, 초콜릿을 뺏길세라 움켜쥐고 몰래 꺼내 먹는 아이, 오징어 다리를 뜯는 야채 파는 아줌마들이 등장한다. 사람 사이에 음식을 두고 일어나는 다양한 일상생활의 모습을 형상화했다.

또한 부모와 아이가 직접 참여하는 새로운 형식의 밀가루 체험 공연 〈가루야, 가루야〉는 어른, 아이 할 것 없이 바지를 걷어붙이고 밀가루와 통밀에 묻힐 수 있는 정신없는 '체험 공연'이다. 흥겨운 타악기 연주와 함께 밀가루 반죽 놀이를 하고, 밀가루 그림을 그리는 것이다. 부드러운 감촉의 물건을 만지는 것이 아이들의 지능과 정서 함양에 도움이 된다는 데 착안했다.

연극 〈짬뽕〉 역시 '먹을거리'를 소재로 관객의 웃음과 눈물을 뽑아냈다. 그런데 이 작품에서는 사회·역사적인 사건과 음식이 맞물린다. 광주 민주화 운동이 짬뽕 한 그릇 때문에 일어났다는 어이없는 플롯을 설정했기 때문이다. 언뜻 말도 안 되는 듯하지만, 비극적 역사의 소용돌이와 음식을 연결한, 재기발랄한 상상력이 돋보였다.

음식의 색깔 자체가 마음을 즐겁게 하고, 심리적인 치료 효과를 발휘하기도 한다. 컬러세러피color therapy는 눈을 즐겁게 하는 색깔 있는 음식들이 마음까지 즐겁게 만든다는 데 주목한다. 토마토의 빨간색은 달콤함을 연상시켜 활력과 식욕을 자극하는데, 시선을 한곳으로 집중시켜 혈액 순환을 돕기 때문에 피로를 푸는 데도 효과가 있다는 것. 따뜻한 분위기를 주는 노란색은 신맛과 달콤한 맛을 동시에 느끼게 해 식욕을 촉진한다.

왜 음식인가?

일반적으로 음식 열풍의 원인으로 건강에 대한 관심 증가와 웰빙 생활의 선호를 지적한다. 고가의 유기농 식품이 연평균 20% 이상의 높은 매출 증가세를 보이고, 회원제 유기농 직거래 전문점이 급속하게 확산되는 것도 먹을거리에 대한 관심이 높아지고 있음을 보여 주는 것이다. 또한 가족 외식 문화와 독신 가구의 증가로 음식에 대한 사회적 관심이 커지고 있다. 다만, 소득 증가에 따라 음식의 질을 따지는 것이 음식에 대한 관심으로 이어진 것은 아니다.

풍요하다는 자본주의 사회에서도 끊임없이 먹을거리에 대한 염려와 걱정을 해왔다. 자본주의 상품 구조에서 음식은 하나의 상품이다. 상품은 경제적인 이익을 전제로 한다. 따라서 음식도 적은 비용으로 많은 이익을 남기는 대상일 뿐이다. 몸에 좋지 않은 성분과 값싼 재료로 얼마든지 경제적 이익을 만들어 낼 수 있다. 맥도날드 음식은 싼 가격에 허기를 면하게는 해주었지만, 성인병과 비만을 안겨 주었다. 과자의 식품 첨가물 사태도 마찬가지다. 이것이 자본주의에서 음식의 딜레마이다.

음식은 풍요로워졌지만, 안전은 빈곤해졌다. 사람들은 파랑새를 찾는 것처럼 사라진 음식의 안전을 찾아 떠돌아다니는지 모른다. 안전한 음식을 향한 사람들의 관심 집중 때문에 방송 프로그램은 음식에 대해 관심을 가져왔다. 그리고 90년대 중반 이후부터 이념의 시대가 지나간 자리에 일상의 즐거움을 통해 삶을 모색하는 분위기가 자리 잡기 시작했다. IMF 관리 체제를 겪으면서 절제와 저축보다는 소비를 통한 즐거움의 추구가 중요해졌다. 그 소비품 가운데 하나가 음식이었다. 여기에 해외의 외식 산업 업체가 대거 국내에 등장하면서 이를 더욱 부추겼다. 이와 맞물려 국제화와 세계화는 한국 문화에 대한 정체성을 모색하도록 했다. 외식 산업의 개방과 함께 이러한 음식에 대한 정체성 찾기는 더욱 강해질 수밖에 없었다.

각종 맛 기행도 음식에 대한 정체성 찾기의 하나이다. 이러한 면은 드라마 〈대장금〉의 영향을 받은 '궁중 요리' 열풍에서도 알 수 있다. 여기에 음식을 적극적으로 상품화하는 경영 마케팅 기법도 도입되어 활성화되고 있다. 대중들의 요구를 반영하지만, 단기적 이벤트가 아니라 장기적 관점에서 대중의 호응을 받는가가 중요하다. 즉, 문화 심리, 대중 심리에 바탕을 둔 음식 문화가 중요하다. 이는 비단 음식 산업과 기업 차원에만 해당되는 것은 아니다.

대중문화, 특히 방송에서는 맛있는 음식에 집중하다 보니 근본적으로 상품 구조 속의 음식 문화를 비판적으로 검토하는 데 인색하다. 개인화된 음식 문화를 조장하는 측면도 있다. 이른바 화면발을 잘 받게 하려고 채소보다는 육식을 주로 다룬다. 더구나 농촌은 맛있는 음식점이 많은 곳으로 설정된다. 사실 도시인들이 더 맛있는 음식들을 먹는 데도 말이다. 주부들 중에는 이러한 프로그램을 싫어하는 사람도 있다. 끊임없이 외식을 강조하기 때문이다. 이 때문에 선정 과정에서 잡음이 끊이지 않는다. 방송 소개는 광고 수단이 된다. 너무 많다 보니 오히려 별 효과가 없기도 하다.

많은 프로그램들은 음식 자체에만 초점을 맞추는 경향이 많다. 음식은 그 자체뿐 아니라 관계 속에서도 맛이 나온다. 하나의 음식은 사람마다 그리고 집마다 그 맛이 다르다. 한 사람이 아니라 여러 사람이 먹을 때 음식은 더 맛이 있다. 같은 음식이라도 상황이나 장소에 따라 맛은 움직인다.

요컨대, 음식은 문화다. 하지만 방송 속의 음식은 문화가 거세된다. 또한 방송에서는 음식이 의사소통 그 자체임을 간과하는 경향이 있다. 이는 전반적으로 대중문화에서 놓치는 점이기도 하다. 무엇보다 음식 문화의 근원적인 변화에 대한 관심이 미흡하다.

음식 문화의 변화

다큐멘터리 영화 〈슈퍼 사이즈 미Super Size Me〉를 만든 모건 스펄록은 『먹지마, 똥이야!』라는 책에서 패스트푸드 식품에 대해 다시 경고하고 있다. 이 책뿐만 아니라 『패스트푸드의 제국』, 『육식의 종말』, 『음식혁명』, 『슬로푸드』, 『희망의 밥상』

등은 패스트푸드나 육식의 폐해, 해당 기업들의 부도덕성을 치밀하게 분석해 왔다.

특히 『희망의 밥상』은 대안 중심으로 음식 문화 변화에 접근하고 있다. 이 책의 저자 제인 구달은 1ha 농지에 감자를 심으면 22명이 1년을 살지만, 그 땅에서 고기를 생산하면 기껏 1-2명만 먹고 살 뿐이라고 주장했다. 그녀는 유기 농산물이 비싸다지만 비유기 농산물로 인한 땅과 공기, 물 오염의 복원비, 자식들의 '건강 보험료' 등을 따져 보면 훨씬 싸다고 주장하고 있다. 근본적인 음식 문화의 변화를 이끄는 쪽으로 가야 한다는 것이다. 이는 자본주의 상품 구조 속에 포획된 음식 문화를 해방시켜야 한다는 의미로 읽힌다.

음식은 국가 안보라는 주장도 되새길 만하다. 다국적 식품 기업과 농산물 수출국에 종속되는 것을 경계하면서, 국가가 음식의 중요성을 인식해 값싼 가공 식품, 인스턴트식품에 대한 대응 정책을 체계적으로 세울 때다. 이는 식량 주권 못지않게 음식 문화 주권도 중요하다는 지적이다.[1] 슬로푸드는 단순히 패스트푸드에 반대되는 개념이 아니라 생물학적 종의 다양성을 보호하고 지역 공동체 음식을 강조하는 개념이다. 산업형 농업을 대신하는 대안 농업은 모두 슬로푸드에 연결되어 있다.

만화, 공연 예술, 드라마와 교양 프로그램, 그리고 각종 지역 축제에서 나눔과 생명의 맛 문화를 열어가기 위해서는 아직 갈 길이 멀다. 한 가지 덧붙여 생각해 보면, 음식에 대한 끊임없

---

1. 식량이 1차 생산물이라면, 음식은 대개 2차 생산물을 말한다.

는 공포를 통해 대중들은 두 가지 심리에 봉착한다. 지금까지 먹어 온 음식에 대한 불신이다. 다른 하나는 그럼에도 좋은 음식을 사먹지 못한다는 좌절감이다. 무공해 식품은 너무나도 비싼데, 대중들의 불안 심리에 기댄 새로운 상품화 전략 탓도 크다. 이렇다 보니, 무공해, 웰빙 식품은 계층의 격차를 드러내고, 구별 짓기를 해주는 소비의 상징이 되어 버린다. 무공해, 유기농, 웰빙 식품을 소비하는 이들은 부유한 신분을 상징한다. 음식에 대한 공포에 기대어 강박적 소비를 하도록 한다. 아이들은 무공해, 웰빙 식품을 먹지 못하는 자신의 가정에 대해서 초라함을 느낄 수도 있다. 이는 개인이 혼자 해결할 수 있는 문제가 아니다.

TV 속 맛 집은 정말 맛있을까?

음식은 생명에 필요한 힘을 준다. 아기에게 젖을 물리는 어머니의 한 끼 밥은 어머니와 아이, 두 생명에게 힘을 준다. 나누어 먹는 음식은 사람과 사이를 연결해 준다. 즐거움을 주는 동시에 추억을 만들어 주기도 한다. 이런 측면에서 보면 TV 방송이 사람들에게 맛있는 음식을 소개해 주거나 관련 정보를 제공하는 것은 삶을 좀 더 풍요롭게 하는 데 분명 도움이 된다. TV를 통해 음식을 보는 즐거움도 있지만, 텔레비전에서 소개된 음식을 직접 만들어 먹거나 그 음식을 만드는 음식점을 찾아가서 즐거운 시간을 보낼 수도 있다. 좋은 음식은 건강한 삶을 유지할 수 있게 할 뿐만 아니라 삶 자체를 즐겁게 해준다. 좋은 음식은 한 사람의 몸뿐만 아니라 사람 사이를 즐겁고, 유쾌하게 만들어 준다. 바로 이것이 음식이 가지고 있는 영양학적 영향력을 뛰어넘는 문화적 영향력이다.

이러한 유용함과 즐거움 때문인지 몇 년 전부터 여러 채널에서 음식이나 맛과 관련된 프로그램을 제작, 방송하고 있다. 최근에는 웰빙 열풍이 불면서 더 거세졌다. 그러나 이러한 프로그램들이 인기에 비례하여 범람하다 보니 여러 가지 문제점을 보이고 있다. 우선 이러한 프로그램의 유형을 구분해 볼 수 있다.

맛, 음식 정보 프로그램의 유형

음식에 관한 정보를 소개하는 프로그램이 많은데, 그것을 몇 가지 유형으로 구분할 수 있다.

1) '전문' 프로그램: SBS 〈잘 먹고 잘사는 법〉, SBS 〈결정! 맛 대 맛〉이나 MBC의 〈찾아라, 맛있는 TV〉는 토요일, 일요일 오전, 점심시간에 방영되는 전문 음식 소개 프로그램이다. 휴일에 이러한 프로그램을 집중적으로 편성하여 휴일 외식을 유도하는 측면이 있다. 이 때문에 많은 요식업체들의 보이지 않는 후원을 받기도 했다. 2) '중간' 꼭지 프로그램: KBS 〈비타민〉의 "위대한 밥상"같이 프로그램 중간에 음식 꼭지를 넣어 음식 정보를 다룬다. 특히 건강을 다루는 프로그램이 부쩍 늘어나면서 건강 보양식을 많이 소개한다. 3) 향토 특산 음식 프로그램: KBS 〈6시 내 고향〉이나 〈모닝와이드〉같이 아침저녁으로 지역 특산 음식 등을 소개한다. 4) 해외 음식 문화 프로그램: 말 그대로 해외 음식 문화를 탐방하는 프로그램들이다. 이러한 프로그램들은 고정적으로 방송되기보다는 산발적으로 편성된다. 5) 이외에도 MBC 〈활력 충전 36.5〉, 〈화제 집중〉 같은 프로그램들

이 부정기적으로 중간 중간에 음식 관련 내용들을 다룬다.

왜 이런 프로그램들이 많이 등장하나?

이러한 프로그램이 많이 등장하는 이유는 웰빙 트렌드의 영향도 있지만, 다른 이유도 몇 가지 있다.

1) 사회적 양극화가 심화되고 어려운 경제 탓에 빈민층도 늘어났지만, 비싸더라도 건강식이나 맛있는 음식을 찾는 수요도 많다는 것을 의미한다. 2) 제작 측면에서 보자면, 연예인들이 출연하는 단순 오락 프로그램을 만들기보다는 음식을 소재로 유익하고 재미있는 오락 프로그램을 만드는 것이 여러 모로 관심을 끌 수 있다. 이제 오락 프로그램은 연예인들의 단순한 입담이 아니라 정보와 재미를 동시에 전해 주는 인포테인먼트 경향을 보이고 있다. 3) 미디어를 통한 대리 충족을 바라는 시청자들의 심리가 작용한다. 음식을 직접 먹지 못해도 방송 화면을 통해 대리 만족과 즐거움을 얻고자 하는 심리가 반영된 것이다. 4) 방송과 미디어가 끊임없이 대중들의 식욕을 돋우고, 어딘가에 맛있는 음식이 있다는 기대 심리를 증폭시키고 있기 때문이다. 5) 그동안 우리의 음식 문화에 관한 신뢰가 낮았다는 점을 거꾸로 말해 주고 있고, 그것을 바꾸어 보려는 생각이 많아졌다는 것을 의미한다. 6) 문화적으로 공감대를 형성하면서 함께 즐길 수 있는 매개체가 없다는 것을 말해 주기도 한다. 음식 먹기나 보기를 통해 그나마 문화적 욕구의 숨통을 트고 있는 것이다. 7) 사회적으로 문화적 가치를 중요시하고 있다. 자

신의 마음에 드는 것에는 가격에 관계없이 돈을 지불하겠다는 능동적인 문화 선호가 과거보다 커졌다.

이러한 프로그램들은 우선 몇 가지 문제점을 가지고 있다. 방송 프로그램의 문제점을 정리해 보면 다음과 같다.

1) 음식 맛의 대결 구도: SBS 〈맛 대 맛〉의 경우 맛의 승자를 가린다며 음식을 경쟁시킨다. 음식 그 자체가 아니라 비교를 통해 좋고 나쁨을 결정하게 된다. 음식의 좋고 나쁨이 한순간에 결판난다. 이때 요리는 그 자체만일 수 없다는 문화적 관점은 배제된다. 남에게 보여 주기 위한 박제화 된 요리를 부추긴다. 음식의 맛이 출연자의 다수결로 결정되므로, 지지하는 사람이 많으면 훌륭한 요리가 된다.

2) 어떻게든 맛있게 보이게 하라: 맛 전문 프로그램들은 음식을 맛있게 보이게 하는 데 총력을 기울인다. 출연자들은 갖은 맛있는 표정과 감탄사를 연발한다. 지나치게 과장된 행동이 많아진다. 시각과 청각이 동원된다. 맛있게 보이려고 요란하게 먹는 소리를 내는 경우, 시청자들은 심리적으로 거북한 느낌을 갖는다.

3) 불쌍한 연예인들: 대개 이러한 프로그램에는 연예인들이 많이 등장하게 되는데, 이들은 맛이 없어도, 자기에게 맞지 않아도, 맛있고 최고인 음식이라며 너스레를 떨어야 한다. 그들은 그런 역할 수행을 위해 무대에 초대된 것이다. 갈수록 수다와 소음이 많아지는 것은 이러한 이유 때문이다.

4) 출연자의 편중에 따른 맛의 획일화: 시간이 흐를수록 유

사 프로그램이나 경쟁 프로그램을 제치기 위해서 한창 인기 있는 젊은 연예인들을 주로 출연시키게 된다. 젊은이들이 많이 출연하다 보면 맛의 평가나 취향이 젊은 세대 중심으로 흐르게 된다.

5) TV 방송의 맛 집 소개는 권력 : 방송의 맛 집 소개는 유용한 정보만 제공하는 것이 아니라 상업적 수단으로 전락할 위험성도 언제나 있다. 마빈 해리스는『음식 문화의 수수께끼』에서 음식은 영양의 원천일 뿐 아니라 일부 사람들에게는 종종 부와 권력의 토대라고 했다. 역사 이래 부를 가진 사람들이 좋은 음식을 먹을 수 있었고, 권력이 강할수록 음식을 독점할 수 있었기 때문이다. 지금은 음식이 부를 만들어 내고 권력을 만들어 낸다. 이는 음식이 상품 자본주의 안에 있기 때문이다. 이런 면에서 방송 프로그램이 큰 역할(?)을 하기도 한다. 방송 출연이 부의 창출과 연결되고, 방송은 큰 권력을 가진 존재로 보인다. 이것은 때에 따라서 매우 위험해 보인다. 문제는 소개된 그 집이 정말 맛있는 집인가 하는 점이다.

6) 맛 집의 범람과 주객전도 : 그런데 어떻게 보면 주객이 전도되는 일이 벌어진다. 유명하기 때문에 방송에 나오는 것이 아니라 방송에 나왔기 때문에 유명해진다. 맛있지도 않는데 왠지 맛있는 집으로 보이는 어처구니없는 현상이 일어난다. 실제로 거리를 걷다 보면 무슨 방송 어떤 프로그램에 나왔다는 광고 문구를 많이 보게 된다. 이제는 너무 많아서 눈에 들어오지 않을 지경이다. 너무 많으니 오히려 신뢰성을 잃게 된다. 역효과다. 이렇다 보니, 시간이 흐를수록 이런 프로그램에 대한 신

뢰도 역시 떨어지게 되는 것이다.

7) 맛있는 집 선정의 공정성: 방송 출연을 이렇게 장사에 이용하는 행태가 엄연한 현실에서는 공정성 문제가 불거진다. 사실 일부 시청자들은 맛없는 집을 맛있는 집으로 소개시켜 주었다고 항의하는 경우도 있었다. 또한 일부 업주들이 자신의 집을 추천하는 경우도 있다는 의심을 자아내기도 했다. 특히 방송 프로그램 인터넷 게시판에서 활동하는 음식 업주들도 있었다.

8) 맛있는 집! '맛' 만 보러 가나: 시청자들이 항의하는 것 중의 하나가 맛있는 집에 갔을 때 겪게 되는 불친절이다. 사실 텔레비전에서는 음식만을 이야기하는 경우가 대부분이다. 그러나 손님들은 음식만 먹으러 가는 것이 아니다. 편안하고 따뜻한 음식점 분위기, 종업원들의 태도에 매료되는 경우도 많다. 욕쟁이 할머니는 극단적인 사례지만, 사람들은 맛 외에 감성을 접하러 음식점에 가기도 한다. 음식 프로그램들은 이러한 점을 고려하지 않는다. 따뜻한 음식과 사람의 정을 생각하게 하는 『우동 한 그릇』이라는 책의 인기는 음식에 대한 대중의 심리를 반영한 것이다.

9) 중복되는 음식: 음식 프로그램이 장수하고, 유사 프로그램이 증가하다 보니 중복되는 메뉴가 매우 많아진다. 음식 가짓수는 한정되어 있다. 매주 음식을 소개하기 때문에 갈수록 중복될 수밖에 없다.

10) 육식 중심: 텔레비전 화면에 비치는 음식은 맛있어 보여야 한다. 그런데 맛있어 보이기 위해서는 채소보다는 육식-고기 종류가 적합하다. 붉은 색 계통은 사람의 시각을 통해 식

욕을 자극한다. 따라서 소개되는 음식에는 고기 종류가 많다. 생태 운동가들은 고기 1kg을 생산하기 위해서는 곡물 4kg을 사용해야 한다고 말한다. 즉, 4인분의 식량이 1인분의 고기로 생산되는 것이다. 따라서 전 세계적인 식량 부족은 선진국의 육식 위주의 식사 때문이라고 비판한다. 특히, 남미의 경우에는 대부분의 농장이 외국 자본의 것이고, 사육된 육류는 대부분 선진국으로 수출된다. 한국의 쇠고기도 거의 수입산이다. 방송이 세계의 식량 부족을 부추기는 데 일조하고 있는지도 모른다. 또한 생태 운동가들은 방송이 쓸데없이 사람들에게 식욕을 부추겨 음식을 과도하게 먹도록 한다고 비판한다. 이미 오래 전에 보드리야르는 몸이 음식을 원하기 때문이 아니라, 텔레비전이 식욕을 충동질하기 때문에 먹게 된다고 비판했다. 이러한 차원에서 보면, 방송은 이렇게 쓸데없는 식욕을 자극하고 있는 것이다.

11) 획일적인 음식과 맛 문화: 방송을 통하면, 맛없는 것도 맛있는 것이 된다. 실제로는 맛있어도 텔레비전에서 낮게 평가되면 맛없는 음식이 된다. 방송이 음식 맛의 기준이 된다. 더구나 방송은 소스 등을 집중적으로 보여 줌으로써 음식 맛의 획일성을 낳고 있다. 담백한 음식은 이미지 상 방송에서 식욕을 자극하지 못하므로, 울긋불긋한 음식들만이 집중적으로 등장하게 된다.

12) 지역적인 편중성: 맛 집을 소개하는 경우, 대개 서울 시내나 인근 주변 지역을 집중적으로 소개한다. 서울 시민을 주 시청 대상으로 하고 있는 셈이다. 방송의 서울 중심주의가 다시 한 번 드러난다. 다른 지역에 사는 이들이 상대적인 박탈감을

느낄 수도 있다. 이 때문에 인터넷 게시판에 "대구나 부산 사람이 서울에 어떻게 갑니까? 지방에도 맛있는 데 많습니다"라고 항의하는 이들이 적지 않다. "서울만 하지 마세요"라는 항의다.

13) 〈6시 내 고향〉 같은 지역 네트워크 방송이나 〈모닝와이드〉 같은 아침 방송에서는 지역의 음식이나 맛 집을 소개한다. 밥을 먹을 시각이므로 아침저녁으로 입맛을 돌게 한다. 그래서 이 방송을 보고 음식을 구하거나 해당 음식점을 찾아 나서기도 한다. 장점에도 불구하고 문제가 없는 것은 아니다. 지역 음식을 다룰 때 제작진은 대개 바닷가로 많이 간다. 싱싱한 물고기를 직접 잡아서 요리하고 맛보는 리포터의 부산거리는 모습이 대부분이다. 분위기를 잡기 위해서 연신 과장을 해야 하는 리포터의 고역도 이해해야 한다. 이러한 프로그램을 보면 씨가 말라간다는 한국 연근해의 해산물이 그렇게 풍부할 수 없다. 농촌으로 가는 경우에는 이제는 잘 하지도 않는 장면들을 연출한다. 또한 마을 특식이라면서 음식을 만들게 한다. 마을 사람들은 고향의 맛이라면서 연신 자랑하도록 연출 지시를 받는다. 시골에서는 매번 그렇게 음식을 만들어 먹는 것으로 인식하게 만든다. 이제는 시골도 공동체보다는 개인주의적인 성향이 강해졌다는 사실을 간과한다. 마을 잔치 때나 하던 음식 만들기는 이제 도시인들의 편견 속에서만 존재하는지 모른다.

14) 해외 탐방 프로그램의 편견: 해외 음식 문화를 탐방하는 것은 그에 대한 인식을 넓혀 주기 때문에 바람직한 일이다. 하지만 그간 많이 지적되었듯이, 선진국의 음식 문화를 탐방하는 경우에는 고급스럽고 선진화된 음식 문화를 보여 준다. 반면

에, 후진국의 음식 문화는 혐오스러운 음식을 집중해서 보여 준다. 이렇게 편견을 가지고 접근하는 한 음식 문화에 대한 인식은 왜곡될 수밖에 없다.

15) 정보의 혼란: 방송 프로그램들이 건강에 좋은 음식을 추천할 때마다 시청자들은 곤혹스럽다. 좋지 않다는 음식이 없기 때문이다. 음식에 관한 수많은 건강 정보들이 쏟아지고 있다. 어떤 것이 진짜인지 알기란 쉽지 않다. 이 방송에서는 이것이 좋다고 하는데, 다른 방송에서는 좋지 않다고 하는 경우도 있다. 정보의 무분별한 범람은 자칫 시청자의 건강을 해칠 수 있다. 따라서 전문가들로 구성된 비평 집단이 각 프로그램을 모니터하고 평가하는 것이 필요하다.

음식은 그 정성이 으뜸이라 했고, 정성은 그 음식을 먹는 사람을 위하는 마음에서 나온다고 했다. 사람을 위한다는 것은 사람의 몸과 마음 그리고 그 사람의 꿈까지도 고려하는 것이다. 프로그램도 이제 이런 면을 고려해야 할 때가 되지 않았나?

싱글족 사냥하는 크리스마스

기념일이나 특정한 데이는 방송 미디어에서 놓칠 수 없는 호재입니다. 예를 들어, 크리스마스는 어디에서 시작될까요? 방송입니다. 사람들이 생각도 하기 전에 방송에서는 크리스마스로 시끌벅적합니다. 방송을 통해 사람들은 크리스마스를 인식하고 그 의미를 찾습니다.

방송이 크리스마스가 다가오는 것을 알려 주고, 크리스마스에 어떻게 해야 하는지 일러 줍니다. 방송이 하라는 대로 하지 않으면 생각이 없는 사람이거나 센스가 부족한 사람이 되어 버리곤 합니다.

크리스마스는 '산타클로스 마스'?

언제부터인가 크리스마스는 '산타클로스 마스'가 되었습니다. 어느 학교에서 학생들에게 크리스마스 하면 생각나는 게 무엇이냐고 물었더니, 산타, 루돌프, 크리스마스트리, 캐럴이었다고 합니다. 크리스마스 하면 산타 할아버지와 루돌프를 먼저 떠올리는 것이지요. 이는 방송이 주도해 왔다고 해도 지나친 말이 아닐 겁니다. 텔레비전 프로그램이나 TV 광고들은 크리스마스 하면 떠들썩하게 산타나 루돌프 이미지를 내세웠기 때문입니다.

분명 크리스마스에서 '크리스Christ'는 그리스도, 즉 '예수'를 뜻하는 말이고, '마스mas'는 '절節'이나 '축하일'을 가리킵니다. 산타나 루돌프가 주인공도 아니며, 단지 그리스도가 태어난 날이기 때문에 성탄절을 기리는 것도 아닙니다. 예수는 이 땅에 사랑을 실천하기 위해 왔고, 가난하며 사회적으로 억압받고 소외된 사람들에게 사랑을 베풀었습니다. 바로 '사랑'이 크리스마스의 진정한 의미라는 것이지요.

종교계에서는 성명서를 통해 성탄의 뜻은 아기 예수의 겸손과 낮춤, 희생과 사랑을 기리는 것이라고 합니다. 그래서 이러한 뜻을 저버리고 캐럴을 부르고, 촛불을 켜는 것은 상업주의라고요. 또한 산타가 등장하고 많은 음악회와 무대가 만들어지지만, 그것은 본래 의미와는 다른 거라고요.

크리스마스에 산타와 루돌프가 텔레비전과 TV 광고를 장악하다시피 하는 것은 상업주의와 연관이 깊습니다. 이 산타 상업주의는 산타가 가지고 있는 소외된 어린이들에 대한 관심이 아니라 선물을 준다는 그 자체를 과장하는 데서 비롯합니다. 산타는 기업들에게 매우 매력적인 인물입니다. 산타는 선물을 주고 돌아다니는 존재이기 때문에, 크리스마스는 선물 주는 날이라는 점을 강조하면, 매출을 극대화할 수 있기 때문입니다.

대개 부모가 산타 역할을 하니깐, 결국 부모님에게서 멋진 선물을 받는 날이 되어 버립니다. 방송은 이러한 선물 논리를 재생산하고요, 광고는 더욱 확산시킵니다.

그 선물이라는 것은 판매하는 상품을 말합니다. 즉, 돈을 주고 산 상품이어야 한다는 것이지요. 이때 하나의 강박관념이 만들어집니다. 돈을 주고 산 상품을 선물로 받아야 행복한 크리스마스가 될 것이라는 심리가 형성됩니다. 부모들은 고민스럽습니다. 광고는 자신들의 상품을 소비해야 행복한 가정이라고 내세웁니다.

상품 선물에만 그치지 않습니다. 대형 음식점에서 외식을 해야 하는 것으로 여기게 만듭니다. 대부분의 사람들은 그러한 외식과는 상관없는데, 그러한 것이 정상이라고 세뇌시킵니다. 여기에서 하나의 부모상이 정립됩니다. 성탄절에는 선물을 사주고 멋진 곳에서 외식하며 아이들과 놀아 주어야 멋진 부모가 됩니다. 또한 아이들이 성탄절에 그러한 것을 바라는 것은 당연한 것이라고 여기게 합니다. 이렇게 보면, 현실에서 수많은 아이들이 상대적인 박탈감을 느낄 수 있고, 부모는 부모대로 마음고생을 합니다. 다른 부모들은 다 해 주는데, 나만 못해 주는 것 아니냐는 자책감을 가지게 할 수 있지요.

이것은 성탄절의 본래 의미와 전혀 상관없는 행동들이죠. 오히려 남에게 봉사하고 배려하는 부모가 더 바람직한 것이지요. 또한 가족 이기주의라고까지는 할 수 없지만, 일종의 가족 개인주의를 부추깁니다. 그렇게 해야 상품 소비가 많이 늘어나기 때문입니다. 그렇게 하지 못하는 사람들은 상대적인 박탈감을 느끼게 됩니다.

'솔로족' 못 살게 구는 방송?

KBS〈폭소클럽〉의 "솔로부대" 유대장이 말했듯이, 솔로들에게 크리스마스는 지옥과도 같습니다. 흔히 성탄절과 관련 없는 상업적 공연과 판매 전략이 방송 광고로 전달됩니다. 공연 내용이 연인 간의 사랑인 경우가 많습니다. 여기에서 주목할 점은 크리스마스를 연인 간의 사랑으로 변질시킨다는 점입니다. 이러한 점은 특히 젊은이들이 많이 보는 오락 프로그램에서 두드러지게 일어나는 현상입니다. 즉, 크리스마스는 연인이 함께 보내야 하는 것이라고 말입니다.

각종 매체들은 솔로족들을 못 살게 굽니다. 빨리 연인을 만들어서 영화도 보고 뭐가 사고 이벤트를 만들라고 합니다. 그렇지 않으면 비참한 거라고 합니다. 이런 매체를 보노라면, 연인이 없는 혹은 혼자 성탄절을 보내는 사람은 뭔가 부족한 사람 같고, 비참해지기도 하죠. 하지만 그것은 성탄절의 본질과 상관없는 일입니다. 성탄절이 연인을 만드는 날이나, 연인과 추억을 만들어야 하는 날은 아니기 때문입니다. 혼자 지낸다고 문제가 될 것은 없는 것이지요.

끊임없이 커플족을 중심으로 이야기하고, 커플이어야 정상이라고 하는데, 커플족에 대한 이런 강조는 상품 판매 때문입니다. 커플이 많아야 상품을 더 팔 수 있으니간, 따지고 보면 판매자들의 논리를 각 매체들이 재생산하고 있는 셈입니다.

중요한 것은 크리스마스를 어떻게 보내는가 하는 것이겠죠. 예를 들면, 성탄절을 봉사하며 보내는 사람들도 많습니다. 사회봉사자, 응급실 의사, 경찰, 사회복지사, 군인, 구조대원들이 여기에 속합니다. 이들은 이성 친구나 가족과 함께 보내지는 않지만, 의미 있게 성탄절을 보냅니다. 이러한 사람들을 더 부각시키는 것도 의미가 있겠죠. 요즘에는 예전보다 개인이나 가족 단위로 사회봉사를 신청하는 사람들이 많이 늘고 있다고 합니다. 여기에서 또 하나 주의할 필요가 있는데, 물론 획일적인 봉사가 아니라 자신의 역할을 다하는 사회봉사가 되어야 하겠죠.

또 하나의 문제는 방송 매체들이 성탄절을 가족이라는 좁은 범위에 가둔다는 것입니다. 사실 그리스도의 정신에는 약하고 억압받는 사람들을 고통에서 해방시킨다는 적극적인 의미가 있습니다. 사회적 모순과 불합리에 대한 항의가 포함되어 있습니다. 그렇지만 방송은 이러한 면을 보여 주지 않는 것 같습니다.

예를 들면, 인권 문제나 비정규직 문제, 빈부 격차, 통일 문제 등은 우리 사회의 불합리한 사회적 모순과 매우 밀접하게 닿아 있습니다. 그럼에도 방송은 이러한 것들을 성탄절과 별개의 것으로 여기게 합니다. 단지 소극적인 의미에서 시혜와 연민만을 보여 줍니다. 정치적, 사회적으로 민감한 이슈에 대해서는 외면하고, 소외된 이웃이라는 추상적인 단어 속으로 도피합니다.

이 과정에서 매년 반복되는 이른바 '대목형 방송 프로그램'을 성탄절 전후로 대거 보여 줍니다. 흔히 말하는 소외된 사람들, 즉 독거노인, 고아원, 몸이 불편한 이들을 방문하거나 그들을 위한 성금을 모금하는 방송은 분명 의미가 있습니다. 그러나 이때만 갑자기 어려운 사람들이 튀어나오는 모양새입니다. 방송을 위해 어딘가에 숨어 있다가 갑자기 나오는 것 같습니다. 정작 이러한 사람들은 1년 내내 있는데 말입니다. 방송은 1년 동안의 무관심을 한바탕 난리굿으로 씻김이라도 하려는 듯 보입니다.

방송은 사람들에게 훈계를 합니다. 불우한 이웃에게 제발 관심을 가지라고 말입니다. 후원하고 성금을 내라고 말이죠. 이럴 때면 시청자들은 괜히 주눅이 듭니다. 그동안 먹고살기 바빠서 주위를 돌아보지 못했구나 하는 반성을 하면서 말입니다. 하지만 진정 반성해야 할 이는 방송인 것 같습니다.

또 〈나홀로 집에〉야!

이때 가장 많이 지적되는 것이 해마다 반복되는 프로그램입니다. 일 년 동안 했던 프로그램을 요약, 편집해서 보내는 것이 다반사입니다. 반복되는 것은 이것만이 아닙니다. 성탄절마다 항상 하는 프로그램 중 하나가 영화입니다. 대표적인 영화가 크리스 콜럼버스 감독의 할리우드 영화 〈나 홀로 집에 1, 2〉입니다. 3, 4편도 아니고, 매년 1, 2편이 반복되고 있지요. 2005년에도 SBS에서 했습니다. 단골로 등장하는 영화는 또 있는데요,

〈쿼바디스〉,〈십계〉같은 영화들이죠.

방송에서 〈나 홀로 집에〉 같은 영화가 반복되는 것은 비단 방송사의 책임만 있는 것은 아닙니다. 한국 영화 중에 성탄절에 볼 만한 영화가 많지 않다는 것도 이유가 되겠지요. 2005년에 〈엘프〉라는 영화가 개봉했는데, 산타클로스를 도와 일 년 내내 아이들에게 줄 선물을 만든다는 요정 '엘프'의 이야기입니다. 〈노엘〉,〈폴라 익스프레스〉,〈서바이빙 크리스마스〉 같은 영화들도 같이 개봉했습니다. 이 영화들은 모두 할리우드 영화입니다. 아마 이 영화들은 향후 오랫동안 텔레비전에 다시 등장할 가능성이 많습니다. 성탄절과 연말연시에 맞는 영화들이 없기에 우리 일상과는 다른 할리우드 영화들을 반복해서 보아야 합니다. 이러한 영화들은 우리 일상과는 관련이 없는 미국식 크리스마스 풍속도를 쏟아내고 있죠. 문화 지배는 부드럽게 시작됩니다. 문화 제국주의의 시작은 텔레비전 영화인 셈이지요.

결론적으로 방송을 중심으로 확대 재생산되는 일종의 크리스마스 이데올로기 혹은 강박 심리에 대한 견제가 필요합니다. 다시 한 번 강조할 점은 상품 소비를 강요하는 크리스마스는 오히려 상처와 박탈감을 심어 줄 수 있다는 점입니다. 또한 무분별한 상품 논리에 대한 경계도 필요합니다. 최근 한 여론 조사 결과에서 "이런 크리스마스 선물은 받기 싫어요!"라는 질문에 ① 길거리표 짝퉁 가방, ② 돈 안 되는 꽃다발, ③ 피부에 안 맞는 화장품, ④ 달랑 카드만 한 장, ⑤ 작년과 같은 선물 순의 대답이 나왔습니다. 물론 이 조사는 한 백화점이 한 것입니다. 다른 조사에서 아이들이 가장 받고 싶어 하는 선물은 게임기였다고 합니다. 이 또한 게임기와 관련 있는 소니컴퓨터엔터테인먼트코리아(SCEK)가 조사한 것이지요.

이러한 조사들을 보면, 다들 크리스마스에는 선물을 해야 하는 것으로 생각하는 것 같습니다. 선물 강박증이 우리 마음을 불안하게 합니다. 상품을 소비해야 행복한 크리스마스인 것으로 여기게 합니다. 특히 이를 그대로 비추는 방송은 그렇게 하지 못하는 아이들의 동심을 멍들게 합니다. 선물을 사 주지 못하는 부모의 가슴에도 못을 박습니다.

무엇이 중요한 것인가는 각자 고민해야 하겠지만, 적어도 가족 이기주의는 아니며, 반드시 사회적 실천이라는 거창한 구호일 필요도 없을 것입니다. 우리 사이에 있겠죠. 영화 〈서바이빙 크리스마스〉에서 주인공 벤 애플렉은 혼자 크리스마스를 보내야 하자, 25만 달러를 들여 옛집과 그 안에 살고 있는 가족을 빌립니다. 빌린 가족들에게 진짜 가족처럼 해달라고 합니다. 그러나 그런다고 행복과 사랑이 오는 것은 아니죠. 이러저러한 요구에 참지 못한 그 가족들은 애플렉을 내쫓기로 하는데요, 그러나 그 가족들의 고민에 대해 하나둘 대화를 나누다가 진정으로 친해지게 됩니다. 그리고 그 가족도 서로 화해를 하게 됩니다. 이벤트나 돈, 선물, 음식은 상관이 없었던 것입니다. 중요한 것은 선물, 음식, 멋진 이벤트 공연이 아니라 사람 사이의 대화와 화해, 그리고 관심이었습니다.

7080 문화는 왜 부활했나

과거 음악과 가수들을 전면에 등장시킨 KBS 〈콘서트 7080〉이 크게 주목 받고 있다. 70-80년대 추억 속의 가수와 가요들이 주로 나오는 음악 프로그램들이 생기는 이유는 무엇인지, 어떻게 봐야 하는지, 그 원인과 문제점들에 대해 짚어 보고자 한다. 이를 위해 우선, 대중음악의 본질적인 속성부터 살펴보자.

대중음악의 성격과 방송의 가요 프로그램

대중음악에는 그동안 많은 비판이 쏟아졌다. 프랑크푸르트 학파의 사회 비판 이론가인 아도르노는 「대중음악에 대하여」에서 그것의 세 가지 특성 — 규격화, 수동화, 폐쇄성 — 에 대해 비판하고 있다.

먼저, 대중음악은 규격화되어 있다고 비판한다. 어떤 음악이 상업적으로 성공하면, 상업적으로 고갈될 때까지 사용된다. 그리고 이러한 규격화의 비난을 피하기 위해서 "유사 개별화 pseudo-individualization"를 이룬다. 아도르노는 대중음악이 약간씩만 다르게 만들어지기 때문에 결국에는 다양하지 못하다는 것을 지적했다. 두 번째, 수동적인 음악의 소비를 추구하게 한다. 음악에 안주하고 현실에서 도피하도록 한다. 능동적인 움직임보다는 그 음악 속에 빠져 버리게 한다. 세 번째, 음악은 사회적인 접착제 역할을 해서, 사람들이 사회의 기존 가치관이나 질서를 옹호하도록 만든다. 아도르노는 이런 점들이 대중음악의 상품 자본주의적 성격과 버무려지면서 다양한 음악 장르의 향유를 방해해 왔다고 했다.

이러한 비판에도 불구하고, 그동안 대중음악은 많은 이들의 사랑을 받으며 삶의 희망을 주어 온 것도 사실이다. 힘들 때는 힘을 주고, 기쁠 때는 기쁨을 배가시켜 주었다. 기본적으로 대중음악은 대중이 공유하는 음악인데, 그것이 방송에 전적으로 의존하고 있는 현실에서 한계가 있었던 것도 사실이다. 그렇기 때문에 방송의 역할이 매우 중요하다는 데 이론의 여지가 없다.

따라서 방송을 중심으로 한 가요 프로그램들이 어떠한 문제점이 있는지 살펴볼 필요가 있다. 특히 가요 순위 프로그램을 중심으로 하는 한국의 텔레비전 대중가요 프로그램에 대한 비판은 몇 가지로 압축된다.

(1) 10대 취향 위주의 기형적인 음악 시장을 형성하고 있다.
(2) 이 때문에 감각적인 내용의 사랑과 연애를 다룬 노래들이

주류를 이룬다. 즉, 10대 위주의 편협한 장르의 음악만을 보여주고 있다. (3) 이 과정에서 방송사는 시청률만을 유일한 판단 기준으로 삼기에 이른다. 여러 세대에게 호소력을 지니는 다양한 대중음악을 생산하고 즐길 수 있는 여건을 없앤다. 그래서 다양한 사회 구성원들의 문화적 요구를 차단하고 문화 민주주의를 훼손한다는 비판이 제기되어 왔다.

이런 문제점은 비단 방송에만 그치는 것은 아니다. 한국 대중가요 시장의 구조적인 문제점과 연결되어 있다. 대형 음반 제작사를 중심으로 하는 연예 엔터테인먼트 산업의 독점 구조가 심화되었다. 그 속에서 기획 상품이 되어 버린 가수와 그에 따른 아티스트의 부재, 그리고 실력 있는 가수들의 라이브 공연 부재라는 악순환이 대중과 음악을 더욱 멀어지게 해왔다.

방송과 관련하여 중요하게 보아야 할 점은 시청자들이 '다양한 음악'을 즐길 권리를 갖고 있다는 점이다. 그러나 현재의 지상파 방송에서는 이에 상응하는 음악 프로그램을 공급하지 못하고 있다. 음악을 성장, 발전시키는 데 있어 견인차 역할을 해야 하는 방송이 오히려 이를 후퇴시켜 온 것이다. 무엇보다 많은 이들을 음악에서 소외시켜 온 점이 크다. 이러한 소외는 방송에서 다른 장르의 음악을 성장시키는 토양이 되어 온 게 사실이다.

소외된 이들을 위한 음악 프로그램들

방송은 일찍부터 대중음악 프로그램에서 소외된 이들을 위한 프로그램들을 만들어 왔다. 대표적인 프로그램으로는 KBS〈가요무대〉,〈열린 음악회〉,〈윤도현의 러브레터〉, MBC〈수요예술무대〉,〈가요콘서트〉, 그리고 최근에 화제가 된 KBS〈콘서트 7080〉 등이 있다. SBS가 상대적으로 이러한 프로그램에는 약한 것을 볼 수 있다.

이런 프로그램들은 대개 장수 프로그램들인데, 선호되는 이유를 좀 더 정리하면 몇 가지로 요약할 수 있다. 1) 10대 위주의 가요 프로그램에서 소외된 세대를 대상으로 하기 때문이다. 2) 제법 다양한 장르를 맛볼 수 있기 때문이다. 3) 방송은 끊임없이 쏟아져 나오는 새로운 감각의 음악만 다루기 쉬운데, 소외된 세대들이 보편적으로 공감할 수 있는 음악들을 접할 수 있다. 숨 가쁘게 변화하는 음악의 흐름을 따라가기보다는 마음의 여유를 갖고 편하게 대할 수 있는 장점을 가지고 있다. 그러나 이러한 프로그램에 단점이 없는 것은 아니다.

각 프로그램들의 문제점을 간단하게 살펴보면 다음과 같다. 〈윤도현의 러브레터〉의 경우에는 20대의 취향에 맞추어져 있다. 또한 〈가요무대〉의 경우에는 50대 이상의 취향에 맞는 노래가 나온다. 또한 〈가요콘서트〉는 주로 트로트 가요에 한정된다. 〈수요예술무대〉는 20대 위주이지만, 대중적이라기보다는 고급문화의 예술적 성격이 강하다. 〈열린 음악회〉의 경우에는 가족이 즐길 수 있는 음악을 다루다 보니 선정되는 음악의 범위가 한정될 수밖에 없다. 그런데 〈콘서트 7080〉은, 극단적으로 이야기하면, 프로그램의 대상이 〈가요무대〉보다 약간 젊어진 것이다.

〈추억의 콘서트 7080〉이 인기를 끌고 있는 이유를 살펴보면, 거꾸로 기존 프로그램들의 문제점을 알 수 있고, 또 다른 세대 나누기가 될 수 있다. 〈7080〉 프로그램은 386세대와 475세대, 즉 40대이면서 70년대 학번의 50년대 생들이 그 대상이다. 그들은 기존의 프로그램에서 상대적으로 소외되었던 '대중가요 팬'들이다. 따라서 7-80년대에 활동했던 가수들과 노래들이 주로 등장한다.

　이러한 프로그램이 주로 다루고 있는 것은 '추억'이라는 상품이다. 이제 추억이나 기억은 하나의 문화 상품이 된 지 오래다. 과거의 음식이 인기 메뉴가 되고, 추억의 장소가 명소가 되는가 하면, 인터넷에는 추억의 불량 과자들이 판매되고, 〈로보트 태권 V〉 같은 추억의 만화 영화가 다시 화제가 되기도 한다. 여기에 개그의 주요 소재가 되기도 한다. 〈폭소클럽〉은 추억의 상품을 파는 홈쇼핑 꼭지를 다루고, 〈개그콘서트〉의 복학생은 80년대의 다양한 추억거리를 웃음 소재로 삼고 있다.

　추억의 가수와 노래들이 방송에 등장하는 이유를 음악 프로그램에 한정시켜 살펴보면, 1) 시청자들이 수많은 정보와 문화적 혼돈 속에서 과거의 향수를 불러일으키는 음악을 통해 편안함을 추구하려고 하기 때문이다. 2) 추억의 음악 프로그램들은 음악과 가수에 얽힌 추억들을 떠올리면서 여유를 가질 수 있는 시간이 되기 때문에 선호된다. 일종의 느림의 철학, 느림의 삶이라는 가치가 반영되어 있다. 3) 먼 과거 속에 사라진 것으로 생각했던 노래와 가수들을 공중파 방송에서 다시 보면서 일종의 "문화적 정체성"을 확인하려는 심리가 작용한다. '우리도 이러한 문화적 정체성이 있다'는 자기 존재의 확인 차원이다. 그런데 이러한 추억의 음악 프로그램은 여러 가지 문제점을 낳을 수 있다.

이러한 프로그램은 세대별로 나누어져 있는데, 배타적인 자기 정체성 찾기에만 머물 경우에는 분열적인 모습이 강하게 나타날 수 있다. 이외에도 몇 가지를 더 언급할 수 있는데, 우선 문화적인 지체나 퇴행을 낳을 수 있다. 음악을 과거 속에 묶어두기 때문에 음악의 발전을 방해한다. 막연하게 과거가 더 좋았다는 식의 향수에만 젖어 있는 사이 음악은 제자리를 맴돌 수 있다. 두 번째, 음악가 혹은 가수들을 이중으로 소외시킬 수 있다. 예를 들어, 가수가 과거의 노래만 부를 수는 없다. 계속 새로운 작업들을 하는 경우가 많은데, 이를 적극적으로 소개하지 않는다면 또 다른 소외와 배제가 일어나게 된다. 가수들은 예전 노래도 부르길 원하지만, 새로운 노래도 무대에서 선보이고자 한다. 세 번째, 폐인 문화의 긍정성이 아닌 부정성이 강화될 수도 있다. 강한 열정을 가진 소수자가 만드는 폐인 문화는 긍정적인 면이 있지만, 그 이면의 "폐쇄성"은 주의가 필요하다. 네 번째, 결과적으로 문화의 수용과 반영에서 한국 대중의 수동적인 경향을 더 악화시키고, 다양한 실험 정신을 지닌 음악들을 위축시킨다. 다섯 번째, 과거의 음악을 다루더라도 그 음악들에 대한 적극적인 해석과 미래 지향적인 의미 부여가 없는 한 음악의 발전과 연결되지 않는다. 추억을 꺼내어 공유하는 수준에 머물지 않고 새로운 창작의 밑거름으로 삼으려는 시도가 더 중요하다.

개그는 셋이 좋아?

밀그램S. Milgram은 사람들이 다른 이들을 따라 행동하게 만드는 데 몇 명이 필요한지 실험했다. 길을 가다가 하늘을 올려다보는 실험을 했다. 1명이 하늘을 무심코 올려다볼 때는 42%가 하늘을 올려다봤고, 3명이 올려다볼 때는 60%였다. 5명일 때는 86%가 하늘을 덩달아 쳐다보았다. 3명일 때부터 동조성이 급격하게 증가했다. 세 사람은 사회적 의미를 강하게 지니기 때문이다. 두 사람과 세 사람의 차이는 한 사람에 불과하지만, 두 사람보다 세 사람이 움직이면 큰 의미를 지니는 것으로 보인다. 소설『삼총사』의 아토스, 프르토스, 아라미스,『삼국지』의 유비, 관우, 장비 모두 세 사람이다. 미녀 삼총사, 바보 삼총사 등은 두 사람보다 큰 의미를 지닌다. 고용자에게 피고용자 세 사람이 이의를 제기하면 고용자는 그들을 중대한 세력으로 받아들인다. 마찬가지로 회의석상에서 한꺼번에 셋이 움직이면 다수파로 인식된다. 물밑 교섭을 통해 미리 세 명을 조직하면, 다른 이들의 동조 행위를 쉽게 이끌어 낼 수 있다. 전원 설득하지 않고도 서너 사람만 미리 자신의 동조자로 만들어 버리면 전원을 움직일 수 있다. 또한 대민 서비스나 정책 상황에서도 마찬가지다. 세 사람이 함께 숙의하고 있으면, 상대방은 숙의하는 내용이 중요한 사안이라고 인식한다. 이렇게 세 사람은 공적으로 중요한 작용을 한다. 셋이라는 숫자는 실질적인 내용이 없다고 해도 상징적 효과를 지닌다.

개그에서도 셋은 중요한 역할을 한다. 스탠딩 개그의 중심축은 이제 한두 사람에서 세 사람 혹은 그 이상으로 옮겨가고 있다. 이는 각 개그 프로그램을 살펴보면 알 수 있다. 장점은 무엇이고, 그에 따른 문제점은 무엇일까?

KBS 〈폭소클럽〉의 경우, "아빠와 나," "샬랄라," "스마일맨 판매왕 도전기," "작업술사," "김형곤의 세상이야기," "떴다 김샘," "마른인간 연구 X-파일," "최형만의 지식 검색 밑줄 쫙" 등은 모두 혼자 웃음을 주려는 꼭지들이었다. 세 사람이 등장하는 "3.6.9"와 두 사람이 등장하는 "현대요가백서"를 빼놓고는 모두 솔로 개그인 셈이다. "바퀴달린 사나이"는 초대 손님을 모시는 형식이라 완전 솔로 개그는 아니었다. 〈폭소클럽〉은 2006년 3월 폐지되었다가, 우여곡절 끝에 11월 말에 〈폭소클럽 2〉로 다시 태어났다.

트리플 개그의 아성은 KBS 〈개그콘서트〉이다. "수능 박선생," "장난 하냐," "노래교실 살리고," "하류인생 주먹이 운다," "애정의 조건," "공포의 외인 구단," "집으로" 등은 모두 세 명이 기본인 개그 꼭지들이다. 〈개그콘서트〉에서 혼자 나와서 웃음을 주는 개그 꼭지는 없다. 〈폭소클럽〉과는 매우 대조적인 모습이다. 유일하게 "몬스터"에 두 명이 등장한다. 집단으로 나오는 〈봉숭아 학당〉은 유일한 '군중 개그'다.

그럼 SBS 〈웃음을 찾는 사람들〉은 어떨까? 〈웃찾사〉는 3명이 기본이기는 하지만, 더 다양한 스펙트럼을 보여 준다. 듀엣 개그는 "행님아," "그룹 싸스," "자주 찾기" 등이다. 세 사람이 등장하는 트리플 개그에는 "왜 이래," "1학년 3반," "뭐 드래요," "버려," "비밀요원 H.I," "혼자가 아니야" 등이 속한다.

이들 꼭지에는 등장인물들이 수시로 나와서 더 재밌는 상황을 만든다. 예를 들어, "폼생폼사"는 4명이 출연하는데, 2명이 주축이다. "미녀삼총사"와 "만사마," "황당 그것이 알고 싶다"에는 네 명의 인물이 등장한다. 5명의 인물이 등장하는 꼭지는 "퀴즈야 놀자"와 "화상고"다.

세 명은 안정감을 주고 공적인 느낌을 주는 숫자인데, 개그 프로그램에서 세 명이 많이 등장하는 것은 이러한 심리를 반영한 것이다. 둘은 친구나 연인 관계로서 개그를 펼치는 데 적합하다. 웃음을 주는 데 등장인물 수가 중요한 것은 아닐 것이다. 최종 목표는 관객과 시청자를 즐겁게 하는 것이기 때문이다. 다만, 솔로 개그의 경우 집중도를 높일 수는 있지만, 밋밋한 독백 개그에 치우칠 가능성이 있다. 단조로운 전개로 식상함을 줄 수도 있기 때문에 다양한 인물군을 통한 웃음과 상황의 설정에 약할 수 있다. 혼자 이끌어간다는 것은 고독하고 버거운 일이다. 어쩌면 개그맨 김형곤의 죽음은 솔로 개그의 종말을 예고하는 것이었는지도 모른다.

여하튼 한때 전성기를 누렸던 한두 명의 개그 꼭지보다 세 명 이상의 개그 꼭지들이 갈수록 훨씬 더 많아질 것이다. 트리플 개그는 전형이 되어 가고 있고, 형식상으로 가장 안정되어 있다고 볼 수 있다.

사람이 많을수록 다양한 아이디어가 나오고, 이들의 상호 관계 속에서 상승효과를 일으킬 수 있다. 인물이 많을수록 다양한 설정이 가능하다. 산만함을 줄 수도 있지만, 호흡을 잘 맞추면 호응은 더 뜨거워진다. 수많은 인물들이 나오는 개그의 경우, 개그맨들이 자신의 이름을 알리지 못할 가능성이 크다. 사람이 많으니 보는 이들은 그들을 잘 기억할 수 없다. 오히려 한 사람이 개그를 할 때 사람들은 더 잘 기억한다. 즉, 출연 인물이 많아질수록 시청률은 올라가겠지만, 개그맨들은 자기의 이름을 잃어버릴 가능성이 높다.

리얼리즘의 영웅 '장길산'을 버린
판타지의 영웅시대

그 이름 높은 황석영의 『장길산』. 소설을 드라마로 만들기까지 우여곡절도 많았다. 기대감에 부풀었던 북한 촬영은 결국 하지 못하게 되었다. 그리고 시간은 어느새 90년대에서 2000년대를 훌쩍 뛰어넘어 버렸다.

그동안 많은 기대와 성원 속에서 드디어 2004년에 방영된 〈장길산〉. 가족 해체나 식상한 불륜 없이 건강성을 지닌 〈장길산〉. 〈장길산〉은 수많은 제작비를 들였음에도 왜 고전을 면치 못했던 것일까? 소설을 탐독한 수많은 독자들이 존재하고, 아직도 필독서로 읽히는데 말이다.

그 원인을 짚어 보기 위해 우선 『장길산』의 작품 내용부터 보아야 할 것 같다. 『장길산』이 가지고 있는 한계를 두 가지로 요약할 수 있다. 『장길산』은 독재 정권 시기라는 사회적 배경을 지니고 태어났다. 민중을 억압하는 독재 사회 체제는 조선시대의 통치 체제였다. 대중들은 엄혹한 시절 억눌린 몸과 마음을

『장길산』을 통해 조금이나마 해소했다. 당시 소설 『장길산』에 감명을 받은 이들은 이제 사회의 중추 세대가 되었고, 그들은 황석영의 『장길산』을 고전의 반열에 올려놓았다.

그러나 정작 지금 시대가 드라마 〈장길산〉을 원하는 것일까? 황석영은 1998년 사면 석방된 뒤 한 방송에 출연하여 이제 대하소설의 시대는 갔다고 선언한 바 있다. 더구나 『장길산』에 등장하는 많은 설화와 이야기들은 정보화 시대에 공론화되어 예전의 맛스러움을 잃어버렸다.

무엇보다도 드라마 〈장길산〉에는 아이러니하게도 민중성이 부족했다. 미륵 신앙으로 조선 왕조 체제를 무너뜨린다며 재인말의 문화패, 상인, 선비, 승려 그리고 시장 무리들이 나섰다. 정작 당시의 주력인 농민들은 빠져 있었고, 조선의 근본 모순인 토지 제도와 중앙 엘리트 관료 체제의 한계는 드러나지 않았다. 또한 그들이 세우겠다는 민중의 나라에 대한 구체적인 비전 없이 오로지 백성과 민중이라는 관념적인 수사가 반복되었다. 이러한 우직한 반복은 민중을 생각하는 〈장길산〉의 마음과 같지만, 더 이상 드라마로서 흥미를 자아내지는 못했다.

원인은 드라마 〈장길산〉에만 있는 것이 아니었다. 드라마 〈장길산〉이 힘을 잃은 것은 이제 한국 사회에는 억압적인 질서의 붕괴가 아니라 사회 체제 내에서 개인의 성공과 부의 축적을 이루려는 꿈만 존재하기 때문이다. 한때 학생들로 문전성시를 이루었던 사회과학 서점들은 이미 무너진 지 오래고, 부자 신드롬이나 처세 관련 서적만 범람하는 것이 이를 말해 준다. 방송에서도 서민들의 성공과 인생 역전 드라마가 최고 인기를 얻고 있으니 말이다.

또한 〈장길산〉은 우직하다 못해 고지식하다. 드라마 〈대장금〉은 궁녀들의 생활을 다루면서 역사적으로 존재하지도 않았던 개념들을 과감하게 도입하였다. 마찬가지로 〈다모〉도 과감한 컴퓨터 그래픽과 특수 효과를 사용했다. 무협 영화를 보는 느낌을 주기에 충분했고, 여기에 판타지의 요소까지 더했다. 하지만 〈장길산〉은 컴퓨터 그래픽이나 특수 효과보다는 기본 테크닉에 더 충실했다. 볼거리 많은 와이어 액션도 없고, 무술이나 활극 장면에도 화려한 특수 효과를 사용하지 않았다. 여기에 퓨전 스타일의 복식이나 장신구 등도 볼 수 없었다.

〈대장금〉과 〈다모〉는 모두 왕 중심의 조선 질서를 지키는 인물들을 주인공으로 삼았다. 이는 조선을 무너뜨리려는 〈장길산〉과 대척점에 있는 것이다. 〈다모〉에도 장성백(김민준)을 중심으로 민중 혁명론이 나오지만, 그것은 중심이 아니었다. 오히려 액션 멜로가 전면에 나왔다. 이미 한국 사회가 민중 혁명에 식상해 하고 있음을 간파한 것이다. 〈대조영〉이나 〈연개소문〉은 모두 기존 사회(고구려)의 계승에 초점을 맞추고 있지, 전복에 있지 않았다.

드라마 〈장길산〉은 말장난을 하지 않았다. 명대사들을 만들어 내지 않았다. 사람들의 마음을 휘어잡으려고 말을 꾸미거나 함축시키지 않았다. 리얼리즘 소설을 리얼리즘 드라마로 만들겠다는 의지의 산물일 것이다. 드라마 〈장길산〉이 고전하는 것을 보면서 두 가지를 생각하였다. 하나는 〈장길산〉은 진작 만들어졌어야 했다는 점이다. 이는 시대적인 불행이다. 두 번째는 그 형식에 약간 변화를 준다고 해서 장길산의 본질이 없어지지는 않았을 것이라는 점이다. 따라서 민중 혁명도 어떻게 가공하는가에 따라 달라질 수 있다는 점이다.

작품은 끊임없이 재해석되고 이해될 수 있다. 그리고 그때 그 작품은 시대의 변화에도 불구하고 사람들에게 호소력을 지닐 수 있게 된다. 따라서 원칙만 강조하다 보면, 그 기반마저 외면당할 수 있다. 마지막으로 〈장길산〉의 저조한 시청률을 영웅 드라마의 퇴조라는 식으로만 보는 것은 슬픈 일이다. 영웅은 대중문화의 영원한 테마이다. 다만, 지금의 대중문화 속 영웅은 공동체나 사회적 관심이나 고민보다는 개인의 성공과 부의 축적에 더 무게중심을 두고 있을 뿐이고, 이게 아쉬울 뿐이다.

솔루션 프로그램은 왜 각광 받나

시청자들의 고민이나 사연을 받아서 문제를 해결하거나 생활환경을 바꾸어 주는 프로그램들이 시청자들의 많은 관심을 받고 있다. 문제 해결의 긍정적인 부분만을 생각하다 보니 문제를 만드는 부분도 있다는 점을 잘 인식하지 못하는 것 같다. 이런 점들에는 어떤 것들이 있는지 짚어 볼 필요가 있다.

코칭 또는 솔루션 프로그램들

시청자들의 긴급한 현안 문제나 열악한 생활환경을 고치고, 고민을 해결하며, 그 개선 방향을 제시하는 것이 솔루션 solution 프로그램, 이른바 문제 해결 프로그램이다. 어떤 상황에서는 어떻게 하라고 코치하기 때문에 코칭coaching 프로그램이라고도 한다. 또한 사람의 앞날을 좌우할 결정까지 다루고 있어 일종의 인생 상담사나 멘토 역할도 한다. 이러한 프로그램들은 어느새 방송에서 치열한 경쟁 속에 있다.

SBS 〈체인징 유〉, 〈김국진 김용만의 코치〉, 〈해결 돈이 보인다〉, KBS 〈비타민〉, 〈사랑의 리퀘스트〉, MBC 〈러브하우스〉, 〈활력충전 36.5〉 등이 대표적인 프로그램이다. 한때 SBS는 이런 문제 해결 프로그램을 수·목·금 황금 시간대에 집중 편성했다. 독자 프로그램으로 만든 것 외에도 한두 개의 솔루션 꼭지들이 들어가 있는 프로그램들도 많았다.

이런 프로그램들은 단순한 정보의 제공보다는 시청자를 직접 출연시켜 변화를 주는 형태를 취한다. 또한 소재나 영역도 기존에는 경제, 주거 문제 등에 치우쳤지만, 최근에는 음식, 패션, 인테리어, 미용, 건강, 연애, 대인 관계 등 일상의 모든 부분으로 확대되었다. 아울러 웰빙에 대한 관심이 증대되면서 웰빙 관련 소재나 상품들을 빈번하게 등장시키고 있다.

프로그램이 선호되는 사회 심리: 긍정적인 점들

제작 측면에서 보면, 시청자의 안타까운 문제를 풀어 주기 때문에 현실감과 재미, 감동과 함께 시청자의 관심과 시청률을 이끌어 낼 수 있다. 더구나 고민을 상담해 주거나 방향을 제시하는 것에 그치는 것이 아니라 시청자의 생활이나 환경을 직접 변화시켜 주기 때문에 시청자의 관심이 크다. 단순한 정보 제공 프로그램보다는 많은 제작비가 들지만, 시청률을 이끌어 내는 데 효과적이다.

시청자는 텔레비전을 통해 실제 생활을 바꿀 수 있는 다양한 정보를 얻을 수 있다. 또 방송 참여로 시청자는 수동적인 존재가 아니라 방송의 주인공이 될 수도 있다. 방송의 공익성이라는 측면에서 양방향 방송 문화 형성에 긍정적이다.

문제 해결 과정에서 빚어지는 문제들

그런데 문제 해결 프로그램들이 오히려 문제를 만드는 경우도 있다. 또한 정작 자신들은 바뀌지 않는 모습을 보였다. 코칭 프로그램에 코칭이 필요하다. 그것을 구체적으로 언급하면 다음과 같다.

첫째, 자신의 노력보다는 방송사 덕으로 단번에 현실을 바꾸려는 막연한 '대박·당첨 심리'를 조장한다. 자신의 노력으로 이룬 것이 아니기 때문에 방송사의 개입 이후에도 그 변화를 계속 유지할 수 있겠는가 하는 우려가 제기되어 왔다. 자신이 이룬 것이 아니기 때문에 그것을 유지할 수 없고, 그 변화도 진정한 변화라고 할 수 없다는 것이다.

둘째, 무엇보다도 프로그램이 불행과 고통의 경연장이 되기도 한다. 예를 들어, 〈러브하우스〉나 〈사랑의 리퀘스트〉는 사연의 주인공이 겪는 고통과 고생이 심할수록 방송에 채택될 가능성이 크다. 거꾸로 웬만한 어려운 상황이나 처지는 주목을 받지 못한다. 고통이 심할수록 방송 가치가 높아지는 역설적인 현상이 일어난다.

셋째, 감동의 선별과 과장이 이루어진다. 역경은 감동을 위한 전제 조건이 된다. 역경이 힘든 것일수록 그리고 그에 따른 감동 요소가 많을수록 방송용으로 적합하다. 곧 극적인 구성 요소가 많을수록 방송에 채택될 확률이 큰데, 이렇다 보니 시청자들은 자신의 사연을 최대한 포장하거나 심지어는 없는 사실을 있는 것으로 꾸미기도 한다. 또한 제작팀은 이러한 극적인 부분 또는 감동적인 부분을 지나치게 크게 부각시켜 시청자의 감정을 자극하기도 한다.

넷째, 목적과 수단이 전도된다. 성공에 대한 집착만을 도드라지게 하는 경우도 있다. 〈해결 돈이 보인다〉 같은 프로그램의 경우, 과거 MBC 〈일요일 일요일 밤에〉의 "신장개업" 꼭지와 같은 내용인데, 시청자의 대박 꿈, 인생 역전을 목표로 한다. 목표는 그렇다 하더라도 그 내용에 문제가 있다.

신장개업 날은 손님이 많으므로 매상이 많을 수밖에 없다. 그런데 첫날의 매상만을 보여 준다. 따라서 이 프로그램에만 나오면 대박이 터진다는 식의 생각을 시청자들에게 심어 줄 수 있다. 또한 손님을 끌기 위한 다양한 기술과 노하우를 집중적으로 전하지만, 그에 대한 기술만 강조할 뿐 고객에 대한 진정한 마음은 빠뜨리고 있다. 예를 들면, 밥을 굶어 본 사람의 심정을 아는 따뜻한 밥집 할머니 같은 마음은 없다.

다섯째, 각종 의학 정보를 다루는 프로그램의 경우에는 그러한 정보들이 정확한지 헷갈리는 경우가 많다. 텔레비전의 많은 정보들은 상충되기도 한다. 의학 정보는 때로 사람들에게 치명적인 영향을 미치기 때문에 세심한 주의가 필요하다. 그리고 여러 가지 학설이 대립할 수 있고, 새로운 이론이 끊임없이 등장하고 있기 때문에 한 명의 전문가에게만 의존하는 것은 문제를 만들 소지가 크다.

　같은 음식도 체질에 따라 효과가 다를 수 있다. 아무리 좋은 음식도 어떤 사람에게는 독이 될 수 있는 것이다. 책임은 시청자에게만 지워진다. 따라서 종합적인 전문가 시스템 구축이 필요하다.

　여섯째, 최근 웰빙 관련 소재들이 부쩍 많이 등장하고 있는데, 돈이 드는 '웰빙'만을 강조해 서민들에게 부담을 주는 경우가 많다. 심지어 어떤 상품이나 소재 또는 음식을 먹어야만 웰빙인 것으로 착각하게 만든다.

　일곱째, 미용이나 패션, 인테리어를 바꾸어 주는 〈체인징유〉 같은 프로그램들은 시청자들의 사연을 받아 사연의 대상을 바꾸어 주는데, 지나치게 외모나 형식에 치우치는 경향이 있다. 한 케이블 채널의 성형 시술 정도는 아니지만, 일종의 외모 지상주의의 또 다른 변형이다. 특히 부부나 배우자 또는 연인의 패션이나 성격 변화를 방송의 힘으로 이루어내는 것은 스스로 이룬 것이 아니기 때문에 오래 가지 못할 가능성이 많다. 멋의 획일화도 초래한다. 또한 이전과 비교해 프로그램이 바꿔 준 결과가 무조건 낫다는 결론을 내린다. 신청자들은 고맙다는 찬사를 연발할 수밖에 없다.

　집을 바꾸어 주는 경우, 관련 소재 산업의 이해관계가 걸려 있다. 영상 속에서 화려한 변화를 이끌어 내기 위해 실용성보다는 감각적인 소재를 사용하는 경우가 빈번하다. 영상 속에서 아름답게 보여야 관련 상품이 잘 팔리기 때문이다.

　여덟째, 외모-형식 바꾸어 주기 프로그램의 경우 지나치게 도시 중심적이다. 방송을 보는 사람들은 도시에 사는 사람들만 있는 것이 아니라 산골에 사는 이, 농촌에 사는 이들도 많은 데 말이다. 이런 프로그램들을 보면서 얼마나 현실감 있다고 느낄지 의문이다. 어차피 방송은 그 대상을 구매력 있는 도시 중산층 이상에 초점을 맞출 뿐이다.

사실 이런 현상은 문제 해결 프로그램만이 아니라 방송 미디어의 본질적이고 고질적인 문제이다. 이를 댈러스 스마이더 Dallas Smythe의 "수용자 상품론"이라는 미디어 이론으로 말할 수 있다. 시청자는 상품 소비와 밀접하고, 이것을 중심으로 방송이 만들어진다는 주장이다.

1969년 미국 방송계에서 희한한 일이 일어났다. 당시 시청률 1위였던 프로그램이 갑자기 폐지되었다. 참 이상한 일이었다. 그러나 이상한 일이 아니었다. 그 프로그램은 소득이 낮은 계층, 노인, 농촌 지역의 사람들에게 인기가 있었기 때문이다.

이러한 사람들은 상품 구매력이 낮기 때문에 광고주들이 좋아하지 않았다. 구매력이 높은 사람들이 좋아하는 프로그램의 스폰서가 되기를 원한 광고주들의 성화 때문에 결국 1위 프로그램이 폐지되었던 것이다. 비록 극단적인 사례이지만, 도시 거주자와 젊은 층을 타깃으로 하는 솔루션 프로그램이 많다. 시청률과 광고를 의식해 이들에게 초점을 맞추고 있으므로 진정한 코칭 프로그램 또는 솔루션 프로그램은 아니다.

분명 이러한 프로그램들이 많은 이들에게 혜택을 주고 있는 것은 사실이다. 하지만 그런 명분 뒤에 알게 모르게 단점들을 합리화하고 있기도 하다. 다른 사람의 인생이나 생활에 지나치게 개입하는 것은 위험하다.

　　방송이 시청자들의 고민이나 어려움을 들어 주고, 해결 방안을 모색할 수는 있다. 방송이 인생의 상담역은 할 수 있지만, 인생의 해결사가 될 수는 없다. 공익성을 명분으로 한 개입은 얼마든지 또 다른 문제들을 낳을 수 있기 때문이다.

III. 인터넷과 디지털 문화 심리

미니 홈피를 움직이는 심리

미니 홈피의 문화적 자정과 자전

2005년 기준으로 서울 시민 4명 중 1명은 블로그, 미니 홈피 등 개인 홈페이지를 운영하고 있는 것으로 나타났다. 서울시가 실시한 "서울시 홍보 마케팅 매체 이용 실태"(2005년 11월) 조사에서 4명 중 1명(25.9%)은 블로그나 미니 홈피 등 개인 홈페이지를 운영하고 있었다. 특히 10대(62명)는 56.6%, 20대(223명)는 66.4%이었다. 젊은층 2명 중 1명이 넘는 비율이다.

오프라인의 복잡하고 시끄러운 도시를 떠나 디지털 도시로 피해 가곤 한다. 하지만 복잡성은 디지털 공간도 예외는 아닌데, 이 디지털 공간에서도 자신만의 작은 공간을 꿈꾼다. 그래서 디지털 공간에 작은 오두막들이 수없이 생겨난 지 오래다. 그 오두막 중에 하나가 미니 홈피와 블로그 같은 1인 미디어라고 할 수 있다. 이러한 공간은 과연 느림이나 소요유逍遙遊의 관점에서 자정 작용이나 정화 작용을 하는 것일까. 아니면 단지 일정한 자리나 틀을 벗어나지 못하고 제자리에서 돌고 도는, 문화적 획일성을 반복하는 자전自轉 작용만 하는 것일까.

공간에 대한 인간 심리

존 그레이는 『화성남자, 금성여자』에서 부부 간에도 개인의 공간을 인정하지 않으면 불화가 잦고 이혼에 이른다고 했다. 사람에게 공간은 매우 중요하고도 치명적이다. 일반적으로 공간 심리학 이론에서는 개인의 공간이 부족하면 공격성과 폭력성이 증가한다고 했다. 2006년 11월 3일 강남 교보문고에서 열린 강의에서 강준만 교수는 "서울 사람들은 인구 밀집도가 높은 곳에서 살아 그런지 전주 사람들보다 눈매가 날카롭다"라고 말했다. 그만큼 개인의 공간은 인간관계에서 매우 중요하다. 그 공간은 단순한 물리적 공간이 아니라 마음의 공간, 여유의 공간이기 때문이다.

디지털 공간에 대한 시각과 문화의 힘

현실의 공간에서와 마찬가지로 디지털 공간에서도 자신만의 공간, 자신의 집을 짓고자 하는 심리에서 비롯한 것이 미니홈피, 블로그 같은 1인 미디어인데, 이는 개인적 소유 개념이 아니라 관계의 관점에서 의미가 더 크다.

제레미 리프킨은 『소유의 종말』에서 "이제는 소유가 아니라 접속의 시대"라고 말한 바 있다. 끊임없는 접속에서 사회관계와 문화가 이루어지며, 아울러 자신의 존재가 의미부여 받고 유지된다는 지적이다. 디지털 공간은 더 말할 필요도 없다.

디지털 공간에 대해서는 긍정적 시각도 있고 부정적 시각도 있다. 부정적 시각은 디스토피아적 시각이다. 우선 미셸 푸코가 말했던 "판옵티콘panopticon"(원형 감옥)을 생각하게 된다. 조지 오웰의 『1984』에 나오는 "빅 브라더"를 생각하게도 되는데, 일종의 전자 감시, 통제의 부작용에 대한 우려이다. 유비쿼터스 논의가 이루어지면서 그에 대한 걱정과 경계의 목소리가 더욱 높아지고 있다.

여기에 국가 기구나 제도 외에도 개인에 의해서 사생활 침해나 유해 정보, 사이버 테러, 폭력 같은 현상이 일어나는데, 이것은 이런 디스토피아에 대한 우려를 더욱 강하게 뒷받침한다. 여기에 디지털 공간은 본질석으로 익명성, 비인간화, 지나친 형식성의 관계들을 만들어 낸다.

한쪽에서는 이러한 부정적 견해를 고려하면서 디지털 공간을 좋은 방향으로 이끌어 가려는 문화적 노력이 있어 왔다. 문화에는 인간의 의지가 담겨 있다. 영화 〈가타카〉에서 빈센트는 열등으로 규정된 자신의 유전적 운명을 뛰어넘어 우성인만이 될 수 있는 우주비행사의 꿈을 이루려고 하는데, 빈센트 같은 사람들의 고군분투가 바로 문화다. 이처럼 문화는 예견되고 예정된 틀을 벗어나는 데 그 힘이 있다. 1인 미디어도 이런 문화적 차원에서 짚어 볼 필요가 있다.

미니 홈피, 전자 오두막? 전자 아파트?

우선 1인 미디어 공간을 작은 전자 오두막이라고 부르는 것은 '쉼터,' '휴식 공간,' '재충전'의 의미가 있기 때문이다. 수많은 정보들이 정신을 못 차릴 정도로 범람하는 디지털 공간에서는 익명의 관계들이 사람들을 더 혼란스럽게 만든다. 비대면적이고 형식적인 관계들은 소외감을 주기도 한다.

그러한 측면이 강하면 강할수록 거꾸로 그 속에서 자신을 알아주는 사람들과 관계를 이어갈 수 있는 따뜻한 공간을 원하게 된다. 더구나 이러한 공간에서는 수많은 정보들이 걸러지기도 하고, 새로운 정보들이 가공되거나 재탄생한다.

그것은 질 들뢰즈가 『노마디즘』에서 말하는 리좀과 같은 역할을 수행한다. 리좀은 주변의 요소들을 모으고, 흩어지게 하며, 다시 뭉치게 하는데, 이것이 정화 과정의 반복이다. 디지털 공간을 끊임없이 돌아다니며 각자 자신의 방식대로 기존의 틀을 깨고 자생적으로 무엇인가를 계속 만들어 내려고 한다.

그렇다면 미니 홈피는 그런 역할을 하고 있을까?

우선 미니 홈피와 일반 홈페이지는 디지털 사회학적으로 어떻게 다를까? 장근영은 『팝콘의 심리학』에서 "홈페이지는 거친 벌판에 얼기설기 지은 집이라면, 미니 홈피는 아파트에 있는 집이다"라고 했다. 홈페이지는 인터넷이라는 황량한 공간에 집 하나 딸랑 세우고 익명의 사람들이 방문해 주기를 바라는 것이다. 또한 각각의 홈페이지는 멀찍이 떨어져 있다. 서로 방문하기도 쉽지 않은 일이다.

그런데 미니 홈피는 포털 사이트 안에 들어 있다. 그래서 그곳에 들어가면 자신이 아는 사람들의 대부분을 만날 수 있다. 아파트 단지 안에 들어가서 번지수를 찾거나 이름을 찾아 보면 대부분의 사람을 만날 수 있다. 친족 관계를 맺기도 쉽다. 현실에서는 부산이나 서울, 혹은 경기도나 경상, 충청, 전라, 강원도로 나누어져 있을지라도 디지털 공간에서는 한 아파트에서 사는 셈이다. 그럼 사람들은 왜 그곳에 몰려들고, 무엇을 쓰고 이야기하고자 하는지 한 번쯤 짚고 넘어갈 필요가 있다.

미니 홈피가 만든 몇 가지 문화 현상

미니 홈피가 폭발적인 인기를 누리고 있는 것은 누구나 쉽게 꾸밀 수 있기 때문이다. 자료나 사진, 동영상, 음악을 올리기가 무척 쉽다. 기존의 홈페이지는 자신이 다 꾸며야 했고, 자료를 업데이트하기도 어려웠고, 그리고 운영자의 실력에 따라 홈피의 상태는 천양지차였다. 당연히 카테고리도 부족했다. 그러나 일률적으로 제공되는 미니 홈피는 디지털 실력에 상관없이 모두 일정한 수준 이상의 괜찮은 홈페이지를 갖도록 만들었다.

미니 홈피가 유행하던 초기에 몇날 며칠을 밤새우고 충혈된 눈으로 직장이나 학교에 나오는 이들이 많았다. 자신의 인생을 총정리해서 미니 홈피를 꾸미기 때문이었다. 어렸을 때부터 현재에 이르기까지 각종 사진과 자료를 정리하고, 그것에 하나하나 사연과 추억을 담아 놓자니 만만치 않은 작업일 수밖에 없었다. 아날로그 카메라로 찍은 사진을 하나하나 스캔을 받아

올리니 더 시간이 걸렸다.

마치 인생을 정리하는 사람처럼 모두들 자신들의 공간 꾸미기에 꽤 '진지' 했다. 하지만 지금은 '진지' 보다는 '유쾌' 코드다. 기억과 추억의 공유가 과거의 코드였다면, 일상생활의 공유가 현재의 코드다.

미니 홈피는 미처 생각하지 못했던 문화 현상을 만들어 내기도 했다. 일단 사진관 아저씨들을 눈물 나게 했다. 디지털 카메라로 간단하게 찍어 올리면 되니까 현상을 할 필요가 없어졌다. 그러니 사진관 아저씨들이 울면서 가게를 접을 수밖에 없었다. 디지털 사진을 인화해 주는 곳도 있지만 아직은 시장성이 높지 않다.

그런데 이러한 디지털 사진기가 아날로그 사진 문화에 긍정적인 역할을 하기도 했다. 좋은 사진을 미니 홈피에 올리자니, 사진을 제대로 찍고 싶은 심리를 증가시켰다. 그래서 아날로그 사진기로 기본부터 배우고자 하는 이들이 늘어났다.

미니 홈피는 미팅이나 소개팅 문화에도 영향을 주었다. 소개팅 전날 미리 상대방의 이름 등을 알아내고 그 사람의 미니 홈피에 가서 사진을 본다. 맘에 들지 않으면 "다음에 하죠," 하면서 몸을 빼는 것이다. 미팅 주인공에 대한 설렘은 이제 옛말이 되어 가는지도 모른다. 본 얼굴을 들키지 않으려고, 포샵질로 자신의 사진을 최대한 예쁘게 꾸며서 올리기도 한다. 이 때문에 실제로 만나면 더 실망할 수도 있다. 기대가 크면 실망이 더 큰 법이므로.

연예인들이나 정치인들도 이러한 미니 홈피를 통해 자신들의 지지자나 팬들과 가까워지려고 한다. 감성적인 접근으로 팬들을 관리한다. 그러나 실제 그의 모습인지는 의문스러운 점이 많다. 그리고 자신이 운영하기보다는 다른 이들이 운영해 주는 경우가 많아 실망을 주기도 한다. 여선생님들이 사생활 보호를 외치는 경우도 있다. 일부 학생들이 선생님들의 사진을 미니 홈피에서 구해서는 이상하게 합성을 해 인터넷에 뿌리기 때문이다.

미니 홈피와 블로그의 차이는 자료 공간이냐, 인간관계의 공간이냐 하는 점인데, 그러한 차이는 갈수록 줄어들고 있다. 다만, 미니 홈피는 아직은 정보 저장이나 배열의 공간이기보다는 친숙한 관계의 공간 성격이 강하다.

미니 홈피가 늘어나다 보니 이메일 사용량이 눈에 띄게 줄어들었다. 그럴 수밖에 없는 것이 이메일은 보내고 받기가 기계적이다. 하지만 미니 홈피에서는 자신의 글과 상대방의 글을 동시에 볼 수 있고, 많은 이들의 동시 참여가 가능하다. 같이 들어와 있으면 서로 대화할 수도 있다. 또한 미니 홈피를 이용하면 가까운 사람들에게는 따로 메일을 띄울 이유가 없다. 친구 생일, 동창회, 결혼, 아이 돌잔치, 동호회 모임, 계모임 등 각종 공지 사항까지 미니 홈피를 통해 알게 된다. 또 비상 연락망 역할을 한다. 미니 홈피로 친구 관계를 정리해 볼 수도 있다. 미니 홈피를 자주 방문하지 않거나 관계를 가지지 않는 사람들은 자연스럽게 멀어지기도 한다. 이러니 이메일은 업무나 스팸만 받는 창구가 되어 버리기 일쑤다.

강박 심리의 폐쇄 고리

부작용도 만만치 않은데, 무엇보다 강박 심리를 만들어 낸다. 미니 홈피를 가지고 있지 않으면 시대에 뒤떨어진 것으로 취급하는 이상한 심리 기제가 작용한다. 특히 '구별 짓기' 문화처럼 미니 홈피 운영 여부가 구세대와 신세대의 구분, '멋있음'과 '멋없음'의 기준이 되기도 한다. 미니 홈피가 마치 진보적 감각을 나타내는 척도가 된 셈이다. 사람들은 고리타분하다는 말을 듣지 않기 위해서 억지로 미니 홈피를 만들기도 한다. 가입자 수는 갈수록 폭발적인 증가세를 보이고 있다.

이러한 강박 심리는 해당 미디어나 기업의 마케팅 논리가 무분별하게 만들어 낸 것이다. 미니 홈피는 상업적으로 이른바 대박을 터트렸다. 해당 기업은 그러한 강박 심리 덕에 경제적으로 성공했다. 미니 홈피 신드롬은 사람들에게 강박 심리를 심어 주었고, 그것을 주도하는 이들에게 성공을 가져다주었다.

또 짚고 넘어가야 할 점은 과연 미니 홈피가 문화적 자정뿐만 아니라 리좀의 유목적 생산 관점에서 볼 수 있는가 하는 점이다. 미니 홈피는, 앞에서 이야기했듯이, 개성 있는 오두막집이 아니라 획일적인 아파트에 불과하다. 미니 홈피는 똑같은 포털의 틀에서 게시물만 약간 다르기 때문에 획일적이다. 기존의 콘텐츠를 반복하는 경향이 강하고, 포털의 상업성에 휘둘리고 있다.

더구나 자신과 친한 사람들, 그리고 관심 분야나 성향이 비슷한 사람들끼리만 모여 그 관계를 유지하기 때문에 배타적인 모습을 보인다. 우리가 인식하고 있듯이, 그러한 배타성은 문화의 다양성에 치명적인 영향을 미친다.

문화의 패러독스를 넘어

문화는 '깸'과 '전복'의 역설을 지녔다. 아도르노는 문화가 스스로 가치를 부여하고 굳어지면 이미 그것은 문화가 아니라고 했다. 문화는 끊임없이 기존의 것을 깨고 나올 때 생명력을 지닌다. 새롭게 형성된 문화도 곧 깨짐의 대상이 된다. 하지만 그냥 깨지는 것이 아니라 다른 문화를 만들어 낸다.

현재 미니 홈피가 내포한 공유성, 친족성, 동일성의 이면에는 거부와 획일성을 함축하고 있다. 다만, 미니 홈피를 아파트라고 규정하는 것은 그 안의 내용물과 사람들의 흔적을 너무 간단하게 처리하는 맹섬이 있다. "방이 사람을 구획하는가, 사람이 방을 바꾸는가"라는 뒤르켕의 고전적 명제를 다시 생각해 볼 필요도 있다.

아파트의 기본 구조는 다 같을지 몰라도 여러 가지 장식이나 살림살이는 다르다. 예정과 운명에서 벗어나 변화를 이끌어 내는 것이 문화의 힘이다. 그러한 세밀한 점들을 볼 수 있을 때, 사람의 가능성을 믿는 긍정의 시각이 디스토피아를 유토피아로 바꿀지 모른다. 그것이 문화의 가능성이자 본질적인 특성이기 때문이다.

디지털과 아날로그의 공진화: 디지로그

디지털 시대의 일상을 표현한 어느 풍자 카툰에서 현대인
은 종일 모니터만 바라보며 타이프를 치는 것으로 그려졌는데,
손만 비정상적으로 발달한 괴물과 같은 모습이었다. 그만큼 우
리는 컴퓨터 앞에 앉아 있는 시간이 많으며, 생활 방식도 변화
되었다. 그동안 디지털만이 살길이라는 담론이 유행해 왔다.
"디지털 시대의 아날로그적 잣대"라는 말에서 알 수 있듯이, 아
날로그는 무조건 버려야 하는 대상이 되었다. 디지털은 진보이
고 아날로그는 전근대, 후진국의 상징인 것처럼 여기게 된 것이
다.

하지만 디지털에 대한 맹목적 추종에 대한 문제 제기도 지
속적으로 이루어졌다. 그렇다고 아날로그로 돌아가자는 퇴행
적 관점의 이야기는 아니다.

이런 차원에서 새 화두로 떠오른 디지로그digilog 문화에
대해서 전반적으로 짚어 보는 것이 필요하다. 우선 디지로그라

는 말은 디지털과 아날로그의 합성어이다. 아나디지anadigi라고도 한다. 단순히 이어령 식의 디지로그에서 말하는 한국 문화적 관점에서 문화적 감수성의 결합만을 의미하는 것은 아니다.

본래 디지털digital은 손가락이란 뜻의 라틴어 디지트digit에서 온 말이다. 이는 분명하게 1, 2, 3을 셀 수 있다는 뜻에서 나왔다. 예컨대 각각의 눈금과 수치를 바로 확인할 수 있는 막대그래프가 디지털 형태라면, 아날로그는 수치를 정확히 파악하기 어려운 곡선 그래프에 비유할 수 있다. 사전적으로 아날로그는 "어떤 수치를 길이, 각도, 전류 등의 연속된 물리량으로 나타낸 것"이라고 정의되어 있다.

0과 1이라는 단편적인 신호 체계로 구성된 디지털과는 달리 아날로그는 전압이나 전류처럼 연속적으로 변화하는 물리량을 표현하는 것이다. 예를 들어, 사람의 목소리와 같이 연속적으로 변하는 신호는 아날로그 형태다. 다른 예를 들면, 시간을 나타내는 데 디지털시계는 숫자만 나오지만, 아날로그시계는 시침, 분침 그리고 초침과 1에서 12까지의 숫자가 모두 보인다. 아날로그 달력은 1년 365일을 한꺼번에 확인할 수 있지만, 디지털은 그렇지 않다. 날짜 하나 혹은 한 면씩만 볼 수 있다. 전축은 레코드판에 접촉한 바늘의 떨림을 파동으로 표현해 소리를 낸다. 인간의 눈에 보이는 풍경도 연속성이 있는 아날로그 영상이다.

디지털 문화와 아날로그 문화는 이러한 개념의 연장선상에 있다. 흔히 아날로그 문화는 전통적인 문화 영역에서 나타나는 양상을, 디지털 문화는 정보 통신 기술의 발전에 따라 새로이

발견되고 소비되는 문화 양상을 의미했다. 이를테면 클래식 음악과 서예는 아날로그 문화에, 스타크래프트 게임이나 인터넷 채팅은 디지털 문화에 속한다.

일상생활에서 디지털과 아날로그가 함의하는 것은 훨씬 넓다. 컴퓨터, 사이버, 인터넷을 중심으로 형성되는 비인간적이고 추상적인 것을 모두 디지털 문화로 묶는다. 그와 대비되는 아날로그 문화는 기존 문화를 포함해 물리적 공간에서 직접 대면하는, 인간적이고 자연적인 문화로 규정한다. 단적으로 아날로그는 따뜻한 휴머니즘이고, 디지털은 차가운 기계주의를 뜻하기도 한다. 또한 결과만을 표시하는 문화가 디지털 문화이고, 구조와 과정이 드러나는 것을 아날로그 문화로도 풀이한다. 다른 한편으로 디지털 문화는 도시, 젊은이 문화의 상징이 되었고, 아날로그는 농촌-저개발 지역, 구세대, 촌스러운 것을 뜻하기도 한다.

아날로그는 '자연'과 유사한 것을 의미한다. 삶과 문화 전체를 의미한다. 예를 들어, 아날로그시계를 보면 바늘이 원을 그리며 돌아가는 게 보인다. 아날로그는 과거와 현재와 미래가 이렇게 다 함께 공존하는 것이다. 사람이 살아가는 모습처럼 말이다. 하지만 디지털시계는 현재밖에 보이지 않는다. 디지털은 현재만 나타내고, 아날로그는 과거/현재/미래를 모두 아우르는 것이다. 그래서 디지털 시대를 표방하는 사람들이 현재만 바라보면서 여유 없이 버둥거리며 살고 있는 것은 아닌지 생각하게 된다.

사람은 과거 · 현재 · 미래를 지각하는 동물이다. 이 때문에 우리들은 이 디지털 시대를 살면서도 아날로그에 대한 향수를 버리지 못하는 것인지 모른다. 과거의 기억을 쉽게 잊지 못하고, 오늘의 삶 속에서도 그 추억으로 회귀한다.

드라마 〈부모님 전상서〉에서 하루를 편지 형식의 일기를 쓰며 마감하는 교감 선생님이나 영화 〈웰컴투 동막골〉의 순수함도 이러한 차원에서 아날로그적이다. 드라마 〈황금사과〉처럼 60-80년대 삶을 반추하는 드라마나 키덜트 문화도 이러한 맥락에서 이해할 수 있을 것이다.

또한 아날로그 자체의 매력과 역할은 음악을 통해서도 살펴볼 수 있다. 요즘 대중 가요계에서는 컴퓨터로 만든 디지털 음악이 대부분을 차지한다. 디지털 음악은 음악을 만드는 과정이 편리하다. 이미 녹음되어 있는 소리와 음을 사용하여 적은 비용으로 음악을 만들어 낼 수 있고, 음악 작곡이나 녹음 과정을 컨트롤 하는 것도 한결 쉽기 때문이다. 또한, 디지털 형태의 음원은 오래 보관해도 변함이 없을 뿐만 아니라 편집과 호환이 용이하다. 하지만 디지털 음악이 듣는 이에게 주는 감동은 실제 연주자가 연주하는 음악보다는 떨어진다. 왜냐하면 우리는 표면적으로 잘 나열된 소리나 음보다는 연주자의 개성과 마음이 전해질 때 감동을 받기 때문이다.

디지털 문화의 특징과 그에 대한 경고

왜 사람들은 아날로그에 더욱 경도되는 심리 현상을 보일까? 엄청난 디지털 환경의 변화 속에서 의식 구조의 변화는 문화의 변화로 이어질 수밖에 없다. 디지털 문화는 빠름, 결과의 명확성, 현란함을 특징으로 한다. 그러나 그것은 성찰-지혜, 진지함, 내용의 충실성을 간과하고 양적 가벼움으로만 치닫는 경향이 있다. 이런 디지털 문화 속에서 사유는 기피의 대상이다. 이러한 기피는 기억력, 상상력, 자기 표현력, 분석력 등을 퇴화시켜 결국 인간을 이성과 사유는 물론 문화에서 소외시킨다. 이 때문에 아날로그 방식의 일상 문화를 위한 지침[1]까지 나왔는지 모른다.

디지로그의 중요성?

그러나 디지털 문화와 아날로그 문화를 대립적인 것으로 파악하는 것도 본질과 거리가 멀다. 디지털 문화는 아날로그 문화의 외연을 넓히고, 새로운 문화 공간을 창출했기 때문이다. 대립이 아니라 보완하면서 전체 문화 영역을 발전시킨다. 우리가 이용하는 디지털화된 정보들은 대다수가 아날로그 기반에서 생성된 것들이다. 온라인에서 보는 텍스트 정보, 사진, 동영상 대부분이 기존의 종이 매체나 필름에 기록된 것들이다. 온라

---

1. 아날로그 생활 10계명 : 1. 이메일이나 메신저 대신에 연필/볼펜으로 편지를 쓴다. 2. 자동차 대신에 자전거로 출퇴근하거나 여행을 간다. 3. 핸드폰 대신에 가끔은 공중전화를 이용한다. 4. 종이로 된 신문과 책을 읽는다. 5. 인터넷을 이용한 일정 관리나 게시판보다 펜으로 직접 쓰는 다이어리와 노트를 활용한다. 6. 디지털 카메라 대신 일반 카메라를 이용해, 사진을 찍는다. 7. 가끔은 커피숍에서 사람을 만나고, 극장에 가서 직접 영화를 본다. 8. 도시적인 생활 패턴을 벗어나 전원이나 시골에서 흙과 나무와 풀과 시원한 바람을 느낀다. 9. 누군가에 의해 만들어진 물건을 사기보다 직접 만들어서 쓰거나 지인에게 선물을 준다. 10. 가끔은 MP3나 CD보다 테이프 음악을 듣고, 라디오 음악을 더 좋아한다.

인 게임을 정보 통신 시대의 독특한 문화 양상이라고 하지만, 인기를 끌고 있는 리니지 등 많은 게임들은 오래 전부터 독자들로부터 사랑받던 판타지 문학에서 유래했다.

아날로그가 디지털과 결합해 더욱 활성화되는 경우도 있다. 동양의 전통 놀이 중 하나인 바둑과 장기도 그렇다. 전형적인 아날로그 문화의 산물인 바둑이 인터넷 바둑 사이트 덕분에 더욱 대중화된 놀이가 되었다. 예전에는 바둑을 두기 위해 친구와 약속을 잡거나 기원을 찾아야 했지만, 지금은 인터넷에 접속하면 언제든 대국을 즐길 수 있다. 하지만 인터넷을 통해서만 만나는 것은 의미가 적다. 자칫 서로를 이겨야 할 경쟁 상대로밖에 인식하지 않기 때문이다. 이 때문인지 다른 사람들과 직접 대면해야 할 수 있는 보드 게임이 인기를 끌기도 했다.

이렇듯 사람들은 온라인의 디지털 체제 안에서만 활동하기를 원하는 것이 아니라 오프라인 공간에서 실제로 만나기를 원한다. 그렇게 할 때 사회·문화적으로 엄청난 힘을 발휘한다. 그것의 대표적인 예가 붉은 악마를 비롯한 각종 동호회 활동이다.

붉은 악마와 디지로그 문화: 디지털과 아날로그의 공진화

붉은 악마는 1993년 2월 22일 PC 통신 하이텔 축구 동호회에 몇 명이 모인 데서 시작되었다. 그들은 낮에는 경기장에 모였다가 밤에는 인터넷을 통해서 그날의 경기 내용을 분석했고, 다음날 다시 경기장으로 달려가 응원을 했다. 점차 증가한 회원

수는 수백만으로 늘었고, 이것이 2002년 한일 월드컵 이후 엄청난 사회 변화의 동력으로 작용하게 된다. 살과 살이 맞닿는 축구와 키보드와 마우스로 소통하는 인터넷 커뮤니티 활동 문화는 이렇게 서로를 보완하며 사회 변화까지 이끌어 내는 역할을 했다.

미술계에서도 디지로그의 사례가 보인다. 미술 현장에서 디지털은 이제 새로울 것도 없는 보편적인 화두가 되었다. 젊은 작가들의 전시회를 가보면, 대다수가 디지털을 매체로 한 것들이다. 아날로그에 대한 복귀 움직임이 거센 가운데 디지털과 아날로그적 시각이 만나는 작업도 활발하게 이뤄지고 있다.

"디아나의 노래"라는 전시회를 예로 들 수 있다. 디아나 Diana는 로마 신화에 나오는 달과 사냥, 출산의 여신이자, 디지털과 아날로그의 앞 글자를 조합한 합성어이다. 매체 간, 세대 간의 배타적 경계를 허물자는 의미를 지녔다. 설치 영상, 디지털 사진, 컴퓨터 그래픽, 가상현실 등 디지털과 아날로그를 오가는 다양한 방식의 작품을 선보였다. 예술가와 과학자의 협동 작업을 시도하고, 아날로그적 이미지를 디지털 애니메이션으로 형상화했다. 건축가의 설계 도면 같은 디지털 제품의 회로도 작품을 보여 주고, 비디오 설치 작업을 통해 외길 인생의 장인, 커리어우먼 등 힘겹지만 열정과 신념에 찬 사람들의 생생한 일상을 담으려 했다. 또한 컴퓨터로 변조한 과거 서울의 시가지 풍경을 통해 판에 박힌 삶의 양식을 보여 주기도 했다.

일상 속 디지털: 아날로그의 공진화

일상생활에서 아날로그 문화는 디지털 문화로 대체되기보다는 디지털 문화의 단점을 보완하며 서로 공진화하고 있다. 예를 들어, 이메일과 인터넷을 통해 대부분의 업무가 진행되고 있지만, 중요한 문건은 꼭 문서화해 보관하며, 이러한 문서는 다시 디지털 장치를 통해 개선된다. 한때 미래학자들은 디지털 공간에서 모든 쇼핑 활동이 이루어질 것이라고 했다. 하지만 그렇게 된다면, 물건을 사고팔 때 몸으로 느끼는 즐거움은 사라질 것이다. 따라서 쇼핑은 디지털 문화와 아날로그 문화가 함께 갈 때 시너지 효과를 낼 것이다.

정보 통신학자들은 PDA 전자책이 나오면 종이는 사라지고 출판업은 급격하게 소멸할 것이라고 했다. 하지만 퍼스널 컴퓨터의 발달로 문서 인쇄가 활성화되면서 종이 수요량은 해마다 5-6%씩 증가하고, 컴퓨터 프로그램의 발달로 출판되는 책의 양은 더욱 많아졌다. 『해리포터』와 『다빈치 코드』 같은 책은 더 빨리 번역, 출간되었고, 인터넷 서점을 통해 곧바로 판매되었으며, 다시 연작을 내도록 촉진해 주었다. 이는 다시 판타지 출판의 러시를 이끌어 냈다.

디카와 아카도 마찬가지다. 디지털 카메라로 촬영한 사진 중 마음에 드는 사진은 PC에 보관하기보다는 인화해 간직하는 것이 일반적이다. 디카를 휴대하고 다니며 시시콜콜한 일상까지 찍어대는 '디카족'이 많지만, 반대로 디카의 가벼움을 비판하며 재래식(아날로그) 사진기만을 고집하는 '아카족'도 공존

한다. 다만, 인터넷에 사진을 올려 모든 사람이 공유하는 것은 마찬가지다. 또한 디지털 카메라를 잘 찍기 위해서 아날로그 카메라를 배우려는 사람들이 많이 늘었다. 아날로그 카메라의 장점은 촬영부터 현상까지 '나만의 작품'을 만든다는 것이다. 아날로그 카메라의 순간 포착을 위한 기다림은 작품에 대한 애정을 낳는다. 이것이 없으면 사진에 대한 애정은 줄어들 것이다.

영화 제작에서 디지털 카메라는 제작비 절감이라는 장점이 있지만, 해상도와 색 재현력과 화질에서 필름보다 떨어지는 약점이 있다. 필름 카메라를 이용해 아날로그 방식으로 촬영했지만, 제작 과정에서 디지털 영상 효과를 충분히 살린 대표적인 영화로는 조지 루카스의 〈스타워즈 에피소드 1: 보이지 않는 위협〉(1999), 제임스 카메론 감독의 〈타이타닉〉(1997)이 있다.

최근 영화계에서는 디지털 색 보정이 각광을 받고 있다. 디지털 인터미디어트digital intermediate라고도 하는 이것은 필름을 디지털 기술과 결합시켜 더 좋은 질감의 화면을 만드는 작업이다. 아날로그의 화면 질감을 디지털을 통해 더 아날로그적으로 만든다. 딸기를 더욱 먹음직스럽게, 단풍을 더욱 울긋불긋하게 만든다. 이를 통해 탄생한 작품이 〈친절한 금자씨〉, 〈웰컴 투 동막골〉, 〈청연〉, 〈태풍〉 등이다.

이제는 문화 콘텐츠 산업 차원에서 디지로그의 긍정성을 살펴볼 수 있다. 고구려 광개토 대왕의 영토 확장기나 백제의 해상 무역 왕국 건설을 소재로 한 시뮬레이션 게임 제작과 관련해 디지털 구축 작업은 20-30대의 프로그래머들이 한다. 하지만 당시 무기나 건물, 복식과 관련한 역사적 고증은 아날로그

세대들이 한다. 따라서 이러한 부분에 대한 고증 능력과 전문적 식견을 가진 이들이 필요하다. 당시의 시대 상황을 해석하고 그에 상상력을 불어넣는 것도 아날로그의 힘이다.

〈반지의 제왕〉이나 〈해리포터〉 시리즈의 영화 제작이 가능했던 이유는 아날로그와 디지털의 완벽한 조화 때문이었다. 일본 애니메이션의 경우도 마찬가지다. 미야자키 하야오의 〈바람 공주 나우시카〉, 〈원령 공주〉, 〈천공의 성 라퓨타〉, 〈이웃집 토토로〉, 〈센과 치히로의 행방불명〉 등은 모두 아날로그와 디지털의 완벽한 조화와 공감 속에서 만들어진 애니메이션의 고전이자 디지로그 문화의 산물이다.

아무리 컴퓨터 그래픽이 돋보이는 애니메이션이나 영화라고 하더라도 아날로그적인 서사의 힘이 약하면 감동을 주지 못한다. 한국 애니메이션이 일본 애니메이션과 비교해 뒤떨어지는 것은 서사 전개의 힘뿐만 아니라 인간과 자연에 대한 성찰과 사유에서 뒤처지기 때문이다. 820만 명을 동원했던 〈웰컴투 동막골〉의 멧돼지 장면은 맥락과 상관없이 〈원령 공주〉의 첫 장면인 멧돼지 장면과 너무 흡사하다. 최근에 퓨전 사극이나 드라마들이 제작되고 있지만, 역사적인 해석력이 미흡하다는 지적이 많다. 디지털 강국답게 컴퓨터 그래픽이나 디지털 효과는 세계적 수준임이 분명하지만, 그 내용은 부실하다.

디지로그의 일상 문화화

디지털을 선별적으로 이용하는 사람들이 눈길을 끌고 있

다. '삐사모'(삐삐를 사랑하는 사람들의 모임)들은 휴대 전화를 외면하고 호출기(삐삐)를 고집한다. "휴대 전화는 내가 어떤 상황에 처해 있는지 전혀 생각하지도 않고 느닷없이 끼어들어 싫다"는 것이다. 이동 통신사들은 이들 때문에 고역이다. 계속 적자를 보면서도 서비스를 유지해야 하기 때문이다. 그들은 집에선 아예 컴퓨터를 보지 않으며, 전화도 좀처럼 받지 않는다. 하지만 이들이 다른 디지털 문명도 거부하는 것은 아니라서 인터넷에서 모임을 만들기도 하고, 메신저를 즐겨 쓰기도 한다. 아날로그와 디지털을 적절히 결합해 적당한 선에서 디지털을 제어하는, 이른바 '아나디지anadigi적인 삶'을 사는 것이다.

이러한 사례들에서 보더라도 아날로그는 구식이며, 디지털은 첨단 진보 문화라는 도식은 맞지 않는다. 둘은 서로 끊임없이 상호 보완하고 생성하는 것이지, 어느 일방의 독주만 있는 것은 아니다. 정확함과 차가움 그리고 빠름을 내포하고 있는 디지털 문화에 여유와 따뜻함 그리고 느림의 미학을 내포하고 있는 아날로그 문화가 융합된다.

숲만 보고 나무를 보지 않는 것도 우愚를 범하는 것이지만, 나무만 보고 숲을 보지 않는 것도 우를 범하는 것이다! 디지털(나무)만 고집하는 것도, 아날로그(숲)만 고려하는 것도 아닌 디지털과 아날로그를 모두 고려하는 삶, 즉 디지털 시대에 뒤떨어지지 않으면서도 과거/현재/미래를 모두 아우르는 아날로그적인 시각과 생각을 가진, 여유로움이 묻어 있는 삶이 중요해지고 있다. 인간 자체는 아날로그적 존재이며, 디지털의 효율성을 추구하는 존재이기도 하다. 따라서 지금은 디지털 기술에 아날

로그의 지혜가 결합된 디지로그 차원의 문화 성찰이 우선인 때
이다.

블로그, 유토피아인가 디스토피아인가

1인 미디어 시대라는 말이 흔히 쓰이고 있습니다. 1인 미디어 문화가 앞으로 어떠한 지형도를 그리게 될지 관심이 많습니다. 특히 블로그 문화는 여러 가지 사회적인 의미를 지니고 있습니다. 블로그, 미니 홈피 등에서 내용물을 만들거나 재가공하는 작업이 이 순간에도 끊임없이 일어나고 있습니다. 그들은 단순한 콘텐츠의 소비자가 아니라 능동적인 생산자이자 소비자인 존재, 이를테면 프로슈머인 것이죠. 프로슈머prosumer는 생산자producer와 소비자consumer를 합성한 말입니다.

그런데 힘들게 생산한, 공들여 만들어 낸 플래시, 디지털 사진, 합성 사진, 애니메이션 등의 콘텐츠를 봐 주는 사람이 없다면 헛일이죠. 1인 미디어 문화에는 누군가 나의 글과 생각을 보아 주었으면 하는 심리, 인정받고 싶은 심리가 작용하고 있기도 합니다.

1인 미디어의 양대 산맥은 블로그와 미니 홈피입니다. 블로그를 더 우선하는 이들은 가치 있는 정보를 생산하는 일에 사용자가 더 큰 보람을 느낀다고 말합니다. 블로그는 사용 연령대가 다양하고 미니 홈피보다는 폭이 넓다고 합니다. 관심사를 중심으로 꾸며지는 공간이기 때문이라는 것이죠. 블로그 운영자들은 미니 홈피에 대해 실명으로 운영되기 때문에 아직 사생활 침해와 같은 불안 요소를 안고 있다고 비판합니다.

반면 미니 홈피 옹호자들은 이러한 지적에 대해 미니 홈피는 실명으로 운영되고 있기 때문에 오히려 '스팸성 덧글'이나 '악의적인 멘트'가 없는 깨끗한 공간이 된다고 주장합니다. 거꾸로 블로그에는 정보만 많다고 비판합니다. 자료 창고에 들어가는 느낌이라고 혹평하는 경우도 있고요. 반면 미니 홈피는 친구를 만나러 카페에 들어가는 느낌이라고 말합니다. 블로그는 사람이 소외된다는 것이죠. 미니 홈피는 1촌이라는 인맥이 중심입니다.

이제 블로그와 미니 홈피, 두 가지는 서로 부족한 부분을 상호 보완하는 형태를 취하고 있습니다. 곧 구분이 없어지는 것 아니냐는 지적도 나오고 있습니다. 여기에서는 블로그 문화에 대해서 살펴보도록 하겠습니다.

블로거는 2004년에 이미 천만 명을 돌파했습니다. 이렇게 폭발적으로 늘어난 이유는 네티즌의 관심사가 기존의 '카페'로 대표되는 집단 커뮤니티에서 개인 공간으로 이동했기 때문입니다. 과거 일정한 사이버 공간에서 자신을 표현했던 사람들은 자신만의 1인 미디어 공간을 갖고자 한 거죠. 사적인 공간에서 개인의 생각과 관심을 자유롭게 털어놓습니다. 그리고 자신의 이야기나 작품이 인터넷에서 순식간에 공유되는 것에서 매력을 느끼기 시작한 것입니다. 그런데 블로그 문화를 폭발적으로 확산시킨 중심에는 "나"가 있습니다. 블로그는 "블로그 세상에 주인은 '나'다"라는 모토를 가지고 있습니다.

블로그에는 다양한 읽을거리가 쌓입니다. 단 그 중심에는 항상 '나'가 있습니다. '남'이야기를 가져다 놓아도 그것은 내가 읽고 느끼고 공감하는 이야기들입니다. 여기에 내 이야기를 들어주는 남이 있기에 서로 연결되어 있다는 편안함을 느끼는 것이죠. 문학평론가 김동식은 "'나를 표현하는 매체'이며, 다른 사람들과의 소통 가능성을 실현하고 있어서 '나를 네트워크화 하는 매체'"라고 했습니다. 그럼 여기에서 블로그의 뜻과 유래를 살펴보고 넘어갈까요.

블로그는 존 바거(www.robotwisdom.com)가 1997년 11월에 처음 그 명칭을 사용했고, 미국의 데이브 와이너가 만든 "스크립팅 뉴스"가 최초의 블로그입니다. 한국에는 2000년에 몇몇 유학생들이 들여왔습니다. 블로그blog는 인터넷을 의미하는 "웹web"의 'b'와 항해 일지를 뜻하는 '로그logs'의 합성어로, 말 그대로 하자면 '여행 일기'라는 뜻을 가지고 있습니다. 웹 항해 일기라고도 할 수 있겠네요.

어떻게 만드나 궁금한데요. 만드는 방법은 크게 세 가지입니다. 첫 번째는 사이트 가입과 동시에 자신의 블로그를 갖게 되는 것입니다. 예를 들면, 포털 사이트에 들어가서 가입하는 방법이죠. 두 번째 방법은 무료로 배포하고 있는 블로그 소스를 다운 받아 자신의 홈페이지 계정에 업로드 해 간단히 퍼미션 설정을 하는 방법입니다. 세 번째는 무료 공개형 게시판 등을 이용하는 것입니다. 대개 첫 번째 방법이 많이 이용되는데, 포털 사이트나 인터넷 매체에서 제공하는 블로그를 사용하고 있습니다.

1인 미디어 중에서 블로그가 각광받는 이유는 블로그가 한 사람의 온라인 오두막이면서 관리와 업데이트를 더 편리하게 할 수 있기 때문이죠. 또 홈페이지처럼 복잡한 구성이 없으며, 커뮤니티처럼 일부에게만 공개하는 폐쇄성도 상대적으로 적습니다. 편집 부담이 거의 없기 때문에 홈페이지 운영보다 문턱이 낮습니다. 입력된 글이 날짜와 시간에 따라 차례로 배열되어 게시판뿐만 아니라 일기 형식으로 이용할 수도 있습니다. 업데이트 시킨 내용은 사이트 메인 페이지의 맨 위에 있게 됩니다.

이윤을 추구하는 사이트가 아니기 때문에 대개 소소한 내용들이 게시물의 주를 이루게 되는 깃이죠. 운영자의 생각이나 관심사를 자유로운 칼럼과 일기, 시, 기사, 사진, 동영상, 음악 등의 다양한 형식으로 올리는 디지털 공간인 것이죠. 자신만의 공간이 아니라 자신이 모르는 익명의 사람들에게도 보여 주는 열린 공감의 공간이기도 합니다.

평소 관심 있는 분야의 자료를 스크랩할 수 있는 공간이기도 합니다. 또한 혼자만 소유하는 것이 아니라 지식과 정보를 공유하지요. 랜덤 서비스를 통해 뜻하지 않은 사람들을 만나 문화적 충격을 경험할 수도 있습니다. 물론 인터넷에서 비슷한 생각과 관심 분야를 가진 사람들을 이웃으로 삼아서 네트워크 공동체를 맺을 수도 있습니다. 이렇게 이웃을 많이 삼으려면 인기

가 있어야 하겠지요. 그래서인지 마케팅홍보연구소에서는 "인기 블로그 만들기 10계명"을 발표했습니다.[1]

블로그는 다른 분야에도 영향을 미치고 있는데요, 마케팅 기법으로 부각되기도 합니다. 출간 당시 출판계의 주목을 받지 못한 책들이 블로그에 소개되면서 독자들의 이목을 사로잡기도 하는 것이죠. 저렴한 비용으로 많은 이들에게 홍보를 할 수 있어 블로그 마케팅이 관심의 대상이 되고 있습니다. 여기에 전자 상거래와 접목되면서 창업 문화를 바꾸어 놓기도 합니다. 블로그와 쇼핑몰이 만났다는 뜻에서 일명 "비즈니스 블로그"라고도 하지요. 블로그를 통해 충실한 회원들을 모을 수 있고, 긍정적인 입소문 마케팅 효과를 얻을 수 있습니다. 하지만 이러한 블로그를 통해 이윤을 추구하려면, 진실성이 더 충족되어야 한다고 충고도 하더군요.

이제는 사회적 의미들에 대해서 정리해 보도록 하겠습니다. 사회적 영향력이라는 부분인데요, 영향력을 미치려면 나름대로 사회적 의미나 가치를 지녀야겠지요. 사람들은 인터넷에서 단순히 문화를 소비만 하는 것이 아니라, 적극적으로 자신들의 문화를 생산하기도 합니다. 전문 작가와 기자가 따로 없는

---

1. 1. 블로그를 제대로 기획하고, 정성을 다해 만든다. 2. 핵심 키워드가 검색 엔진에 걸리도록 한다. 3. 하나의 블로그에 하나의 주제만 담는다. 4. 화제가 될 만한 이야기나 감동적인 콘텐츠를 올린다. 5. 상업성을 적게 하고, 재미있고 유익한 블로그를 만든다. 6. 글보다는 사진, 동영상 멀티미디어를 활용한다. 7. 콘텐츠를 매일 새롭게 올려 자주 오도록 유도한다. 8. 남들이 복사하거나 전파하기 쉽게 해 준다. 9. 짧고 감각적으로 쓰고 보기 좋게 편집해서 올린다. 10. 블로그 운영 내부 가이드라인을 만들고 관리한다.

경계 허물기가 이루어지는 것이지요. 블로그의 내용물은 인터넷에 오르는 순간, '웹 퍼블리싱' 효과, 즉 웹 출판의 성격을 갖게 됩니다. 작가나 언론인, 평론가가 되고 싶은 사람들에게 블로그는 디지털 출판 공간인 셈입니다. 또한 블로그 자체는 일종의 '개인 저널'입니다. 웹사이트 주인인 '블로거'가 발행인이자 편집국장이며, 기자이기도 한 인터넷의 '1인 언론'인 것입니다.

심지어 방송과 신문, 통신 등 거대 미디어가 정보를 독점하고 일방적으로 전달하는 지금까지의 언론 풍토를 깨기도 합니다. 블로그는 이라크 전쟁에서 네티즌의 자유로운 의견과 생각을 공유하는 새로운 커뮤니케이션 수단으로 자리 잡았는데요, 이 블로그를 통해 이라크 포로 학대 사진과 증언이 공개되어 큰 파장을 불러일으켰습니다.

또한 당시 29세의 평범한 건축가였던 살람 팍스는 이라크 현지 전황을 블로그 사이트에 올렸습니다. 이를 통해 전 세계 네티즌들이 CNN보다 앞서 소식을 접하면서 블로그는 새로운 미디어로 세계적 이름을 얻기 시작했습니다. 2002년 『뉴욕타임즈』는 정정 기사를 내는 수모를 겪었습니다. 알래스카의 평균 기온이 지난 30년 동안 화씨 7도나 상승했다는 기사가 오보로 판명되었기 때문입니다. 그런데 그 기사가 잘못됐다고 알린 게 바로 블로그였습니다. 인터넷 블로그 이용자인 앤드루 설리번은 알래스카 기후연구소 자료를 뒤져 상승 온도가 7도가 아닌 5.4도라고 밝혔고, 그것을 블로그를 통해 공개했던 것입니다.

지난 대구 지하철 화재 참사 때 한 승객이 찍은 불이 난 지하철 내부 사진 한 장이 블로그에 처음 올랐습니다. 이 사진을 통해 당시의 상황을 짐작할 수 있었는데, 그 사진이 일간지 1면에 대대적으로 실리기도 했습니다. 수많은 사회 인사들이 언론 매체들을 통하지 않고 블로그에 자신의 시각이나 견해들을 직접 밝히고, 이것이 인터넷 여론에 영향을 주고 있기도 합니다. 그런데 블로그를 부정적으로 이용하기도 합니다. 2005년 초 『조선일보』 기자가 KBS 여자 아나운서를 모독하는 글을 블로그에 올렸고, 이것이 포털 사이트를 통해 확산되었습니다, 그러자 여자 아나운서들이 이 기자를 고소했습니다. 이러한 사례는 블로그 글쓰기의 부정적인 부분입니다. 이런 부분을 생각하면, 과연 블로그를 1인 저널리즘이라고 할 수 있을까 하는 의구심이 들기도 합니다.

분명 블로그는 나름대로 언론 매체의 역할을 하고 있습니다. 그럼 블로그를 언론 매체로서 대접해 주어야 할까요? 한국에서는 이에 대해서 아직 본격적인 논의가 없습니다. 미국에서도 아직 확실하게 규정되지는 않았습니다. 하지만 두 가지 사례를 통해 미루어 짐작해 볼 수는 있습니다.

애플 사의 미공개 제품(코드명 Asteroid)에 대한 정보가 어떤 블로그에 공개되었습니다. 애플 사는 내부 정보원을 밝히기 위해 법적 소송을 제기했지요. 법원이 어떤 판결을 내렸을까요? 2005년 3월 3일 법원은 그 정보원에 대한 신원을 공개하라는 판결을 내렸습니다. 미 수정헌법 제1조에 따르면, 언론인은 취재원을 밝히지 않을 수 있습니다. 따라서 법원은 블로그를 언론으로 인정하지 않은 것이죠.

다른 사례에서는 언론 매체로 인정했습니다. 백악관은 2005년 3월 7일 그래프Graff라는 블로그 미디어의 편집인에게 백악관 취재 허가를 의미하는 프레스 카드를 공식적으로 발급했습니다. 이미 지난 미 대선 과정에서 몇몇 블로거들이 취재 허가를 받기도 했죠. 프레스 카드 발급은 블로거를 저널리스트로 인정한다는 것을 의미합니다.

펌킨족들은 많은 자료들을 퍼서 나르는데요, 퍼서 나르는 과정에서 일종의 "퍼뮤니케이션permunication"을 한다고 합니다. 펌킨족과 리플족을 합성한 "펌플족"을 우호적으로 바라보기도 합니다. 하지만 퍼 나르는 것은 자신의 작품이나 생산물이 아니고 다른 사람들의 작품입니다. 믿을 만한 정보를 생산하지 못하는 면이 많습니다.

무분별하게 퍼서 나르는 행위가 저작권 침해는 물론 인권 및 사생활 침해도 일으킵니다. 근거 없는 연예인 X-파일을 퍼 나른 것이 대표적입니다. 미국에서는 선거 때 블로그에 상대방 후보들의 사생활을 무차별적으로 폭로하는 일이 일어나고, 이 때문에 여론에 영향을 준 일도 있습니다. 다시 말해, 블로그가 단순한 1인 미디어를 넘어서 저널리즘으로 가기 위해서는 독자적인 저널리즘 정신과 내용, 의무와 책임이 뒤따라야 할 것입니다.

앞으로 긍정적인 가능성은 있습니다. 블로그가 기존 미디어의 의제 설정 기능을 완전히 대신할지는 알 수 없지만, 전문 분야에서 기존 미디어의 부족한 부분을 채우는 데는 효과적일 것입니다. 블로거들 중에는 각 분야의 전문가들이 많기 때문입니다. 전문 매체들이 일상생활의 모든 것을 심도 있게 다룰 수는 없기 때문에 블로거들이 할 일은 많습니다. 특히 돌발적인 사건일 때 효과적입니다. 따라서 전문성과 일상성, 속보성을 결합한 블로그 운영이 포인트일 것입니다.

그런데 진정한 1인 미디어 문화를 만들기 위해서는 포털 사이트를 중심으로 한 블로그는 한계를 가질 수밖에 없다는 점도 생각해 보아야 합니다. 대부분의 사람들은 포털 사이트에서 제공하는 블로그를 사용하고 있습니다. 이러한 사이트 업체들은 다수의 블로그 회원 확보를 위해 치열하게 경쟁하는데, 블로그 회원들을 기반으로 여러 가지 사업이나 광고 수입을 얻을 수 있기 때문입니다. 그래서 다른 업체의 블로그 서비스와 인위적인 "구분 짓기"를 합니다. "개인과 개인의 무한한 네트워크"라는 블로그의 취지와 거리가 있는 것이지요. 또한 블로그 문화가 획일화되고 있다는 점도 지적할 수 있습니다. 이는 각 서비스 업체의 정해진 프로그램 안에서만 문화 소스들이 가공, 유통되기 때문입니다.

블로그가 디스토피아가 아니라 유토피아가 되기 위해서는, 그것이 태생부터 '열림'과 '자유'를 표방했다는 점을 명심해야 할 것입니다. 그 과정에서 진실성과 책임의 의무, 자유의 권리가 주어지겠지요. 어쨌든 블로그라는 나만의 전자 오두막집이 세상을 향해 열리면서, 비록 크지는 않을지라도, 사회는 알게 모르게 조금씩 긍정적으로 바뀌고 있습니다. 그 변화는 우리들 한 사람 한 사람으로부터 나오는 것입니다.

리플은 왜 다는 거니?

리플은 '대답하다, 대응하다'는 의미의 영어 단어 '리플라이reply'에서 왔습니다. '댓글,' '꼬리말,' '덧글' 같은 우리말로 부르기도 합니다. 자세하게 구분하시는 분도 있지만, 인터넷에 게시된 글이나 사진 등의 콘텐츠에 자신의 의견을 다는 것입니다.

리플 문화reply culture는 백과사전에 "인터넷 게시판 이용자들 사이에 주고받는 글쓰기 문화"라고 되어 있습니다. 이러한 리플 문화는 특히 우리나라에서 발달한 인터넷 문화 현상이죠. 처음에는 길게 글을 달았지만, 지금은 간단하게 올리는 것이 특징입니다.

리플은 처음에는 언론 매체나 공공기관의 사이트에 네티즌들이 자신들의 견해를 다는 형태였습니다. 일정한 매체에 자신들의 의사를 표현하는 것이었죠. 그러나 이제 우리는 리플을 다른 거대한 매체, 조직이나 기관이 아닌 바로 우리들에게 답니다. 누구나 인터넷에 미디어를 가지게 되었기 때문입니다.

누군가 나의 글과 생각을 보아 주었으면 하는 심리, 인정 받고 싶은 심리가 작용하고 있습니다. 지금 인터넷에서는 인정 받기 위한 눈물 어린 '인정 투쟁'이 이루어지고 있다고 해도 지나친 말이 아닙니다. 현실 공간에서 인정받지 못하는 사람일수록 이러한 게시물을 통해 리플을 받고 싶어 하죠. 또한 리플을 다는 행위를 통해 자신의 존재 의미를 찾기도 합니다. 리플은 주고받는 것이고, 자신의 말이 상대방에게 영향을 미치는 것을 통해 나름대로 '무엇인가'를 하고 있다는 존재의 정체성을 확인하기도 합니다.

그러다 보니 리플을 통해 정체성을 확인하는 리플족도 생겨나고 있는데요, 이러한 사람들은 인터넷을 돌아다니며 리플을 달면서 많은 시간을 보내거나 습관적으로 리플을 다는 사람들을 말합니다. 자신이 좋아하는 영화나 드라마 그리고 스타들을 향해 리플을 달면서 하루를 보내는 폐인족, 이들도 리플족의 일족이죠.

정도가 심한 사람들은 리플 증후군을 보일 가능성이 많은데요, 리플을 달지 않으면 좀이 쑤시고 왠지 불안해지는 심리 상태에 이르게 됩니다. 또한 자신이 올린 글이나 사진, 작품에 리플이 달리지 않으면 무시당하고 버려졌다는 느낌을 받는 것입니다. 따라서 이러한 심리를 가진 사람에게 악플보다 더 나쁜 것은 무플입니다. 아무런 리플이 없으면 그 처연함이란 이루 말할 수 없을 것입니다. 리플이 많이 달릴수록 호응이 높고 주목을 받고 있다는 걸 뜻하기에 사람들은 그냥 기다리지 않고 있습니다. 나서서 호소하는 것이죠.

"이제 리플을 기다리는 시대는 지났어요," "달라고 구걸해야 합니다. 기브 미Give Me!"라는 구호들이 등장하기도 합니다.

대개 이미지를 통해 호소하게 되는데요, 이때 사용되는 이미지를 '리플 요청 이미지'라고 합니다. 애원형, 애교형, 막무가내형, 유혹형, 협박-위협형으로 나누어 볼 수 있습니다.

애원형은 소녀가 울부짖듯 "리플 하나 다는 게 그리 어려워!!"라고 말하면서 눈물로 호소합니다. 애교형은 예를 들어 영화 〈어린 신부〉에 출연한 문근영의 애교 넘치는 사진에 '리플을 남겨 달라'는 말을 곁들인 것과 같은 것입니다.

막무가내형은 "리플 남기랬잖아"라며 무작정 때리거나 떼쓰는 이미지를 주로 씁니다. 유혹형은 예쁜 소녀나 귀여운 남성을 그려놓고 "리플 달아 줄 거지?"라고 써놓습니다. 레이싱걸이 아기를 안고 있는 모습을 등장시키고는 "리플 달고 가는 사람만 꼬옥 안아 준다"라고 합니다.

그리고 여기에 기괴스러운 그림이나 이미지를 이용하여 공포 분위기를 조성하는 협박-위협형이 있습니다. "리플송"도 있는데요, "오고가는 리플 속에 싹트는 우정," "손가락 부러졌냐? 리플 쓰고 가면 누가 잡아 가냐고," "너의 리플 하나면 감동이 만땅" 등의 가사로 눈길을 끌었습니다. 드라마의 명대사를 이용하기도 하는데요, 드라마 〈다모〉의 한 장면을 이용해 "리플이 필요하냐, 나도 그러하다"라고 쓰기도 하는데요, 원래는 "아프냐, 나도 아프다"이죠. 영화의 명대사를 사용하기도 합니다. 영화 〈살인의 추억〉에서 주인공 송강호가 용의자에게 건넨 "밥은 먹고 다니냐?"라는 대사는 "리플은 달고 다니냐?"로 바뀌기도 합니다. 또한 사회적인 이슈에서 따오기도 하는데요, "관습법에 따르면 리플 안 남기는 건 위헌"이라는 말이 대표적입니다.

이렇게 호소하고 구걸하는 데 댓글 좀 달아 주면 참 좋으련만 오히려 공격하는 이들이 있죠. 악플을 다는 '악플러'들입니다. '리플 요청 이미지'에 대응해 악플러들이 사용하는 악플 이미지들이 있습니다. 이러한 이미지들은 악플러들이 하나하나 악플을 달기 힘드니 한 번에 링크시켜 놓는 것이죠. 대개 좋지 않은, 혐오스런 이미지들입니다.

왜 이런 리플 문화가 한국에서 유독 활발한 것일까요? 이는 사회 현상을 연구하는 사람들의 연구 주제가 된 지 오래입니다.

일반적으로 토론 문화가 없는 한국 사회 풍토 탓이라고 합니다. 토론 문화의 부재는 닫힌 사회를 상징합니다. 이러한 사회일수록 사람들은 자신의 의견이나 새로운 생각들을 표현하고 주장할 수 있는 매체를 찾습니다. 이때 인터넷이 등장한 거죠. 그러나 "리플 달기는 그냥 재밌게 노는 것"이라는 지적도 있습니다. 재미있는 내용을 쓰고 남이 쓴 것을 보기 위해서 리플 달기에 뛰어든다는 것이죠. 예를 들면, 1등 놀이가 있습니다. 리플을 제일 먼저 달려는 1등 놀이는 눈이 소복하게 쌓인 넓은 운동장에 첫발자국을 찍는 맛과 비교할 만하다네요. 또 농담 따먹기나 언어의 유희를 즐기는 경우도 많습니다. 인터넷을 움직이는 핵심적인 원리는 '이성'이나 '합리'가 아니라 놀이성이라는 지적을 생각해 보면 타당한 지적인 것 같습니다. 로제 카이와나 호이징하가 지적하듯이, 인간은 놀이하는 존재니까요.

리플 문화를 바라보는 두 개의 시선이 있습니다. 바로 긍정과 부정의 시선이지요. 긍정적으로 보는 입장에서는, 그것은 공유와 협업의 예술이라고 합니다. 홍윤기 교수는 이를 하나의 예술 작품을 만들어 가는 과정이라고 했습니다. 예를 들어, 한 개의 글이나 사진을 두고 부족한 점을 지적하고, 수많은 사람들이 자신이 알고 있거나 가지고 있는 지식이나 콘텐츠로 보완합니다. 따라서 처음에는 조악하지만 차츰 훌륭한 작품처럼 변하게 된다는 것이죠.

한편, 리플을 다는 사람은 만든 사람에게 힘을 주고, 자신의 느낌과 생각을 정리해서 표현하는 것에 익숙하게 됩니다. 사람들의 생각을 다양하게 호흡할 수도 있을 것입니다. 무엇보다 리플 자체가 사회적으로 큰 의미를 줄 수 있다는 것입니다. 심지어는 사회 변화와 밀접한 관계가 있다고도 합니다.

여기에서 '리플 저널리즘'을 이야기할 수 있습니다. 예를 들어, 사회적 현안을 다룬 인터넷 신문 기사에는 수많은 리플들이 달립니다. 이러한 리플들에는 촌철살인의 비판이나 전문가 못지않은 제안들이 많이 등장합니다. 리플들이 모여 하나의 저널 역할을 하는 것이죠. 또한 리플이 많은 것 자체가 여론의 방향이나 기준인 것으로 여겨지기도 합니다.

이러한 리플들의 위력에 기자들의 기사 작성 방식도 많이 달라졌습니다. 이제는 각 사이트의 리플들을 보면서 아이템을 얻고 기사를 작성합니다. 심지어는 신문이나 방송 매체들이 리플에 의존하는 경향을 보이기도 합니다. 다만, 아쉬운 것은 '리플 저널리즘'이라고 규정할 수 있을 만큼 체계적인 모습들이 보이지 않는다는 점입니다.

악플의 심리

리플 달기의 단점도 있겠지요. 대개 리플은 한두 줄입니다. 한두 줄의 짧은 글인지라 해석상 오해를 빚어 서로 갈등이 증폭되는 역효과도 일어납니다. 익명성이 보장된다는 점 때문인지 너무 쉽게 공격하는데, 서로에게 씻을 수 없는 상처를 줍니다. 씻을 수 없는 상처를 주는 악플은 아무도 자신이 누군지 모른다는 익명성에 기대어 일어나는 '탈억제 현상disinhibition phenomena'에서 비롯된 것입니다. 무분별한 욕설과 저주의 스팸 메일은 사이버 폭력입니다. 때로는 사람의 생명을 앗아갑니다. 2004년 5월 26일에는 인신 공격성 비방에 괴로워하던 한 네티즌이 투신자살하는 극단적인 사건까지 일어났습니다.

여기에서 중요한 것은 남에게 인정받고자 하는 욕구, 존중받고자 하는 마음이 충족되지 않고 무시당하거나 외면당하면 급격하게 공격 성향으로 바뀐다는 것입니다. 다른 사람들의 평가에 의존할수록 이러한 공격 성향이 커질 수 있습니다. 이러한 악플러들은 다른 곳에 존재하는 것이 아니라 바로 우리 안에 있습니다.

현실 결핍을 다른 이들에 대한 공격으로 채우려는 심리도 존재합니다. 남을 못나고 열등한 존재로 만들어 버리면, 자신이 상대적으로 우월하다는 느낌을 받습니다. 이러한 쾌감 행태가

옳을 수는 없습니다. 실제로 자신이 우월해지는 것은 아니기 때문입니다. 다른 사람들의 콘텐츠를 아주 형편없는 것으로 비난하면, 자신이 상당한 식견이 있거나 실력이 있는 사람처럼 느낍니다. 그 가운데 즐거움을 느끼게 되는 것입니다. 남들이 고심 끝에 만들거나 고안한 생각, 작품들을 간단하게 재단하는 것은 쉽습니다. 하지만 직접 고안하거나 만들기는 어렵습니다. 나중에 인정받는 사람은 비난만 하는 사람이 아니라 무엇인가 조금씩 만드는 사람입니다.

이외에도, 촌철살인의 글이나 재미있는 내용의 글을 볼 수는 있지만, 논리나 기승전결을 갖춘 글보다는 단편적인 논리나 사고, 감각적인 글만을 양산한다는 비판이 있습니다. 또한 과연 인터넷 리플이 쌍방향적인가 하는 점도 지적됩니다. 직접 토론하는 데 익숙한 게 아니라 인터넷이라는 익명의 공간에서 자신의 이야기만 합니다. 무책임하게 토론을 끝내는 경우가 많습니다. 또한 끼리끼리만 리플을 달고 노니까 상호 소통이라기보다는 또 하나의 폐쇄 회로를 만들어 내는 점도 있습니다.

90년대 중반까지만 해도 대학에서의 소통 수단은 대자보였습니다. 대자보는 그야말로 세상의 이야기를 다룹니다. 사람들은 그 앞에서 나와 세상, 세상과 우리의 문제를 고민하고 이야기를 나누었죠. 그런데 이러한 대자보 문화는 사라지기 시작했고, 공지는 인터넷으로 하고 있습니다. 또한 학생들은 학교 컴퓨터실이나 피시방에 들어가 미니 홈피 이야기를 하고 리플 달기 놀이를 합니다. "어제 졸라 예쁜 사진 올려놓았는데 글 좀 달아라"라는 식인 거죠.

단지 문화적 풍속도에 머무는 것이 아니라 리플이 상품이 되고 마케팅의 대상이 된 지도 오래입니다. 처음에 각종 인터넷 게시물에서 인기를 가늠하는 기준은 얼마나 많은 사람들이 보았는가를 보여 주는 조회 수였습니다. 조회 수는 사람들이 관심 있게 읽었는지, 그냥 클릭만 했는지 알 수가 없습니다. 그런데 리플은 최소한 그 글을 읽어야 씁니다. 그리고 사람들의 관심이 대단하다는 것을 뜻합니다. 따라서 이제 얼마나 많은 리플이 달려 있는가가 중요한 기준입니다. 이는 광고 단가의 상승과 연결됩니다. 또한 해당 매체 기사에 대한 단가 상승을 뜻합니다.

인터넷에서 사람들의 관심 집중은 자본의 집중을 낳습니다. 디시인사이드의 경우에는 네티즌들의 리플로 회사가 성장한 거라고도 할 수 있습니다. 성공한 디지털 벤처 회사의 전형이 되기도 했지요. 사이트에 올려진 다양한 네티즌들의 사진에 대한 사람들의 뜨거운 리플 반응이 있었고, 사람들의 그러한 반응만큼 광고가 많이 붙었기 때문입니다. 한동안 '얼짱'이라 불리는 이들이 연예계에 많이 진출하였습니다. 얼짱 출신 연예인이죠. 인터넷 카페에 사진을 올리고, 네티즌들이 이를 평가하면, 연예 기획사에서 데려 가는 것이죠. 얼짱 연예인의 부와 명예는 인터넷 카페의 리플에서 시작된다고 할 수 있습니다. 또한 팬클럽 회원들은 자신들의 스타를 띄우기 위해 댓글 퍼레이드를 집단적으로 벌이기도 합니다. 반면 자신의 스타와 경쟁하는 연예인이나 싫어하는 스타에게는 공격을 가하기도 합니다. 악플 때문에 리플 쓰기 기능을 폐지하라는 요구가 있어 왔습니다. 포털 사이트에서 리플 기능을 폐지하지 않는 이유는 로그인과

페이지뷰의 증가를 통해 수익을 올려야 하기 때문입니다. 이러다 보니 리플을 유도하는 알바생 논란도 있었습니다.

방송에서도 리플을 적극적으로 이용합니다. 〈윤도현의 러브레터〉에서는 "리플을 달아 주세요"라는 꼭지를 운영했는데, 특정 말을 하나 주고 그것에 응대하는 재치 있고 감동적인 리플들을 재밌게 소개하는 것이지요. 〈상상플러스〉의 "리플 하우스"는 누구나 겪을 수 있는 난감한 상황이나 매주 주어지는 새로운 상황에 대해 시청자들의 기상천외한 리플을 받아서 상상팀과 플러스 팀이 대결을 벌이는 한편, 방청객의 실시간 현장 점수에 따라 최고의 리플을 선정하기도 합니다. 비단 방송만이 아니라 일반 기업체에서도 인터넷의 리플로 이벤트를 벌이는 경우가 많습니다. 좋은 리플을 올려 주면 상품을 주는 리플 마케팅입니다. 또한 많은 리플을 유도해서 기업 홍보 수단으로 이용합니다.

리플은 외로움과 고독 속에서 다른 사람들과 함께하고자 하는 마음의 자화상입니다. 가학성 쾌락의 수단이거나 마케팅의 대상만은 아닐 것입니다. 혼자만의 안온함이나 자신이나 자신의 일족만을 위한 폐쇄 왕국을 만드는 것은 더욱 자신을 고립시킵니다. 리플의 공간은 닫힌 공간이 아니라 열린 공간, 서로의 존재를 인정하는 독립적 공간입니다. 그 공간에서 동시대를 같이 살아가는 이들의 꿈과 희망, 삶의 향기, 한과 고민이 드러날 때, 세상은 좀 더 좋아질 것입니다.

MS를 노리는 웹 2.0의 정신

1990년대 후반부터 이미 웹에는 거대한 변화의 흐름이 시작되었다. 2000년 닷컴 거품 붕괴에도 불구하고 살아남은 업체들은 있었다. 이들의 공통적인 특징이 무엇인지 주목하게 되었다. 그리고 이를 바탕으로 웹의 방향성을 모색하기 시작했다. 왜 알타비스타와 라이코스는 몰락하고, 구글과 이베이는 살아남았을까? 결론적으로, 살아남은 기업들은 공통적으로 모두 웹 2.0의 특징을 보였다.

살아남은 기업과 그렇지 못한 기업들의 대비되는 운명을 비교하는 과정에서 차별화되는 특징을 설명하기 위해서 웹 2.0이라는 단어가 생겨났다.

이 말은 실리콘 밸리의 기술 트렌드를 이끌고 있는 팀 오릴리Tim O'relly가 2004년 10월에 열린 컨퍼런스를 "웹 2.0 컨퍼런스"라고 한 데서 비롯됐다. 새로운 웹 서비스가 기존의 인터넷 서비스(웹 1.0)와 차원이 다르다는 차원에서 나온 말이다. 웹

1.0을 가리키는 대표적인 단어는 포털portal이다. 포털은 문지방을 뜻하는데, 인터넷에서 목적을 달성하기 위해서는 그 문을 통과해야 한다. 이와 비교해 웹 2.0을 가리키는 대표적인 단어는 '플랫폼platform' 이다.

여기에서 말하는 플랫폼은 어떤 기차든지 설 수 있고, 원하는 기차를 골라 탈 수 있는 곳이다. 포털의 서비스는 내가 원하는 대로 할 수 없지만, 플랫폼 위에 있는 서비스는 내가 원하는 대로 할 수 있다. 바로 이 점이 웹 1.0과 대비되는 웹 2.0의 다른 점이다. 이러한 심리가 웹 2.0 시대를 열었다.

웹 1.0 시대

처음 웹은 신천지였다. 전문 지식부터 유머, 사진, 동영상 등이 쏟아졌다. 하지만 사람들은 어느 순간 너무 불편하다는 생각을 하게 되었다. 누군가 만들어 놓은 정보를 검색하고, 그것을 저장하는 데 그쳤다. 그 나물에 그 밥이었다. 꼭 필요한 정보들보다는 쓰레기 정보(스팸)로 넘쳐났고, 사람들은 넘쳐나는 정보 중에 무엇이 가치 있는 정보인지를 알고 싶어 했다. 무엇보다 자신들이 원하는 것을 쉽게 생산하고, 가공할 수 있는 수단을 원하게 됐다. 혼자 하는 것이 아니라 여러 사람들과 소통하고, 협업하는 데서 즐거움을 찾게 되었다.

웹 2.0을 움직이는 감성

웹 2.0의 가장 큰 특징은 네티즌의 '참여'와 '공유'다. '참여'와 '공유'는 웹 1.0 환경에서는 제한적일 수밖에 없었다. 기껏해야 게시판에 글을 남기거나 댓글을 다는 정도에 만족해야했다. 인터넷 업체들은 이런 참여 욕구들을 해결해 주기 위해 네티즌들이 집단적으로 참여할 수 있는 플랫폼을 만들기 시작했다. 초기에 네티즌들은 정보를 소비하기만 하는 존재였지만, 차츰 스스로 제작한 콘텐츠(UCC)를 서로 공유하고, 확대 재생산하게 되었다. 웹 2.0은 좀 더 행복한 삶을 위한 심리적 욕구의 실천과 연관된 현상이다. 웹 2.0은 사용자들의 새로운 욕구를 만족시키는 웹, 자발적인 참여와 협동 작업의 웹, 더 사용자 중심적인 웹이다.

웹 2.0의 또 다른 특징은 네티즌들이 만들어 낸 콘텐츠와 정보들을 누구나 쉽게 이용할 수 있도록 개방된 도구들을 제공해 준다는 점이다. API(Application Programming Interface, 응용 프로그램 인터페이스)라고 불리는 이 도구들은 과거와 달리 XML, RDF 등 공통된 표준 스펙을 기반으로 하고 있다.[1] 현재 구글 등에서 XML로 데이터를 주고받을 수 있는 API를 제공하고 있다. 이것이 구글 신화를 만든 핵심이기도 하다. 웹 2.0에서는 기존에는 전혀 생각지 못했던 프로그램들이 만들어지고 있

---

1. XML(extensible markup language): 인터넷 웹을 구성하는 HTML을 획기적으로 개선한 차세대 인터넷 언어. RDF(Resource Description Framework): 웹에서 메타데이터를 주고받거나 기술하기 위한 구조.

다. 웹 2.0을 구현해 낸 것들에는 어떤 것이 있을까.

디지털 콘텐츠의 지각 변동: 2001년 위키피디아의 탄생

대부분의 백과사전은 전문가 집단에 의해 그 내용이 수집·정리되고 만들어진다. 하지만 비전문가라도 누구나 백과사전을 만드는 데 참여할 수 있다면, 그 백과사전은 과연 어떤 모습일까? UCC(User Created Contents) 형태의 "위키피디아"는 전 세계 사람들 누구나 참여하고 편집할 수 있는 온라인 백과사전이다. 세계 누구나 익명으로 글을 올리고 편집할 수 있다. 다른 사람이 올린 정보가 미비하거나 잘못되어 있는 걸 발견했다면, 사용자가 직접 그 내용을 수정할 수 있다.

즉, 편집·수정이 자유자재인 '네티즌표 백과사전' 위키피디아(www.wikipedia.org)는 특정 항목에 대한 설명을 보다가 틀리거나 불충분한 부분을 발견하면 바로 '편집' 버튼을 누르고 수정·보완할 수 있다. 수정된 내용은 버전별로 관리되고 있으며, 수정된 내용만을 별도로 확인할 수도 있다. 거짓 정보가 난무하는 인터넷 환경에 있는 우리로서는 언뜻 믿음이 가지 않지만, 위키피디아에 수록된 내용의 정확성은 230년 전통과 권위를 지닌 브리태니커의 내용에 견주어도 결코 떨어지지 않는다. 수록된 정보의 양도 올해 들어 100만 건을 넘어섰다. 위키피디아는 200여 개의 언어로 제공되고 있고, 한국어로는 '위키백과'라는 타이틀로 ko.wikipedia.org에서 서비스하고 있다. 한국 정보의 수는 2만 2,000여 건으로 아직은 적은 편이다.

위키피디아는 우리가 흔히 접하는 웹 사이트들처럼 세련된 맛은 떨어지지만, 수많은 비전문가 혹은 자원 봉사자 편집자들이 잘못된 정보를 바로잡고 최신 정보를 추가해 나가고 있다. 위키피디아는 네티즌들에 대한 무한한 신뢰가 바탕이 된 플랫폼을 구축하고 자발적인 참여와 집단 지성을 활용해 새로운 가치를 만들어 내는 데 성공한 사례이다.

이를 흉내 낸 것이 "지식iN"이다. 2002년부터 서비스를 시작한 지식iN은 네티즌이 질문을 올리면 다른 네티즌이 답을 하는 방식의 서비스로, 지난 3년간 3,500만 건에 달하는 데이터베이스(DB)를 축적했다. 이 서비스는 매일 180만 명 이상이 사용하며, 포털 업계에서 중상위권이었던 네이버를 단숨에 업계 1위로 등극시킨 1등 공신 역할을 했다.

'1인 미디어'인 블로그도 웹 2.0을 대표하는 플랫폼 중 하나로 꼽힌다. 블로그를 통해서 다양한 정보가 생산되고, 수평적 네트워크를 통해 공유된다. 블로그에서 맞춤형 정보 배달 서비스(RSS)로 필요한 정보를 받아보고, 트랙백을 통해 서로의 의견을 교환하기도 한다. 또 자신이 쓴 글에 '태그'(글 내용을 요약한 핵심 단어)를 달아 정보를 스스로 분류하고 웹상에서 정보의 가치를 매기도록 한 것도 웹 2.0다운 특징이다.

싸이월드는 '싸이질'이라는 신조어를 만들며 지난 3년간 인터넷 최대 히트 상품 중 하나로 자리매김했다. 싸이월드는 개인에게 주어진 인터넷 공간(미니 홈피)에 사진과 글을 올려 친구들과 공유하는 서비스로 네티즌들을 단번에 사로잡았다. 2005년에 이미 1,700만 명 이상이 가입했다. 다만 블로그나 지식iN, 미니 홈피는 전적으로 포털에 종속되어 있는 모습을 보여 주기도 한다.

구글의 성공 신화? 불안에 떠는 MS

2004년 8월 상장 이후 1년 만에 시가 총액 1,000억 달러 (100조 원)가 넘는 기업이 되었다. 역사상 가장 빨리 시가 총액 천억 달러를 돌파했다. 미국 내 20대 기업 중 하나가 구글이다. 1년 만에 시가 총액이 야후의 두 배가 된 사실에서 알 수 있는 것처럼 이미 야후, 아마존, 이베이, AOL 같은 인터넷 기업도 제 쳤다. 지난 2006년 1월에는 시가 총액이 1,309억 달러까지 상승 해 탄탄한 수익 모델을 갖춘 전통의 강호인 인텔, IBM마저 추 월하고, 마이크로소프트에 이어 IT기업 2위에 올랐다. 1년 만에 시가 총액 100조 원, 미국 내 20대 기업에 든 구글의 무서움도 웹 2.0 덕이었다.

구글은 누구나 손쉽게 광고주가 되고, 누구나 손쉽게 광고 게시자가 될 수 있는 플랫폼을 만들어 내고, 이를 구글 애드센 스라고 했다. 현재 전 세계의 유명 홈페이지 상당수가 구글 애 드센스를 자발적으로 달고 있다. 이들은 자기 사이트에 구글 애 드센스를 걸고 구글에서 일정액의 광고 수익을 배분 받는다. 처 음에 일부 사이트에서 시도한 구글 애드센스는 이제 전 세계 웹 사이트로 확장되고 있다.

구글 애드센스의 웹 2.0 요소

1. 분산: 방문객을 기다리는 광고에서 방문객이 있는 개별 페이지를 찾아가는 광고로 바꾸었다.
2. 참여: 네티즌의 자발적 요청으로 이루어지는 광고 시장을 만들었다.
3. 플랫폼: 중간에 영업사원 없이 누구나 웹을 이용해 간단한 입력만으로 광고주가 되거나 광고 게시자가 될 수 있는 자동화 플랫폼을 만들었다.
4. 확장: 자사 사이트 안의 광고 영역을 모든 웹 페이지로 넓혔다.

20 대 80의 법칙이 바뀐다.

웹 2.0의 '참여와 공유'라는 개념은 마케팅의 기본 명제처럼 받아들여지던 "20 대 80의 법칙"도 무너뜨리고 있다. 소득 수준 상위 20%의 고객이 80%의 매출을 올린다거나 상위 20%의 기업이 시장의 80%를 장악한다는 원칙이 흔들리는 것이다. 구글은 전체 수입의 70% 이상을 동네 꽃 가게와 커피숍 등 소규모 업체를 광고주로 하는 검색 광고로 벌어들인다. 이들은 지금까지 광고주로서의 가치가 무시됐던 '하위 80%의 기업'이었다.

이와 같은 흐름에 가장 긴장한 것은 그동안 윈도, 오피스를 판매해 소프트웨어 시장의 공룡으로 군림해 온 마이크로소프트(MS) 사다. 그간 마이크로소프트는 컴퓨터 운영 체제(플랫폼)인 윈도로 컴퓨터 소프트웨어 시장에서 독점적인 지위를 누려 왔다. 하지만 웹 2.0 시대에 MS는 새 소프트웨어와 경쟁을 하고 있는 것이 아니다. 윈도의 도움 없이도 자생自生할 수 있는 웹상의 서비스와 경쟁해야 하는 것이다. 윈도를 대체하는 플랫폼을 웹 2.0이 제공해 주고 있기 때문이다.

웹 2.0 기반의 웹 서비스들이 난공불락으로 여겨지던 거대 공룡 MS를 위협할 정도로 경쟁력을 갖게 된 것은 이용자의 참여와 개방을 전제로 하고 있기 때문이다. 이른바 웹 2.0 정신이다.

우리의 경우, 처음에는 웹 2.0 정신에서 시작했지만, 이제 발전은커녕 퇴보하고 있다는 지적도 있다. 예를 들어, 싸이월드도 성공은 거뒀지만, 폐쇄성은 여전하다. 국내 포털들이 웹의 기본 정신인 개방과 공유를 무시하고, 폐쇄적인 체제를 갖춘 것은 대부분 사이트의 트래픽을 높여 광고 매출을 극대화하는 수익 구조를 갖고 있기 때문이다. 기술력은 국내 업체들이 해외에 뒤지지 않는다. 그런데 똑같은 기술로 다른 서비스를 내놓는 것은 철학의 차이에서 비롯되는 것이다. 우리나라에서는 서비스 개발 시 사용자들의 즐거움이나 만족보다는 수익이 최우선인 감이 있다. 해외에서는 첫 번째가 사용자의 행복 추구이고, 수익은 그것 뒤에 따라온다고 여긴다.

지식iN의 경우, 누구나 질문을 하고 답을 얻을 수 있는 플랫폼을 만들고, 네티즌들의 참여로 지식 데이터베이스를 축적한 것은 웹 2.0의 위키피디아와 같다. 하지만 지식iN은 이 데이터베이스를 처음부터 상업적으로 이용하기 위해 웹의 기본 정신인 개방과 공유를 무시했다. 웹 1.0에서 네티즌들의 마음을 충족시켜 주지 못한 것이 무엇이었는지 다시금 생각해야 할 때이다.